LE CODE

DE L'HÔTELIER

PAR

J. FERRÉ

AVOCAT A LA COUR D'APPEL DE PARIS

PARIS

LIBRAIRIE PLON	LIBRAIRIE MARESCQ AINÉ
E. PLON, NOURRIT ET Cie,	CHEVALIER-MARESCQ ET Cie,
IMPRIMEURS-ÉDITEURS	LIBRAIRES
10, rue Garancière.	20, rue Soufflot.

1889

Tous droits réservés

LE

CODE DE L'HÔTELIER

PARIS. TYPOGRAPHIE DE E. PLON, NOURRIT ET Cie, RUE GARANCIÈRE, 8.

LE CODE

DE L'HÔTELIER

PAR

J. FERRÉ

AVOCAT A LA COUR D'APPEL DE PARIS

PARIS

LIBRAIRIE PLON	LIBRAIRIE MARESCQ AINÉ
E. PLON, NOURRIT ET Cie,	CHEVALIER-MARESCQ ET Cie,
IMPRIMEURS-ÉDITEURS	LIBRAIRES
10, rue Garancière.	20, rue Soufflot.

1889

Tous droits réservés

AVANT-PROPOS

La Chambre syndicale des propriétaires d'hôtels
et maisons meublés de Paris a pensé qu'il pourrait
être utile à ses adhérents d'avoir une sorte de Code
renfermant la solution immédiate des difficultés pro-
fessionnelles.

C'est dans ce but que les documents fournis par la
jurisprudence, aussi bien que les observations pratiques suggérées par les multiples incidents des
voyages, ont été recueillis et résumés ici.

Les questions si nombreuses que comporte cette
étude ont été groupées dans un ordre très simple, sous
ces différents titres : acquisition de l'établissement,
son installation; arrivée, séjour, départ du voyageur,
son insolvabilité, sa maladie ou sa mort; revente
de l'hôtel, décès de l'hôtelier, droits de ses héri-

tiers, compétence des tribunaux pour ces divers problèmes, etc.

Le traité suit ainsi son développement logique, et forme, dans son ensemble, un *manuel* complet.

Dans ses détails, et grâce à sa table alphabétique, il fait l'office d'un *Dictionnaire*, et indique aussitôt, selon le mot cherché, les précautions à prendre, les droits à sauvegarder ou les devoirs à remplir.

Nous ne prétendons certes pas avoir tout prévu; mais si, tel qu'il est, ce livre a pu rendre quelques services, notre seule ambition sera réalisée.

LE

CODE DE L'HOTELIER

LIVRE PREMIER

INSTALLATION DE L'HOTEL.

CHAPITRE PREMIER

DÉFINITION LÉGALE DE LA PROFESSION. — CONDITIONS REQUISES
POUR L'EXERCER.

Hôtelier. Définition de la profession. —
La profession d'hôtelier consiste à recevoir, loger et
nourrir les voyageurs, moyennant une rétribution en
argent.

Les différences dans la tenue de la maison où les voyageurs sont reçus, dans la façon dont ils sont nourris et
logés, et dans la nature même de la clientèle, ont amené
ces différentes expressions : *hôtelier, aubergiste, logeur,*
qui constituent une classification nettement reconnue
par le langage ordinaire.

Dans le langage juridique, ces distinctions n'existent
pas ; et les mots : *hôtel, auberge, maison garnie,* sont

1

légalement synonymes. Le terme général est : *hôtellerie;* et l'idée commune de ces divers noms est celle d'un établissement où l'on trouve, en payant, l'hospitalité.

Le langage administratif est plus égalitaire encore, car la préfecture de police comprend dans le même service des « garnis » le *Continental* et les bouges les plus infects.

Ce service dépend de la 1re division, 4e bureau.

Déclaration préalable à l'exercice de la profession. — C'est là que toute personne, voulant louer en garni tout ou partie d'une maison, à Paris ou dans les communes du ressort de la préfecture de police, doit remplir les formalités prescrites par l'ordonnance du 25 octobre 1883, dont les articles sont ainsi conçus :

« ART. 2. — Aucune maison ou partie de maison ne pourra être livrée à la location en garni qu'après une déclaration faite à la préfecture de police.

« ART. 3. — Cette déclaration devra être accompagnée :

« 1° De l'acte de naissance du déclarant ;

« 2° D'un certificat de résidence et de moralité délivré par le commissaire de police de sa circonscription ou par le maire de sa commune ;

« 3° D'un extrait de son casier judiciaire délivré depuis un mois au plus ;

« 4° D'un état indiquant le nombre des chambres devant être louées en garni, avec leurs dimensions exactes, ainsi que le nombre des lits contenus dans chacune d'elles. »

Sur cette déclaration, l'administration fait faire une enquête, et, à moins d'incidents ou de circonstances extraordinaires, elle délivre, dans la huitaine, un récépissé dont l'importance est affirmée par les articles suivants de la même ordonnance :

Récépissé de cette déclaration. Droits qui en résultent. — « Art. 4. — Le logeur ne pourra recevoir des locataires qu'à partir du jour où il lui aura été délivré, par la préfecture de police, un récépissé de sa déclaration. »

Aucune opération possible avant d'avoir cette sorte de diplôme. Et maintenant, comment est-il formulé? comment l'obtient-on?

« Art. 5. — Ce récépissé mentionnera les nom et prénoms du logeur, la rue et le numéro du garni, le nombre des pièces pouvant être louées et le nombre des locataires qu'elles pourront contenir.

« Il ne sera délivré que si le logeur présente, au point de vue de la moralité, des garanties satisfaisantes, et si les locaux proposés sont reconnus salubres dans les conditions énoncées ci-après. »

Nous trouvons donc là, tout à la fois, la nécessité d'une autorisation préalable et la sanction d'une bonne gestion, non seulement parce que cette autorisation ne sera accordée qu'aux personnes dignes de confiance, mais encore parce qu'elle sera supprimée si les règlements ne sont pas obéis.

En effet, l'article 25 dispose ainsi :

« Art. 25. — Le récépissé dont il est question à l'art. 4 ci-dessus pourra être retiré en cas de non-exécution des prescriptions contenues dans la présente ordonnance. »

Exercice illégal de la profession. — Ces prescriptions, ces formalités, nombre de gens cherchent à s'y soustraire, exercent illégalement la profession, tiennent des garnis clandestins et, par cette concurrence déloyale, causent aux hôteliers honnêtes un très réel préjudice.

Il importe de signaler ces abus, d'autant plus coupables que la législation sur la matière ne laisse ni doute ni excuse.

L'ordonnance du 15 juin 1832, reproduite en ce point par celle de 1883, proclame, par son article premier, que :

« Sont considérées comme logeurs de profession, et, à ce titre, sont astreintes à l'exécution des dispositions législatives et réglementaires concernant les aubergistes, maîtres d'hôtels garnis et logeurs, toutes personnes qui louent en garni tout ou partie d'une maison, soit dans les termes et délais en usage pour les locations en garni, soit dans les termes et délais déterminés par le droit commun pour les locations en général. »

Ainsi, les textes sont formels : la nécessité de la déclaration, l'obtention du récépissé, l'exécution des prescriptions dont nous parlerons plus tard, s'imposent à « toutes personnes qui louent en garni tout ou partie d'une maison », ou, d'après l'ordonnance du 19 novembre 1831, « qui louent des appartements, portions d'appartements ou chambres meublés à des étrangers à la ville de Paris, même à des individus qui y font leur résidence habituelle ».

Préjudice causé par les garnis clandestins. — Or, chaque contravention entraîne un triple dommage :

Dommage pour l'État, car, en l'absence de déclaration, la patente due n'est pas payée ;

Dommage pour la société, car, en l'absence de surveillance administrative, ces garnis clandestins sont un asile ouvert aux malfaiteurs les plus dangereux ;

Dommage, enfin, pour l'hôtelier exerçant régulièrement son industrie, car les charges et les obligations auxquelles il s'est soumis rendent pour lui la lutte inégale avec le commerçant peu scrupuleux qui s'est soustrait à la loi.

Et pourtant, à Paris, dans les quartiers neufs, par exemple, et en province, dans certaines villes d'eaux, combien de propriétaires, de gérants ou de concierges, en attendant les locataires sérieux, se livrent à une véritable exploitation en louant en garni tout ou partie d'un immeuble, sans se conformer aux règlements !

Moyens de défense contre ces abus. — Contre ces abus, le ministère public doit invoquer les articles 475 et 478 du Code pénal, ainsi que les lois, ordonnances et arrêtés sur la question.

Mais l'hôtelier, ainsi lésé dans ses intérêts, pourra-t-il agir personnellement, en vertu de l'article 1382 du Code civil, et intenter un procès à ce concurrent d'un nouveau genre ?

En principe, nous répondons : Non ! La liberté du commerce s'y oppose. Il n'y a point ici de monopole armant le privilégié contre tout intrus ; il n'y a que certaines formalités imposées par l'autorité publique, et l'autorité publique seule peut poursuivre leur inobservation.

Car c'est seulement de contraventions que l'hôtelier se

plaindrait dans l'espèce, et elles ne lui serviraient point à baser une action en justice.

L'article 1382, en effet, est ainsi conçu : « Tout fait quelconque de l'homme qui cause à autrui un dommage oblige celui par la faute duquel il est arrivé à le réparer. »

Il ne suffit donc pas d'une simple omission, comme l'absence de déclaration, n'entraînant pas directement et par elle-même un dommage appréciable ; la loi exige un fait, une faute, un acte dirigé contre l'hôtelier, comme une entrave matérielle à son commerce ou un détournement de clientèle bien caractérisé.

Si nous sommes dans ces derniers cas, le procès est possible ; sinon, non.

L'abus est-il sans remède ?

Non ! encore. Et voici une des nombreuses circonstances où la chambre syndicale, renforçant en quelque sorte le droit appartenant à chaque hôtelier, interviendra très utilement dans l'intérêt général de la corporation, comme dans l'intérêt privé de ses adhérents.

Avertie par ceux-ci, elle fera son enquête, et, si elle se trouve en présence d'une exploitation véritable et contraire aux règlements, elle ne devra pas hésiter un instant à signaler les faits à la préfecture de police.

Succursales exceptionnelles. Dépendances de l'hôtel. — Nous n'avons pas besoin de recommander la prudence et la modération.

Souvent, une fête, une exposition, un événement extraordinaire attire, sur un point du territoire, des voyageurs en si grand nombre, que les hôtels du pays deviennent insuffisants pour les loger. Alors, de simples particuliers, non pour faire concurrence, mais au contraire pour venir en aide aux hôteliers, mettent à la disposition de ces derniers des chambres toutes meublées où leurs clients trouveront place.

Nous estimons que ces chambres doivent être considérées comme une succursale, une dépendance de l'hôtel, et nous n'imposerions à ces particuliers, que légalement le client ne connaît pas, ni l'exécution des ordonnances de police, ni la nécessité de la déclaration qui n'est exigée que pour la mise en œuvre d'une réelle industrie.

Déclaration en province pour exercer la profession. — Cette déclaration, nous l'avons dit, est la formalité unique, mais indispensable, pour l'exercice régulier de la profession dans Paris et la banlieue.

En province et dans les colonies françaises, l'hôtelier observera les règlements prescrits par l'autorité locale.

S'ils sont conformes aux ordonnances ci-dessus visées, s'ils exigent, comme ici, une déclaration préalable, elle devra, selon les principes administratifs, être faite au commissaire de police, ou au maire dans les pays qui ne possèdent point de commissariat, et l'hôtel ne sera ouvert qu'après le récépissé ou l'autorisation dont nous avons parlé.

Caractère personnel de l'autorisation. — Cette autorisation est absolument personnelle; elle n'est point attachée au fonds de commerce et ne pourrait être vendue avec lui. Ainsi l'a décidé la Cour de Paris, dans un arrêt de la 5ᵉ chambre, rendu le 6 juillet 1887. L'acquéreur ne saurait donc en aucun cas se prévaloir de cette autorisation antérieure contre son vendeur, et il devra renouveler lui-même toutes les démarches auprès de la préfecture de police pour être en droit d'exercer son industrie.

Les formalités préliminaires étant ainsi remplies, veillons maintenant à l'installation de notre hôtelier.

CHAPITRE II

ACQUISITION DU FONDS DE COMMERCE. — PRÉCAUTIONS NÉCESSAIRES. — ÉVICTIONS PARTIELLES. — SITUATION MATÉRIELLE ET LÉGALE. — LOCATIONS.

Acquisition de l'établissement. — Les soins les plus minutieux, la plus grande attention doivent être apportés dans la discussion, la rédaction et la signature de cet acte fondamental : l'acquisition de l'hôtel.

L'obscurité d'une clause, l'oubli d'une condition, la moindre défectuosité du contrat peuvent entraîner de sérieux ennuis, des procès sans fin et de véritables ruines.

Aussi conseillons-nous très nettement l'acte notarié. Les frais étant à la charge de l'acheteur, le vendeur n'a aucun motif pour s'opposer à cette combinaison; car il peut, sans augmentation de dépenses, se faire également assister de son notaire, et l'intervention de ces deux officiers publics sauvegardera tous les intérêts.

C'est là, pour l'acquéreur, une sécurité qui a bien son prix.

Celui-ci, cependant, par une économie fort mal entendue, se contente trop souvent d'un acte sous signatures privées, rédigé par tel ou tel intermédiaire dont l'expérience et, parfois même, la délicatesse ne présentent point toutes garanties.

L'imprudence est d'autant plus grave que ce contrat, le plus ordinairement, donne lieu et doit répondre aux questions les plus compliquées sur la vente, le louage, la cession de bail, les assurances, et que si un procès survient, l'acheteur ne saurait arguer de son ignorance pour échapper aux conséquences de l'acte qui le lie.

En effet, suivant les principes généraux de notre droit civil, il est censé connaître la loi; et, selon la jurisprudence, il est réputé n'avoir traité qu'après mûre réflexion, examen attentif de l'immeuble et sérieuse étude des règlements professionnels.

Est-ce vrai? Exagérons-nous le danger? Hélas! non; et les exemples ne sont que trop fréquents.

Éviction partielle. Mesures de police. — Sans chercher bien loin, sans remonter aux causes de nullité qui vicient absolument la vente, prenons le cas le plus banal et les décisions les plus récentes, c'est-à-dire l'acquisition du fonds de commerce avec droit au bail des lieux où il s'exploite, et les arrêts rendus par la Cour d'appel de Paris les 27 juillet, 2 août 1886 et 6 juillet 1887 :

La vente a eu lieu dans les termes d'usage, avec toutes les garanties de droit.

Mais aucune stipulation particulière, aucune réserve spéciale n'ont été insérées au sujet des ordonnances de police.

La vente a bien eu pour objet le fonds de commerce;

Mais elle n'indique point le nombre des chambres et des lits qu'il comprend.

Enfin les formules s'y succèdent avec une apparence juridique, mais sans la moindre précision.

Et c'est sur la foi d'un pareil traité que l'acquéreur prend possession de l'hôtel et en commence l'exploitation.

Tout à coup, injonction de la préfecture de police ou de l'autorité locale d'avoir à supprimer un certain nombre de chambres ne remplissant pas les conditions d'hygiène exigées par tel ou tel règlement.

Situation légale de l'hôtelier devant cette éviction. — Quel va être le droit de l'hôtelier, ainsi privé d'une partie de ses bénéfices?

Contre l'administration?

Il n'a, le plus souvent, qu'à exécuter l'ordre donné ou les travaux commandés.

Mais contre son vendeur?

Celui-ci lui doit des garanties!

Lesquelles? « *Toutes les garanties de droit* », répond le contrat dans sa banalité.

Or, la jurisprudence précise avec soin le sens de cette stipulation : « *Ces garanties*, dit-elle, ne s'appliquent *évi-* « *demment* qu'aux choses qui pourraient survenir du *fait* « *du vendeur et par sa faute,* et empêcher l'exploitation « totale ou partielle de l'établissement qu'il cédait ; mais les « mesures prises par la préfecture de police ne sont pas du « fait du vendeur et ne sauraient être mises à sa charge. » (Lèbre, *Fonds de commerce.*)

Pour le rendre responsable, il eût fallu une clause formelle l'obligeant à garantir l'acquéreur même contre les conséquences de ces mesures.

Eh bien, non seulement cette clause formelle est très rarement insérée, mais encore nous lisons dans tous les actes que : « *L'acheteur s'oblige à supporter toutes les*

« *charges de ville et de police* auxquelles semblable
« exploitation est tenue, de façon que le *vendeur ne soit*
« *jamais inquiété* ni recherché pour quelque cause que ce
« soit. » (Même ouvrage.)

Et, comme ce sont bien là des *charges de police*, l'hôte-lier ne pourra invoquer en sa faveur une garantie trop
vaguement stipulée, tandis que le vendeur invoquera
contre lui l'obligation très nette qui vient d'être rappelée.

Telle est la conséquence immédiate d'une rédaction
défectueuse.

Mais, nous dit-on, il y a éviction!

Le terme n'est pas juridiquement exact.

Éviction de quoi?

La majorité des contrats est, comme nous l'avons
signalé, absolument muette sur le détail et le nombre de
chambres, cabinets, pièces et lits compris dans la vente.

Ce qui est aliéné, c'est le fonds de commerce, dans le
sens général du mot. Or, même diminué, ce fonds de
commerce existe encore entre les mains de l'acheteur.
Légalement donc, il n'y a point éviction de la chose vendue.

L'acquéreur ne pourrait se plaindre que d'un trouble
partiel. Mais, d'une part, il n'a, pour faire cesser ce trouble,
qu'à exécuter les travaux prescrits, et c'est le cas le plus
ordinaire; d'autre part, et c'est l'argument décisif, il ne
doit pas ignorer les règlements sur les hôtels garnis; il a
dû visiter attentivement, avant d'en prendre livraison,
l'hôtel qu'il achetait. (Cour de Paris, 12 mai 1888.)

Il a donc connu la précarité de la vente à lui consentie,
et, d'après les articles 1626 et suivants du Code civil, il ne
peut réclamer de dommages-intérêts à raison de l'évic-

tion partielle de l'objet vendu, lorsqu'il a connu, au moment de l'acquisition, la cause de cette éviction, à moins que le vendeur n'ait également connu le danger qui en résultait et ne se soit, par une clause formelle, engagé à en garantir l'acquéreur.

Tel est, en résumé, le dernier état de la jurisprudence. Nous avions bien quelque raison d'attirer l'attention du lecteur sur des conséquences aussi graves.

Ainsi, il importe de bien savoir :

1° Ce que l'on achète;

2° De qui l'on achète;

3° Comment on achète.

Fonds de commerce, caractère juridique. — 1° Ce que l'on achète, c'est un fonds de commerce, c'est-à-dire un ensemble comprenant l'achalandage, l'enseigne, le matériel et les marchandises existant en magasin, le droit au bail des lieux où s'exerce l'industrie.

Ces éléments, dit M. Lèbre, sont le plus souvent réunis; mais cependant on peut acheter un établissement qui vient d'être créé et qui n'a pas encore d'achalandage; ou bien seulement l'agencement et les marchandises d'un hôtel fermé depuis plusieurs mois et qui n'a plus de clientèle; ou bien, au contraire, l'achalandage seul, après un incendie qui a détruit l'immeuble, le matériel et les marchandises.

Les dettes et créances sont-elles comprises dans la transmission du fonds?

Non, suivant l'usage constant, et à moins de convention spéciale, lorsque cette transmission se fait par un acte de vente.

Mais si elle se fait par testament, si le propriétaire d'un

fonds le lègue tel quel, en bloc, à titre universel, et sans préciser autrement sa volonté, l'interprétation de cette volonté sera qu'il a compris dans ce legs les dettes et les créances. (Lèbre, *Traité des fonds de commerce.*)

Les divers éléments dont se compose le fonds de commerce constituent juridiquement un ensemble *mobilier*.

De là, immédiatement, cette double conséquence :

1° Le fonds de commerce appartenant à l'un des époux, avant le mariage, ou lui provenant de succession ou de donation, tombe dans la communauté, si le donateur ou le contrat de mariage n'en a disposé autrement ;

2° Le fonds de commerce n'est pas susceptible d'hypothèque, et son prix doit être distribué au marc le franc entre les créanciers, sans avoir égard à la date de leurs titres.

De là aussi l'intérêt de distinguer entre le fonds et l'immeuble où il s'exploite, lorsque l'un et l'autre ont le même propriétaire.

Matériel. — Le *matériel* peut enfin donner lieu à une nouvelle distinction, car il peut, selon les cas, être considéré comme meuble ou déclaré immeuble par destination.

En effet, dit Dalloz, « quand le juge aura constaté que la maison dans laquelle est établie une hôtellerie a été construite ou arrangée à cet effet par le propriétaire, il pourra décider que les meubles mis par ce propriétaire pour le service et l'exploitation de son hôtellerie sont immeubles par destination, et, par suite, constater ceux de ces meubles qui ont et ceux qui n'ont pas cette destination nécessaire ».

Car il faut, pour que le mobilier soit immobilisé, qu'il

soit non seulement utile, mais *nécessaire* à l'exploitation, de telle sorte que, les meubles supprimés, l'exploitation devienne impossible dans le bâtiment tel qu'il a été aménagé. (Lèbre, *Fonds de commerce,* p. 11.)

L'immobilisation ne s'appliquerait pas aux provisions et aux vins destinés aux voyageurs; ces objets ne sont pas attachés au fonds, ce sont des marchandises achetées pour être revendues.

Cette distinction a une influence capitale sur la loi et la procédure à appliquer en matières de saisie, d'assurances, de contrat de mariage, et notamment en ce qui concerne les droits respectifs des créanciers hypothécaires et chiro-graphaires.

Vendeur. Capacité civile. — Mais s'il importe de connaître matériellement et légalement ce que l'on achète, il n'est pas moins essentiel de bien savoir de qui l'on achète, et si le vendeur a la libre disposition de l'objet vendu.

La vente d'un fonds de commerce est régie par le droit commun. Or l'article 1594 du Code civil est ainsi conçu :

« Tous ceux auxquels la loi ne l'interdit pas peuvent acheter ou vendre. »

Bien plus, comme la vente dont nous nous occupons en ce moment est un acte commercial, la femme autorisée par son mari à faire le commerce, le mineur habilité à faire le commerce, peuvent, lorsque leur intérêt l'exige, vendre régulièrement l'établissement qu'ils étaient aptes à acheter et à exploiter. Ainsi l'a décidé la Cour de Paris, le 22 juillet 1858.

Mais la femme, non autorisée de son mari ou de justice,

ne peut ni acheter ni vendre un fonds de commerce, alors même qu'elle serait séparée de biens, car ce n'est pas là un acte de simple administration.

Et s'il s'agit d'un mineur non habilité, devenu propriétaire d'un établissement par succession ou donation, son tuteur pourra vendre cet établissement; mais, quand la valeur dépassera mille cinq cents francs, il devra remplir les formalités imposées par la loi du 2 février 1880 pour la vente des meubles incorporels appartenant à des mineurs. Nous avons vu, en effet, que, le plus souvent, pris en lui-même, le fonds de commerce est un meuble incorporel; il faudra donc, pour la régularité de la vente, l'autorisation du conseil de famille et l'homologation du tribunal.

Enfin, l'individu pourvu d'un conseil judiciaire ne peut pas aliéner sans l'assistance de ce conseil. (Art. 513 Code civil.)

Quant à l'interdit, il est assimilé au mineur pour sa personne et pour ses biens : les lois sur la tutelle des mineurs s'appliquent à la tutelle des interdits. (Art. 509.)

Erreur et dol. — Nous avons dit qu'en troisième lieu il faut bien savoir comment on achète, et nous conseillons à l'acheteur une prudence d'autant plus grande qu'il lui est souvent fort difficile de se prémunir absolument contre les manœuvres employées par son vendeur ou par son intermédiaire.

A la vérité, l'article 1109 du Code civil nous déclare qu'il n'y a pas de traité valable, si le consentement n'a été donné que par *erreur*, ou s'il a été extorqué par violence ou surpris par *dol*.

Mais, d'une part, l'erreur n'est une cause de nullité de

la convention que lorsqu'elle tombe sur la substance même de la chose qui en est l'objet. (Art. 1110.)

Et, d'autre part, le dol n'a les mêmes conséquences que quand les manœuvres pratiquées par le vendeur sont telles qu'il est évident que, sans ces manœuvres, l'acheteur n'aurait pas contracté. (Art. 1116.)

Ainsi donc, la simple dissimulation ou atténuation des défauts d'un fonds de commerce, l'attribution de qualités qu'il n'a pas, ne constituent pas un dol pouvant entraîner une responsabilité légale, si elles ne sont accompagnées ni de moyens frauduleux employés pour induire l'acheteur en erreur, ni d'affirmations précises présentant un caractère particulier de tromperie. (Lèbre, *Fonds de commerce.*)

Ajoutons que le dol ne se présume pas, qu'il doit être prouvé, et que cette preuve présente souvent de grandes difficultés.

Enfin, continue M. Lèbre, p. 25 : « Le dol pratiqué par un tiers ne rend pas la vente annulable ; il faut qu'il ait été pratiqué par le vendeur lui-même, que celui-ci y ait participé directement ou tout au moins indirectement, par exemple, en ne prévenant pas l'acheteur des manœuvres du tiers dont il a connaissance. Dans tous les cas, le vendeur aurait une action en dommages-intérêts contre le tiers.

« Le dol pratiqué par le mandataire légal ou conventionnel du vendeur (tuteur ou agent d'affaires, etc.) est, en ce qui concerne l'action en nullité, censé avoir été commis par le vendeur lui-même. Mais le vendeur, s'il n'a point participé au dol, n'est pas responsable des dommages-intérêts à raison du dol commis par son mandataire. »

De telle sorte que, souvent, l'acheteur n'aurait qu'un recours illusoire contre un insolvable.

Cette ressource, fort aléatoire, de demander des dommages-intérêts à l'auteur ou au complice du dol est cependant la seule qui soit laissée à l'acquéreur, en cas de *dol incident*, c'est-à-dire quand les manœuvres l'ont amené, non pas à acheter absolument, mais à accepter des conditions plus désavantageuses, en le trompant sur la valeur du fonds.

Tels sont les dangers qui l'entourent au moment où il va contracter de si graves obligations.

Obligations de l'acheteur. — En effet, dès que l'accord est conclu sur le fonds et le prix, la vente est parfaite entre les contractants, quoique le fonds n'ait pas encore été livré ni le prix payé. (Art. 1583 du Code civil.)

Dès ce moment, les obligations réciproques naissent à la charge du vendeur et de l'acheteur.

Ce dernier, seul, nous occupe en ce chapitre. Nous réservons les autres questions pour la fin de cet ouvrage, quand nous supposons l'hôtelier prenant sa retraite et cédant son établissement.

Ainsi donc, à défaut de convention contraire, du jour de la vente les *risques* sont pour l'acquéreur. C'est lui qui supporte les conséquences de tout événement ultérieur portant atteinte partielle ou totale à la prospérité du fonds. (Art. 1624 et 1138.)

L'acquéreur doit *payer les frais de l'acte de vente* et ceux de *l'enregistrement*.

Il doit *prendre livraison* de l'établissement vendu, à

l'époque fixée ; et, si l'on n'a pas fixé d'époque, aussitôt après la vente.

Il doit *payer le prix* aux jour et lieu fixés par la convention ; si la convention est muette à cet égard, le payement est effectué aux lieu et jour de la livraison.

Enfin, si le prix est stipulé payable à termes, les versements se font au domicile de l'acheteur, car, en principe, c'est le domicile du débiteur que l'article 1247 a indiqué comme lieu de payement.

Dans le cas où des *saisies-arrêts* ont été pratiquées par les créanciers du vendeur, l'acquéreur doit faire *offre* à ce dernier de payer à charge de mainlevée, et, à défaut, il consigne le prix à la Caisse des dépôts et consignations.

De même si une *saisie-exécution* empêche l'acquéreur d'être mis en possession, il ne sera tenu de verser son prix au vendeur que contre mainlevée de cette saisie, mais il faudra toujours offrir et consigner les fonds.

Titre de successeur. — L'acquéreur doit encore, à un point de vue général, empêcher toute confusion de se produire entre son prédécesseur et lui, et éviter de rien faire qui puisse laisser supposer que son vendeur participe toujours à la gestion de l'établissement. Il a le droit et le devoir de se donner comme *successeur* de son vendeur.

Les tiers, dit M. Lèbre, auxquels l'acquéreur aurait inspiré confiance par des indications de nature à laisser supposer la participation du vendeur à l'exploitation actuelle pourraient trouver là les éléments d'une poursuite.

D'autre part, le vendeur serait autorisé à demander la suppression de toutes indications de cette nature et à réclamer des dommages-intérêts s'il justifiait d'un préjudice résultant de l'usage que l'acheteur a fait de son nom.

Mais l'acquéreur d'un hôtel, connu sous le nom du vendeur, est en droit de se servir de ce nom commercial pour désigner la maison quand et partout où il le juge à propos. Cette dénomination commerciale devient, telle quelle, sa propriété. Ainsi l'a décidé la Cour de Paris le 26 avril 1881. Il suffira d'ajouter, pour être à l'abri de toute réclamation : « Un tel, successeur. »

Publication de la vente. — Enfin la *publication de la vente* rentre-t-elle dans les obligations de l'acquéreur?

Juridiquement, non, car cette publication n'est exigée par aucune loi. Mais comme de nombreuses difficultés peuvent surgir au moment de la transmission, et que notre but est précisément de les éviter, en pratique nous conseillons à l'acquéreur de publier la vente avec indication de domicile pour les oppositions, et d'attendre le délai de dix jours avant de payer son prix.

Ce sont là, d'ailleurs, les usages constants, et, en matière commerciale, il est toujours prudent de s'y conformer.

Droit au bail. — Selon l'usage également, la cession du droit au bail est jointe à la vente du fonds de commerce.

Certes, il peut arriver que cette vente comprenne également l'immeuble où s'exploite l'industrie, et c'est un des cas pour lesquels nous avons distingué le caractère mobilier et le caractère immobilier des choses vendues. Mais nous nous occupons de ce qui se fait le plus souvent.

Or, dans les conventions journalières, la cession du droit au bail est l'accessoire obligé de la vente du fonds. Elle suit le sort de cette vente. Elle forme avec elle un tout indivisible, et la confection de deux actes séparés ne changerait point cette situation légale.

De même que pour la vente nous cherchions ce que l'on achète, nous définirons ici ce qui est cédé.

Ce qui est cédé, *c'est le droit au bail restant à courir.*

Quant au droit à un renouvellement ou à une prolongation du bail, il n'est pas implicitement compris dans la vente ; et l'on doit, à cet égard, consulter et apprécier la commune intention des parties contractantes.

La stipulation de prolongation de bail insérée dans l'acte d'acquisition peut être considérée comme une condition suspensive dont la défaillance entraînera la nullité de la vente elle-même.

Ou bien, si le vendeur s'est engagé à obtenir du propriétaire une prolongation de bail, il a promis ainsi son propre fait et s'expose à des dommages-intérêts pour le cas où il n'aura pas réussi.

Mais, là encore des procès peuvent surgir, et le plus prudent serait de faire intervenir à l'acte le propriétaire, qui, aux conditions débattues et acceptées, consentirait cette prolongation.

Il peut arriver que le contrat soit absolument muet sur la cession du bail. Dans ces conditions, que faudra-t-il décider ?

Les Cours de Rouen et de Paris ont jugé qu'alors est compris dans ce contrat le droit à la jouissance des lieux, si elle n'est pas d'une importance ou d'une durée démesurée avec l'objet même de la vente. Mais c'est là une appréciation de fait qui peut varier selon les circonstances. Il est donc bien préférable de s'en expliquer formellement.

Obligations du cessionnaire du bail. — Nous avons vu les obligations de l'hôtelier comme acquéreur de l'établissement. Comme cessionnaire du droit au bail, ses obligations sont générales ou particulières.

Il doit, en effet, se soumettre aux lois qui régissent les locations et aux conditions spéciales du bail qui lui est cédé.

Le locataire ne peut pas changer la *destination,* « mais, dit Dalloz, remarquons ce mot, qui n'est pas synonyme de disposition. Tous les jours, surtout en fait de locaux propres à l'industrie ou au commerce, la *disposition* est changée, précisément pour mieux se rapporter à la *destination ;* le propriétaire ne peut donc pas avoir le droit de s'opposer à un changement de forme qui serait reconnu rentrer dans la destination, sans attaquer la solidité, sans altérer la valeur vénale, ni le revenu ou la facilité de relouer après le bail, s'il n'y a pas une clause expresse du bail qui défende tout changement, et si le preneur offre et donne caution de remettre les lieux dans leur premier état, lors de sa sortie ; si, en un mot, le propriétaire n'a pas d'intérêt à s'y opposer. »

Cette citation résume nettement la doctrine sur ce point.

Mais c'est changer la destination que de modifier l'exploitation, si cette modification porte atteinte au revenu éventuel de la maison ou à sa moralité.

Quant à la définition du mot : *destination,* elle ne

saurait, en cette matière, être donnée d'une façon générale et absolue. Il faut, pour chaque contrat, s'en référer à l'intention commune du vendeur et de l'acheteur.

Loyers d'avance. — Parmi ces devoirs que le locataire trouve indiqués dans le Code ou dans son bail, nous rencontrons, en première ligne, le payement des loyers ; et ici vient naturellement se placer la question des *loyers d'avance*.

De nombreuses discussions se sont élevées à ce sujet. Nous croyons pouvoir les résumer ainsi :

Le propriétaire a droit à des garanties ; mais pourquoi ces garanties deviennent-elles entre ses mains un capital dont il touche le revenu ? Pourquoi ce capital ne serait-il pas déposé à la Caisse des dépôts et consignations, et pourquoi les intérêts qu'il produit ne seraient-ils pas versés au locataire, au lieu de rester entre les mains du bailleur ?

Telle est la théorie dont l'exposé a été déjà soumis aux pouvoirs publics.

Mais tant qu'une loi nouvelle ne sera pas intervenue sur ce point, le droit commun subsiste, ses principes et la liberté des conventions doivent être respectés.

C'est dans les conditions actuelles que la garantie a été demandée et consentie, il n'y a qu'à exécuter le contrat.

La question mérite une sérieuse étude ; et nous ne pouvons qu'attirer sur elle l'attention des législateurs.

CHAPITRE III

INTERMÉDIAIRES DE LA VENTE. —— LEUR RESPONSABILITÉ VIS-A-VIS DE L'ACQUÉREUR. —— CONVENTIONS ACCESSOIRES. —— ASSURANCES CONTRE L'INCENDIE.

Intermédiaires. Agences diverses. — Le plus ordinairement, les ventes dont nous venons de parler se font par des agences ou des courtiers spéciaux, et nous croyons devoir compléter nos recommandations en précisant ici les obligations de ces intermédiaires vis-à-vis de l'acquéreur.

Dans la pratique, en effet, leur situation légale varie selon les périodes du contrat. Ils sont, au début, mandataires du vendeur ; nous examinerons plus tard dans quelles conditions ; mais, la vente conclue, ils deviennent en même temps mandataires de l'acquéreur, et c'est le point que nous voulons étudier en ce moment.

L'intermédiaire ne se borne pas à mettre en rapport les deux intéressés. Il se charge des publications, indique son domicile pour les oppositions, reçoit de l'acheteur le prix de vente et le distribue aux créanciers du vendeur.

Il agit ainsi dans l'intérêt de l'acquéreur qui veut se libérer valablement, et il devient responsable de ses fautes vis-à-vis de ce dernier.

Un arrêt rendu par la Cour de Paris, le 14 août 1872,

confirme un jugement prononcé le 4 novembre 1871 par le Tribunal de commerce de la Seine dans les termes que voici :

« L'agent d'affaires qui, étant intermédiaire pour la vente d'un fonds de commerce, s'est chargé, vis-à-vis de l'acheteur, de faire toutes les publications nécessaires et de recevoir à son domicile la signification des oppositions qui seraient faites, est tenu, *à peine de dommages-intérêts,* de rapporter à ses frais mainlevée d'une opposition dont la signification lui a été remise et qu'il n'a pas fait connaître à son mandant, qui, dans l'ignorance du fait, a payé son prix au terme convenu. » (Lèbre, *Fonds de commerce.*)

Ainsi l'irrégularité imputable à l'intermédiaire, soit dans la libération vis-à-vis du vendeur, soit dans la distribution du prix aux créanciers, donne à l'acquéreur une action en dommages-intérêts contre ce mandataire négligent.

A ce point de vue encore, le choix de cet intermédiaire est des plus importants, et sa solvabilité comme son honorabilité doivent présenter les plus sérieuses garanties.

Assurances contre l'incendie. — Une autre question, par les responsabilités qu'elle entraîne, donne ici lieu à un attentif examen.

Nous voulons parler des assurances contre l'incendie, qui prennent, dans l'exercice de la profession d'hôtelier, une importance toute particulière. Nous pouvons l'apprécier dans un arrêt de la Cour de Paris ainsi conçu :

« Les aubergistes sont, *de plein droit,* responsables du dommage ou de la perte des effets des voyageurs, aussi bien lorsque ce dommage provient *d'incendie* que dans le cas où il provient de toute autre cause. La *présomption légale* est que l'accident a eu lieu par la *faute de l'aubergiste ;* c'est à lui, pour être déchargé de la responsabilité, à prouver qu'aucun fait d'imprudence ou de négligence ne lui est imputable, et que le dommage est le résultat d'une force majeure. » (17 janvier 1850.)

Preuve souvent impossible, conséquences souvent ruineuses pour l'hôtelier.

La plus vulgaire prudence impose donc cette précaution de se garantir contre un tel sinistre.

Or, deux hypothèses peuvent se présenter : 1° aucun contrat d'assurance n'existe au moment de l'acquisition ; 2° le vendeur était déjà assuré.

Assurances en cours, continuation et résiliation. — Ce dernier cas étant le plus fréquent, nous l'étudierons tout d'abord.

« Le contrat d'assurance, dit M. de Lalande, n'engendre entre la compagnie et l'assuré que des droits et obligations personnels : obligation de payer la prime, d'un côté ; obligation de payer l'indemnité, de l'autre côté. Eh bien ! si nous supposons la vente d'un immeuble assuré, le vendeur peut transporter sur la tête de son acquéreur la créance qui résulte de son droit à indemnité ; mais il ne saurait céder, sans l'agrément de la compagnie, à ce même acquéreur, l'obligation de payer la prime. La situation est celle-ci : l'acquéreur n'étant point légalement obligé envers la compagnie au payement des primes, celle-ci n'est pas tenue davantage de remplir l'obligation corrélative qui consiste à réparer le dommage d'incendie.

« Si donc aucune stipulation relative à la continuation

de l'assurance, en cas de mutation de propriété, n'a été faite dans la police, l'acquéreur, qui n'a pas fait connaître cette mutation à la compagnie, est déchu du droit à indemnité. »

Tel est le principe, et ce que nous disons de l'immeuble, nous le disons également du mobilier et des marchandises garnissant le fonds de commerce ; la règle est la même en ce qui concerne l'assurance.

Intervention nécessaire de la compagnie. — L'acheteur prudent fera donc concurremment avec le vendeur sa déclaration à la compagnie et obtiendra d'elle un avenant-transfert qui sauvegardera tous les intérêts.

La compagnie doit nécessairement intervenir dans la convention.

En effet, continue M. de Lalande, « si le vendeur a, de sa propre initiative et sans y être obligé par la police, fait prendre à l'acquéreur l'engagement de continuer l'assurance en cours, cette stipulation est valable et lie certainement l'acquéreur ; mais, au regard de l'assureur, elle est *res inter alios acta* et comme inexistante, tant que la mutation n'a pas été régulièrement portée à la connaissance de la compagnie, qui, à ce moment, acceptera ou refusera le nouvel assuré.

« Jusque-là, l'acquéreur n'a point droit à l'indemnité, en admettant, bien entendu, que le sinistre soit survenu après l'expiration du délai imparti pour déclarer la mutation.

« Par le même motif, la prime ne pourrait être réclamée qu'au vendeur, si elle vient à échoir avant la déclaration. » (Trib. commerce Seine, 23 décembre 1874.)

Conditions imposées par la compagnie en cas de vente. — Mais il peut arriver que la compagnie ait, dans la police, imposé à l'assuré l'obligation de faire prendre à l'acquéreur l'engagement de continuer l'assurance, sans exiger de ce dernier une déclaration après son acquisition.

Alors, l'acquéreur a droit à l'indemnité, de même qu'il sera actionné directement en payement des primes; car, en achetant dans ces conditions, il a complété, par l'apport de son consentement, la convention existant déjà entre le vendeur et la compagnie. Nous trouvons ici la volonté de tous les intéressés nettement exprimée.

Dans d'autres circonstances, c'est à l'acquéreur que la police impose l'obligation de faire connaître son contrat à la compagnie. Il n'y a qu'à exécuter cette clause.

Souvent les compagnies se réservent, en ce cas, la faculté de résilier. C'est leur droit; mais si elles n'en usent pas, l'acquéreur doit toucher l'indemnité lorsqu'un sinistre survient; à moins, bien entendu, qu'il n'ait pas fait sa déclaration à l'assurance, car celle-ci, n'ayant pas été mise en demeure de continuer ou de résilier, peut invoquer la déchéance.

C'est toujours le même principe : concours des trois volontés en cause.

Si enfin l'acheteur ne veut pas continuer l'assurance ou désire rompre avec la compagnie choisie par le vendeur, il devra s'entendre avec ce dernier pour la résiliation et le payement : 1° de l'année en cours; 2° d'une autre année de primes à titre d'indemnité de résiliation.

Deuxième hypothèse. — Assurance nou-

velle, nature du contrat. — Prenons maintenant l'autre hypothèse : aucune assurance n'existe au moment de la vente.

Nous avons démontré l'intérêt qu'avait l'acquéreur à faire ce contrat. Examinons-en les conditions légales.

Il est, tout ensemble, de droit strict et de bonne foi.

Formé par l'accord de deux volontés, il impose à chacune d'elles l'exécution rigoureuse des clauses qu'il renferme, lorsqu'elles sont claires et n'offrent aucune ambiguïté.

D'autre part, fondé sur l'équité, il doit, en cas de doute, être interprété non seulement d'après l'intention commune, mais d'après le droit commun, la nature des stipulations et l'usage reçu ; la présomption étant, dit Émérigon, que l'on entend s'y conformer, si l'on n'y a pas expressément dérogé.

Capacité légale pour contracter une assurance. — Pour faire assurer une chose, il faut avoir la capacité légale de s'engager, c'est-à-dire n'être pas dans la catégorie de ceux auxquels la loi l'interdit.

Mais l'assurance étant plutôt un acte d'administration que d'aliénation, le mineur émancipé peut faire ce contrat. C'est là d'ailleurs une dépense utile, puisqu'elle tend à la conservation de son patrimoine.

Dans le même ordre d'idées, l'individu pourvu d'un conseil judiciaire peut conclure une assurance, même sans l'assistance de son conseil.

De même pour la femme séparée de biens ; pour la femme mariée sous le régime dotal, en ce qui touche ses biens paraphernaux ; pour la femme autorisée à faire le commerce, en ce qui concerne les objets de ce commerce.

Dans les limites de cet ouvrage, nous devons nous borner à présenter au lecteur les principes généraux qu'il lui importe plus particulièrement de connaître.

Ainsi, d'après une jurisprudence constante, le droit de contracter une assurance appartient à toute personne qui a un intérêt à la conservation de la chose. Le dépositaire peut la faire assurer, quand même il n'aurait pas pris envers le propriétaire l'engagement des cas fortuits ; sa qualité lui impose le devoir de faire ce qu'il croit utile à son commettant.

L'hôtelier, comme dépositaire, agira donc prudemment en faisant assurer les bagages du voyageur, même en dehors de tout engagement avec ce dernier.

Si l'acquéreur du fonds de commerce a acheté en même temps l'immeuble où il s'exploite, il est bien évident qu'il peut le faire assurer, comme son mobilier personnel ou industriel, ses provisions, marchandises, etc.

Droits du locataire sur l'assurance de l'immeuble. — Mais, le plus souvent, il n'est que principal locataire, et pourtant l'incendie de la maison entraînera sa ruine.

Quel est son droit, et comment ses intérêts se régleront-ils avec ceux du propriétaire?

MM. Agnel et de Corny, dans leur *Manuel général des assurances,* répondent à cette double question :

« Il a été décidé que le locataire d'un établissement industriel a droit et qualité pour faire assurer, en son nom personnel, les bâtiments comme le mobilier de cet établissement; c'est à lui que les indemnités, en cas de sinistre, doivent être payées, et non au propriétaire, lors même que l'assurance aurait été faite en vertu d'une clause du bail, sauf le recours du propriétaire contre le locataire, en vertu de la présomption de faute établie par l'article 1733 du Code civil. »

Que dit cet article?

« Le preneur répond de l'incendie, à moins qu'il ne prouve :

« Que l'incendie est arrivé par cas fortuit, ou force majeure, ou par vice de construction ;

« Ou que le feu a été communiqué par une maison voisine. »

Cependant, un arrêt rendu par la Cour de Colmar, le 23 avril 1838, ajoute : « Si le locataire d'un établissement industriel a fait assurer contre tous risques, en son nom personnel, le bâtiment et le mobilier, et si un incendie, par le feu du ciel ou par cas fortuit, cause un grand dommage au propriétaire et peu ou point de dommage au locataire, celui-ci, à l'abri de la présomption de faute établie par l'article 1733, est réputé avoir fait assurer en vertu d'un mandat tacite du propriétaire, à qui profite alors l'indemnité. »

C'est là une décision toute d'équité, qui peut varier selon les différents cas. Nous avons voulu seulement indiquer les bases sur lesquelles ces difficultés pouvaient se régler entre locataires et propriétaires.

Dans un grand nombre de traités, la principale location est accompagnée d'une promesse de vente relative à l'immeuble loué. Il est évident que cette clause donne au locataire un droit absolu de faire assurer la maison. Il y a, en effet, un double intérêt comme preneur actuel et comme propriétaire futur. La situation est très nette à son égard.

Il est non moins évident que le locataire a le droit de faire assurer le *risque locatif,* comme le *risque du voisinage,* et le *recours des locataires contre les propriétaires.* (Art. 1721 Code civil.)

Quelles choses peuvent être assurées. — Après avoir parlé des personnes capables de conclure une assurance, disons, en un mot, quelles choses peuvent être assurées :

Toutes les choses mobilières et immobilières susceptibles d'être détruites par le feu.

L'hôtelier peut même faire assurer des objets qui ne lui appartiennent pas encore, ou dont il n'est pas encore dépositaire.

Nous lui avons, en effet, conseillé de garantir ainsi contre les risques de l'incendie les bagages du voyageur. Or, il n'y aura certes pas un contrat nouveau pour chaque valise ou pour chaque touriste, de même que la police ne sera pas renouvelée avec les provisions, les marchandises ou le mobilier de l'hôtel.

Voici donc, légalement, comment on procède :

L'assuré explique nettement la situation, il apprécie la valeur et la nature des objets soumis, selon lui, aux risques du feu, dans son établissement.

L'assureur détermine ce qu'il entend garantir.

Le contrat ainsi formé doit, par ses clauses, fournir à chaque intéressé les moyens suffisants de contrôle ;

Et alors, « en cas de sinistre, l'assuré ne sera tenu que de justifier de l'existence, au moment de l'incendie, des mar-

chandises ou des meubles et de la nature de ceux assurés ».
(Agnel et de Corny, *Manuel des assurances.* — Pardessus,
Cours de droit commercial, p. 2.)

L'importance d'un tel contrat ne saurait échapper au
lecteur. Les conséquences en sont d'autant plus graves
qu'elles varient à l'infini, selon les sociétés et la rédaction
de leurs polices.

**Choix des compagnies. Courtiers. Pré-
cautions à prendre.** — Aussi recommandons-nous
encore la plus minutieuse attention dans le choix des
compagnies, et surtout dans le choix des intermédiaires,
car nous les retrouvons ici sous le nom de courtiers.

Toujours en quête d'une nouvelle prime, le courtier
tombe brusquement au milieu des ennuis innombrables
causés par l'achat et l'installation de votre hôtel. Ces
ennuis, il vient vous en éviter une partie. Cette grosse
préoccupation de l'assurance, il vous l'épargne. En quatre
coups de crayon, il a tout évalué, tout prévu, tout conclu.
Il ne vous demande rien; au contraire, il vous fait une
remise, des avantages spéciaux; vous n'avez qu'à signer;
vous signez. Le tour est joué, le courtier disparaît, et vous
restez condamné à dix ans d'assurance forcée !

Vous voilà lié pour dix ans, envers une compagnie de
solvabilité douteuse ou à des conditions dont vous n'avez
pas apprécié la portée.

Il est, fort heureusement, de très honorables exceptions,
et nous pourrions nommer certains agents généraux
d'assurances, certains intermédiaires auxquels les intérêts
les plus considérables peuvent être abandonnés en pleine
sécurité d'esprit.

Ce sont ceux-là qu'il faut connaître et rechercher, c'est à ceux-là seulement qu'il faut vous adresser.

Moins soucieux du courtage que de leur dignité, ils vous mettront en garde contre les inconvénients que présente, dans tel ou tel cas, tel ou tel système, telle ou telle société. Non seulement ils vous laisseront le temps de lire les nombreux articles de votre police, mais ils vous donneront sur ses clauses toutes les explications désirables ; et quand vous apposerez votre signature, cette fois, au moins, ce sera en parfaite connaissance de cause.

Obligations de l'assuré. — Or, la nature des engagements pris justifie ces mesures de prudence.

Examinons, en effet, avec l'excellent *Manuel des assurances* que nous avons cité plus haut, les trois périodes distinctes que va traverser le contrat, c'est-à-dire :

Le moment où la police est signée ;

Le temps pendant lequel l'assurance suit son cours ;

L'époque à laquelle le sinistre a eu lieu.

Premièrement, au moment du contrat, la personne qui veut se faire assurer doit déclarer et faire mentionner dans la police :

1° *Sa qualité :* propriétaire, locataire, tuteur, femme séparée de biens, mandataire, etc. ;

2° L'assurance ou les *assurances préexistantes* sur les mêmes objets, les doubles assurances, les réassurances, les charges d'alignement ou de démolition auxquelles les bâtiments peuvent être soumis ;

3° La nature des bâtiments, leur destination, les meubles ou marchandises qu'ils renferment ;

4° La contiguïté avec d'autres bâtiments où l'on exerce

des industries qui présentent des risques pour le feu; le voisinage de l'objet assuré avec un risque dangereux.

L'absence ou la fausseté de ces déclarations enlève tout droit à indemnité.

Deuxièmement, pendant la durée du contrat, l'assuré doit :

Payer la prime aux époques indiquées;

Déclarer à la compagnie les nouvelles assurances qu'il ferait sur les mêmes objets;

Dénoncer à l'assureur tous les changements qui peuvent modifier les risques; et ce, dans les délais impartis par la police et à peine de déchéance.

Troisièmement, lorsqu'un sinistre est arrivé, il faut :

1° Le déclarer immédiatement à la compagnie, dans les termes du contrat, et au juge de paix de son canton, selon les indications de la police d'assurance; ·

2° Fournir, dans les délais fixés et sans exagération, l'état des dommages encourus.

Et, comme toujours, l'inexécution de ces obligations priverait l'assuré de tout recours contre l'assureur.

Sort de l'assurance en cas de décès, vente, cessation de commerce. — Enfin, d'après la plupart des polices :

En cas de *décès* de l'assuré, l'assurance continue de plein droit en faveur des *héritiers,* qui seront tenus solidairement du payement des primes, tant que l'héritier dans le lot duquel sont tombés les objets assurés n'a pas fait transférer par avenant la police à son nom.

En cas de *vente* ou donation des objets assurés, le vendeur ou le donateur devra, dans le délai stipulé, remettre

3.

à la compagnie l'engagement écrit des nouveaux propriétaires de continuer l'assurance; faute de quoi, le délai
passé, la police sera résiliée de plein droit, et l'assuré sera
tenu de payer à la compagnie, outre les primes échues, une
somme égale à une année de prime à titre d'indemnité de
résiliation.

Pareille indemnité est due à la compagnie en cas de
cessation de commerce avant l'expiration de la police.

En cas de *liquidation* ou de *faillite*, l'assuré ou ses ayants
cause devront, dans le délai fixé par la police, déclarer la
liquidation ou la faillite à la compagnie; faute de quoi ils
n'auront droit, en cas de sinistre, à aucune indemnité.

D'autre part, et comme principe absolu, l'assurance ne
peut jamais être une cause de bénéfice pour l'assuré; elle
ne lui garantit que l'indemnité du préjudice réel qu'il a
éprouvé.

Telles sont les obligations générales auxquelles il est
soumis. Quant aux clauses spéciales, nous ne pouvons que
répéter ce qui a été dit plus haut : bien choisir l'agent et
la société, et ne signer qu'à bon escient.

Changement modifiant les risques. — Mais
nous attirons tout particulièrement l'attention du lecteur
sur l'importance de déclarer à la compagnie tous les *changements qui peuvent modifier les risques* : augmentation du
nombre de chambres, du mobilier, de l'éclairage; installations nouvelles de salons, fumoirs, cuisines; aménagements
nouveaux dans l'hôtel; transport des objets assurés dans
d'autres lieux que ceux désignés par la police, etc., etc.;
en un mot, tout ce qui aggrave le risque, même quand
cette aggravation a lieu dans l'immeuble contigu à celui

assuré, tout ce qui modifie l'assurance des recours locatifs, de voisins ou de propriétaire, etc., doit être déclaré à l'assureur.

Il y a là une source de difficultés et de procès contre lesquels on ne saurait trop se mettre en garde.

Et maintenant, un autre conseil qui touche plus directement à l'exercice de la profession :

Incendie causé par le voyageur ou le personnel de l'hôtel. — L'incendie peut être occasionné par les voyageurs ou par le personnel de l'hôtel.

En ce cas, et d'après les termes généraux du contrat, les compagnies prétendent exercer un recours contre l'auteur ou les auteurs du sinistre. Cela complique et retarde le règlement de l'indemnité. L'hôtelier est exposé à de graves ennuis et à un gros préjudice.

Nous lui recommandons alors de faire insérer dans sa police, comme conditions particulières, les clauses ci-après :

« La compagnie renonce au recours qu'en cas d'incendie elle pourrait être en droit d'exercer contre les locataires, *voyageurs* ou consommateurs occupant l'établissement.

« Cette renonciation est consentie moyennant un supplément de prime... (A fixer d'accord.)

« La compagnie renonce gratuitement au recours que, en cas d'incendie, elle pourrait être fondée à exercer contre le personnel de l'établissement, le cas de malveillance excepté. » (Agnel et de Corny, *même Traité*.)

En effet, l'hôtelier, étant responsable de son personnel et ayant dû le choisir avec soin, ne peut pas exiger une renonciation au recours aussi complète que pour le voyageur.

Voyageur victime de l'incendie. — Supposons, à présent, que ce voyageur soit non plus l'auteur, mais la victime de l'incendie. Il s'adressera à l'hôtelier, et à lui seul, pour obtenir réparation du dommage causé.

Comme le porte l'arrêt cité au commencement de ce chapitre, « l'aubergiste est de plein droit responsable, il est légalement présumé en faute, sauf le cas de force majeure, dont la preuve lui incombe ».

L'hôtelier est donc personnellement débiteur, sauf ses droits contre l'assurance; mais si celle-ci avait elle-même un recours contre tel autre voyageur ou employé, le règlement n'en finirait pas. De là l'intérêt des clauses conseillées ci-dessus.

Incendie causé par des locataires de l'immeuble. — Souvent aussi, l'immeuble où s'exploite le fonds de commerce comprend, en dehors des voyageurs et du personnel, des locataires distincts occupant, par exemple, des boutiques ou d'autres portions de la maison.

L'incendie va donner lieu à des discussions entre locataires, et entre locataires et propriétaire. Ici, nous rentrons dans le droit commun, et si la police d'assurance n'a pas prévu le point en litige, nous ne pouvons que nous en référer à la loi du 5 janvier 1883, modifiant ainsi l'article 1734 du Code civil :

« S'il y a plusieurs locataires, tous sont responsables de l'incendie, proportionnellement à la valeur locative de la partie de l'immeuble qu'ils occupent;

« A moins qu'ils ne prouvent que l'incendie a commencé dans l'habitation de l'un d'eux, auquel cas celui-là seul est tenu; ou que quelques-uns ne prouvent que l'incendie n'a pu commencer chez eux, auquel cas ceux-là seuls n'en sont pas tenus. »

Nous ne nous lancerons point dans de plus amples développements; car, pour rester pratique, ce livre ne doit traiter que les questions intéressant directement la profession d'hôtelier, et ces questions sont si nombreuses que nous sommes forcé de résumer chaque sujet.

Nous venons d'étudier ainsi rapidement ce que nous appellerons les conditions légales de l'installation d'hôtel; occupons-nous maintenant des conditions matérielles imposées par les règlements.

CHAPITRE IV

Mesures de salubrité. — Les aubergistes, hôte-liers et logeurs en garni sont soumis aux règlements de police qui, dans chaque localité, peuvent être faits par l'autorité municipale.

De ces règlements, les plus importants par leurs consé-quences sont ceux relatifs à la salubrité.

La loi votée par l'Assemblée nationale, le 13 avril 1850, sur l'assainissement des logements insalubres, a établi les principes qui ont servi de base aux ordonnances ulté-rieures.

Loi du 13 avril 1850. — Voici les plus intéressants articles de cette loi :

« ARTICLE PREMIER. — Dans toute commune où le conseil municipal l'aura déclaré nécessaire par une délibération spéciale, il nommera une commission chargée de recher-cher et indiquer les mesures indispensables d'assainisse-ment des logements et dépendances insalubres mis en location ou occupés par d'autres que le propriétaire, l'usufruitier ou l'usager. Sont réputés insalubres les logements qui se trouvent dans des conditions de nature à porter atteinte à la vie ou à la santé de leurs habitants. »

L'article 2 indique comment la commission sera composée.

« ART. 3. — La Commission visitera les lieux signalés comme insalubres. Elle déterminera l'état d'insalubrité et en indiquera les causes, ainsi que les moyens d'y remédier. Elle désignera les logements qui ne seraient pas susceptibles d'assainissement.

« ART. 4. — Les rapports de la commission seront déposés au secrétariat de la mairie, et les parties intéressées mises en demeure d'en prendre communication et de produire leurs observations dans le délai d'un mois.

« ART. 5. — A l'expiration de ce délai, les rapports et observations seront soumis au conseil municipal, qui déterminera : 1° les travaux d'assainissement et les lieux où ils devront être entièrement ou partiellement exécutés, ainsi que les délais de leur achèvement ; 2° les habitations qui ne sont pas susceptibles d'assainissement.

« ART. 6. — Un recours est ouvert aux intéressés contre ces décisions devant le Conseil de préfecture, dans le délai d'un mois à dater de la notification de l'arrêté municipal. Ce recours sera suspensif.

« ART. 7. — En vertu de la décision du conseil municipal ou de celle du Conseil de préfecture, en cas de recours, s'il a été reconnu que les causes d'insalubrité sont dépendantes du fait du propriétaire ou de l'usufruitier, l'autorité municipale lui enjoindra, par mesure d'ordre et de police, d'exécuter les travaux jugés nécessaires. »

Après avoir édicté les peines applicables en cas d'inexécution des travaux ordonnés, la loi arrive à des mesures plus graves :

« ART. 10. — S'il est reconnu que le logement n'est pas susceptible d'assainissement et que les causes d'insalubrité sont dépendantes de l'habitation elle-même, l'autorité municipale pourra, dans le délai qu'elle fixera, en interdire provisoirement la location à titre d'habitation. L'interdiction absolue ne pourra être prononcée que par le Conseil de préfecture, et, dans ce cas, il y aura recours de sa décision devant le Conseil d'État. Le propriétaire ou l'usufruitier qui aura contrevenu à l'interdiction prononcée sera condamné à une amende de 16 à 100 francs, et, en cas de récidive dans l'année, à une amende égale au double de la valeur locative du logement interdit.

« ART. 11. — Lorsque, par suite de l'exécution de la présente loi, il y aura lieu à résiliation des baux, cette résiliation n'emportera en faveur du locataire aucun dommage-intérêt. »

Cette question de salubrité a donné lieu à de nombreux règlements de police.

En province, les hôteliers devront suivre, à cet égard, les prescriptions de l'autorité locale.

A Paris et dans les communes dépendant de la préfecture de police, c'est l'ordonnance du 25 octobre 1883 qui devra être observée.

Ordonnance du 25 octobre 1883. — Bien qu'elle soit connue de nos lecteurs, nous ne croyons pas inutile d'en adapter les dispositions au sujet que nous traitons en ce moment. C'est ainsi que nous lisons :

« Art. 11. — Le nombre des locataires qui pourront être reçus dans chaque chambre sera proportionnel au volume d'air qu'elle contiendra. Ce volume ne sera jamais inférieur à quatorze mètres cubes par personne. La hauteur sous plafond ne devra pas être inférieure à $2^m,50$.

« Le nombre maximum des personnes qu'il sera permis de recevoir dans chaque pièce y sera affiché d'une manière apparente.

« Art. 12. — Le sol des chambres sera imperméable et disposé de façon à permettre de fréquents lavages, à moins qu'il ne soit planchéié et frotté à la cire ou peint au siccatif.

« Les murs, les cloisons et les plafonds seront enduits en plâtre; ils seront maintenus en état de propreté et, de préférence, peints à l'huile ou badigeonnés à la chaux.

« Les peintures seront lessivées ou renouvelées au besoin tous les ans.

« On ne pourra garnir de papier que les chambres à un ou deux lits, et ces papiers seront remplacés toutes les fois que cela sera jugé nécessaire.

« Art. 13. — Les chambres devront être convenablement ventilées.

« Les chambrées, c'est-à-dire les chambres qui contiennent plus de quatre locataires, devront être pourvues d'une cheminée ou de tout autre moyen d'aération permanente.

« Art. 14. — Il est défendu d'admettre dans les chambrées des personnes de sexes différents.

« Art. 15. — Il est interdit de louer en garni des chambres qui ne seraient pas éclairées directement ou qui ne prendraient pas air et jour sur un vestibule ou sur un corridor éclairé lui-même directement.

« Les chambrées et les chambres qui contiendraient plus de deux personnes devront toujours être éclairées directement.

« ART. 16. — Il est interdit de louer des caves en garni. Les sous-sols ne pourront être loués en garni qu'en vertu d'autorisations spéciales.

« ART. 17. — Les cheminées et conduits de fumée doivent être établis dans de bonnes conditions au point de vue du danger d'incendie. Les conduits auront des dimensions ou des dispositions telles que la chaleur produite ne puisse être la cause d'une incommodité grave pour les habitants de la maison.

« Les conduits seront, en outre, entretenus en bon état et nettoyés ou ramonés fréquemment. (Ordonnance de police du 15 septembre 1875.)

« ART. 18. — Il n'y aura pas moins d'un cabinet d'aisances pour chaque fraction de vingt habitants.

« ART. 19. — Ces cabinets, peints au blanc de zinc et tenus dans un état constant de propreté, seront suffisamment aérés et éclairés directement.

« Un réservoir ou une conduite d'eau en assurera le nettoyage.

« A défaut de réservoir ou de conduite d'eau, une désinfection journalière sera opérée au moyen d'une solution dont quelques litres seront toujours laissés dans les cabinets.

« Les cabinets devront être munis d'appareils à fermeture automatique. Si l'administration le juge nécessaire, un siphon obturateur sera établi au-dessous de cette fermeture.

« Le sol sera imperméable et disposé en cuvette inclinée, de manière à ramener les liquides vers le tuyau de chute et au-dessus de l'appareil automatique.

« Les urinoirs, s'il en existe, seront construits en matériaux imperméables. Ils seront à effet d'eau.

« Art. 20. — Les corridors, les paliers, les escaliers et les cabinets d'aisances devront être fréquemment lavés, à moins qu'ils ne soient frottés à la cire ou peints au siccatif, ainsi que cela a été prescrit pour les chambres (art. 12).

« Les peintures seront de ton clair.

« Art. 21. — Les plombs seront munis d'une fermeture hermétique, lavés et désinfectés souvent.

« Les gargouilles, caniveaux et tuyaux d'eaux pluviales et ménagères seront entretenus avec le même soin.

« Art. 22. — Chaque maison louée en garni sera pourvue d'une quantité d'eau suffisante pour assurer la propreté et la salubrité de l'immeuble et pour subvenir aux besoins des locataires.

« Art. 23. — Un service spécial d'inspecteurs de la salubrité des garnis est chargé de s'assurer que les conditions exigées par la présente ordonnance sont remplies. Les logeurs sont tenus de les recevoir aussi souvent qu'ils se présenteront. »

Et dans le cas où l'hôtelier ne se conformerait pas à ces prescriptions, l'article 25 porte que l'administration pourra lui retirer le récépissé dont nous avons parlé au début de ce volume, et sans lequel il lui est interdit de recevoir des voyageurs ou locataires.

Mesures d'ordre. — A côté de ces mesures de salubrité, nous trouvons, dans la même ordonnance, des mesures d'ordre qu'il n'est pas moins important de bien connaître et observer, puisque leur inexécution entraînerait les mêmes conséquences.

Quatre articles y sont consacrés. Les articles 9 et 10 ont plus particulièrement trait à la réception du voyageur. Nous y reviendrons au livre suivant de cet ouvrage.

Les articles 7 et 8 sont ainsi conçus :

« ART. 7. — Le logeur devra placer extérieurement et conserver constamment sur la porte d'entrée de la maison un tableau indiquant que tout ou partie de la maison est loué en garni ; les lettres de ce tableau ne devront pas avoir moins de $0^m,08$ de hauteur ; elles seront noires, sur fond jaune.

« ART. 8. — Le logeur doit numéroter les appartements ou chambres meublés. »

Numéros des chambres. — L'ordonnance du 15 juin 1832 disait seulement dans son article 2 : « Les aubergistes, maîtres d'hôtels garnis et logeurs, *sont invités* à numéroter leurs appartements ou chambres meublés. »

Aujourd'hui, l'invitation est devenue une prescription formelle, qui s'explique tout naturellement avec le nombre croissant des voyageurs, l'agrandissement des hôtels et la multiplicité des logements contenus dans chaque établissement.

Sans cela, toute surveillance, tout contrôle, toute organisation seraient absolument impossibles, et cette mesure est commandée par l'intérêt général aussi bien que par l'intérêt personnel de l'hôtelier.

Nous conseillons donc de numéroter toutes les pièces, même celles qui sont ordinairement réunies pour former un appartement, comme deux chambres et un salon.

Supposons, en effet, une grande affluence de voyageurs : l'appartement se divise aussitôt ; les portes de communication se ferment ; le salon se transforme en chambre à coucher ; et ces trois pièces sont occupées par trois clients différents.

Il importe donc qu'elles aient chacune un numéro distinct, une sonnerie particulière et comme une existence séparée, au point de vue du service, de la note et de la responsabilité.

La *responsabilité*, c'est le grand mot pour le propriétaire d'hôtel ; c'est le problème toujours menaçant, auquel nous consacrerons un chapitre spécial, mais que nous retrouvons à chaque instant, à tout propos, et qui semble étendre sur cet ouvrage entier ses redoutables questions.

Lisez seulement l'article 1953 du Code civil :

« Les aubergistes ou hôteliers sont responsables du vol
« ou du dommage des effets du voyageur, soit que le vol
« ait été fait ou que le dommage ait été causé par les
« domestiques et préposés de l'hotellerie, ou par des
« étrangers allant et venant dans l'hôtellerie. »

Nous indiquerons plus tard les conséquences graves que peut avoir cet article, même avec les atténuations de la loi nouvelle ; mais, pour le moment, sa conclusion pratique est celle-ci : Fermez bien vos portes !

Portes de communication. — Et d'abord les portes de communication entre les différentes pièces doivent être toujours soigneusement fermées. Le propriétaire de l'hôtel en gardera les clefs et ne les fera ouvrir que quand un même client retiendra, pour sa famille ou pour lui, soit un appartement, soit plusieurs chambres à la suite l'une de l'autre.

En dehors de ces conditions particulières, ces portes resteront fermées à double tour.

Portes à deux battants. — Si elles ont deux battants, il faudra prendre encore de plus grandes précautions.

Deux tours de clef, en effet, n'empêcheront pas de disjoindre la serrure par une simple poussée, si les verrous verticaux n'ont pas été mis dans le seuil et le linteau, ou si ces verrous peuvent être manœuvrés par le voleur.

Il faut donc : 1° les tenir fermés avec le plus grand soin ; 2° ôter au voleur toute possibilité de s'en servir.

Pour arriver à ce but, et selon le sens dans lequel se fait l'ouverture, dans le cas où les verrous verticaux sont apparents et permettent la manœuvre indiquée plus haut, nous conseillons d'en placer des deux côtés de la porte. Chaque voyageur assurera ainsi la clôture de sa chambre.

S'il s'agit, au contraire, de constructions nouvelles, il sera prudent d'employer le verrou à coquille, qui, caché entre les deux battants, ne sera atteint que quand l'un des deux sera déjà ouvert ; ou bien encore la barre unique, également verticale, fonctionnant au moyen d'un bouton pouvant être fixé par une clef ; ou, enfin, tout autre système donnant la solution du problème posé.

Balcons. — Les balcons sont aussi pour les malfaiteurs un passage facile d'un appartement dans un autre, surtout l'été, quand le client, en sortant, a laissé sa fenêtre ouverte.

Le propriétaire d'hôtel agira donc sagement en faisant établir, entre les portions du balcon correspondant à chacune des pièces, des séparations que lui seul pourra enlever ou modifier, selon l'importance de la location, et qui garantiront d'une façon sérieuse sa responsabilité comme la sécurité de ses locataires.

Nous insistons sur ces détails, car, récemment, par décisions du tribunal de la Seine, des hôteliers ont été condamnés à rembourser des sommes considérables, à la suite de vols que des malfaiteurs avaient commis dans les conditions dont nous venons de parler.

Il est encore une autre considération : n'oublions jamais, en effet, que le voyageur est un hôte ; qu'il doit se trouver comme chez lui, à l'abri de tout danger, de tout dommage, aussi bien que de tout regard indiscret. C'est là, pour l'établissement qui se respecte, une question de convenance et de bonne tenue, dont sa réputation profitera justement.

Ainsi donc, que chaque fenêtre ait ses persiennes ou ses volets ; qu'il soit impossible de voir d'une chambre dans une autre, ou par une porte qui serait mal jointe, ou par une serrure qui ne serait pas aveuglée au moyen d'un système spécial ; que les cloisons soient suffisamment épaisses pour que le repos du client ne puisse être troublé ; en un mot, que l'hôtelier, sur tous ces points, ait pour les voyageurs et leurs familles les soins et les attentions qu'il serait en droit d'exiger pour lui-même ou pour ceux qui lui sont chers.

Portes d'entrée des chambres. — Garanti contre ses voisins, le locataire doit l'être également contre les allants et venants que l'on voit trop souvent rôder dans les couloirs.

Clefs des chambres. — En conséquence, les portes d'entrée des chambres seront munies d'une serrure solide, ne fonctionnant qu'à l'aide de la clef particulière à chaque pièce.

Cette clef aura un numéro correspondant à celui de *la seule* porte qu'elle doit ouvrir.

Car il est de jurisprudence constante qu'en cas de vol, la responsabilité de l'hôtelier est beaucoup plus gravement engagée, si l'on établit que, chez lui, on pouvait pénétrer dans plusieurs chambres avec la même clef.

Doubles clefs. — Pour le cas où le client aurait emporté ou égaré la sienne, le propriétaire de l'hôtel possédera des doubles clefs et des passe-partout. Mais cette réserve, placée en lieu sûr, sous sa surveillance personnelle, ou confiée à la garde d'un préposé spécial, ne devra jamais être employée que dans des circonstances exceptionnelles et avec la plus grande attention.

A ces conditions, le droit d'avoir des doubles clefs est indiscutable.

En effet, l'hôte est chez l'hôtelier, dans sa maison, à sa table, abandonné à sa foi; l'hôtelier ne répond pas moins des effets de l'hôte renfermés dans sa chambre que de ceux qui auraient été déposés par ce dernier entre ses propres mains; qu'importe donc la double clef?

Obligation pour le voyageur de remettre sa clef quand il sort. — Mais, toutes les fois qu'il sort de son logement, le voyageur doit remettre sa clef à l'hôtelier. S'il ne la remet pas, s'il la perd, s'il la donne à quelque étranger à la maison qui, du dehors, s'introduise dans sa chambre, si même il la laisse à sa porte et que, dans l'une ou l'autre de ces hypothèses, un vol soit commis, la responsabilité du propriétaire de l'établissement sera considérablement diminuée ou n'existera même plus, en sorte que le voyageur n'aura aucun recours, ou un recours presque nul, pour obtenir réparation du préjudice souffert.

Cette remise de clef est même obligatoire. Nous verrons, en effet, qu'à toute heure de jour et de nuit une visite de police peut être faite. Il faut donc qu'en l'absence des voyageurs l'hôtelier ait le moyen d'entrer dans leurs appartements, si l'autorité le requiert.

D'autre part, il n'a point le droit de retenir la clef du client et de l'empêcher de rentrer dans sa chambre, à moins que celui-ci n'ait tenté de partir sans payer, en emportant ses effets.

De ces principes admis par tous les auteurs, et notamment par Agnel, Masson et Carré, il résulte que la clef doit être, tout à la fois, à la garde de l'hôtelier et à la disposition du voyageur.

Tableau des clefs. — Ce résultat, contradictoire en apparence, sera facilement obtenu. Il y aura, soit dans le bureau même de l'hôtel, soit dans une pièce surveillée par un employé spécial, un ou plusieurs tableaux munis de numéros et de crochets où chaque locataire déposera et reprendra la chef de sa chambre.

Nous avons vu parfois ces tableaux dans un vestibule ou dans un passage, en dehors du bureau et sans portier préposé à leur garde. C'est là une imprudence grave. Le premier venu peut alors prendre une clef et commettre un vol.

Souvent aussi, le matin ou le soir, quand les domestiques font les appartements, pendant le premier déjeuner ou pendant la table d'hôte, ils prennent toutes les clefs d'un ou plusieurs étages, et laissent, pêle-mêle, celles dont ils ne se servent pas actuellement, sur une table, une fenêtre ou une banquette. Cela est encore très mauvais, car cela permet à un malfaiteur d'exercer sa coupable industrie, en s'emparant d'une de ces clefs ainsi abandonnées.

Dans certains grands hôtels où chaque étage a son service particulier, le tableau des clefs se trouve à chaque palier. Il faut alors une surveillance constante du garçon d'étage; et ce mode de procéder ne nous paraît pas absolument prudent.

Porte de l'hôtel. — Nos recommandations sur la sécurité des chambres s'appliquent naturellement aussi à la porte d'entrée de l'hôtel.

Le jour, elle est ouverte, et toute personne qui arrive doit être immédiatement aperçue soit du bureau, soit de la loge du concierge ou du portier, car cette dernière appellation a été reprise dans les établissements les plus importants.

La nuit, cette porte, soigneusement fermée, ne devra laisser passage qu'aux clients reconnus par le veilleur pour habiter l'hôtel; et le service sera organisé de telle façon qu'un sérieux contrôle puisse être exercé.

Chaque propriétaire d'hôtel prendra, selon l'importance

de sa maison, les mesures qui lui paraîtront présenter à cet égard le plus de garanties.

Mais il serait insuffisant de confier la sûreté de ses hôtes à un concierge endormi, ouvrant à toute sonnerie, sans se préoccuper des personnes qui entrent, sans s'inquiéter même de savoir si la porte est refermée.

Or, que de vols se commettent ainsi! L'un des malfaiteurs pénètre dans l'immeuble, les autres restent dans la rue, prêts, par la porte entre-bâillée, à donner l'alarme ou à recevoir les objets dérobés. De véritables déménagements se sont opérés de la sorte, et, la retraite étant réservée, chacun disparaissait le plus commodément du monde.

Aussi approuvons-nous fort le système de sonneries électriques qui commence à jouer dès que la porte s'ouvre et ne cesse qu'après sa fermeture. Par ce moyen, l'attention du gardien est tenue en éveil, et la responsabilité de l'hôtelier est diminuée d'autant.

Personnel de l'établissement. — Car c'est toujours cette question qu'il doit avoir en vue ; et, quand il aura pris toutes les précautions matérielles dont nous venons de parler, il ne sera point encore à l'abri, si le choix de son personnel laisse quelque peu à désirer sous le rapport de la probité.

En effet, les dispositions déjà si rigoureuses de l'article 1953 du Code civil sont corroborées par les termes généraux de l'article 1384 du même Code :

« On est responsable non seulement du dommage que l'on cause par son propre fait, mais encore de celui qui est causé par le fait des personnes dont on doit répondre...

« Les maîtres et les commettants sont responsables du dommage causé par leurs domestiques et préposés dans les fonctions auxquelles ils les ont employés... »

Si bien qu'un vol étant commis par un des garçons ou par une femme de chambre, ce n'est pas seulement la responsabilité professionnelle, c'est encore la responsabilité de droit commun qui viennent écraser le malheureux hôtelier.

Congé. Délai de huit jours. — Il n'hésitera donc pas un seul instant à congédier tout serviteur lui inspirant quelque défiance. C'est là d'ailleurs un droit absolu, en l'absence de tout traité spécial.

D'après l'usage, un délai de huit jours est accordé au domestique pour lui permettre de trouver une autre place.

On comprend facilement les inconvénients d'une semblable coutume, et ce que doit être le service dans de pareilles conditions.

Aussi le maître peut-il renvoyer immédiatement le domestique, en lui payant la valeur de ses huit jours ; il n'est tenu de rien ajouter pour la nourriture et le logement.

Réciproquement, le domestique peut partir sans délai ; le maître est alors autorisé à opérer le décompte de huit jours de gages.

Renvoi immédiat. — Mais le congé cesse d'être indispensable, le renvoi est immédiat et sans indemnité, si le maître a contre son domestique, ou réciproquement, de graves sujets de mécontentement ou de plainte.

M. Carré, à qui nous empruntons ces détails et cette jurisprudence, cite comme exemples : le vol, les injures grossières, les violences, le refus de tout travail.

Quel que soit cependant le motif du départ, jamais on ne doit refuser le certificat constatant, sans commentaires, que le serviteur est entré à la maison tel jour et qu'il en est sorti à telle autre date.

L'usage et les décisions judiciaires rendues en ces circonstances ont ainsi fixé la loi entre les intéressés, quand aucune convention particulière n'a réglé les conditions du service.

Si, au contraire, cette convention existait, comme cela arrive avec certains employés, caissiers, sommeliers, cuisiniers chefs, il faudrait s'en tenir à la lettre du contrat.

Services étrangers à l'hôtel. — Dans la plupart des grands hôtels, en dehors du personnel véritable, nous trouvons souvent toute une armée de guides, interprètes, cochers, blanchisseurs, coiffeurs, se présentant au voyageur comme attachés à la maison.

Cependant l'article 1384 ne s'applique point à eux. Pour le maître de l'établissement, ils ne sont pas des préposés. Ils ne reçoivent de lui aucun salaire; ils n'ont avec lui aucun engagement; ils vont d'un hôtel à un autre, selon la clientèle, la mode ou les saisons.

Responsabilités. — Si donc, dans l'intérieur de la maison, ils commettent un vol, ou causent un dommage aux effets du voyageur, celui-ci ne pourra pas invoquer l'article que nous venons de citer, mais bien l'article 1953, qui parle des étrangers allant et venant dans l'hôtellerie.

Si le délit a lieu hors de cette hôtellerie, son propriétaire n'en sera point légalement responsable, à moins, bien entendu, que moralement il ne s'en soit rendu complice en recommandant tel guide ou tel cocher, sans s'être préalablement assuré de sa probité et de son expérience.

Nous retomberions alors dans les dispositions générales de l'article 1383 :

« Chacun est responsable du dommage qu'il a causé non seulement par son fait, mais encore par sa négligence ou son imprudence. »

Certes, ce sera au voyageur à prouver cette imprudence ou cette négligence. Cependant le danger est grand pour l'hôtelier. Pourquoi, lui dira-t-on, en cas de préjudice quelconque, pourquoi laisser stationner dans votre vestibule ou circuler dans votre maison des individus dont vous n'êtes pas absolument sûr ? Pourquoi les recommander à vos clients, ou permettre à ces industriels de se recommander de vous-même auprès de vos hôtes ?

Aussi notre conseil est bien simple : éloigner impitoyablement toute personne qui n'offrira point de sérieuses garanties ; éviter toute indication qui pourrait engager la responsabilité.

Souvent, pour simplifier la situation, ces différents services de voitures, interprètes, blanchissage, coiffure, font réellement partie de l'établissement. Dès lors, plus de doute possible, et les articles 1384 et 1953 retrouvent leur entière application.

Ajoutons enfin, pour compléter et résumer ce chapitre, qu'aux termes des articles 1382 et 1383, l'hôtelier serait responsable des accidents ou maladies causés au voyageur par une contravention aux lois sur l'hygiène, un manque de propreté dans le matériel, une fermeture défectueuse des portes ou fenêtres, un vice de construction ou d'entretien dans les escaliers, une cuisine malsaine, un mobilier mal réparé ou toute autre faute imputable au maître ou à ses préposés.

Mais supposons toutes les précautions prises ; voilà l'hôtel installé selon les règlements, avec ses chambres numérotées, ses clefs au tableau, ses services organisés, son personnel choisi. Tout est prêt, mettons l'enseigne.

CHAPITRE V

Enseigne. Définition. — « L'enseigne, dit Dalloz, est la désignation matérielle et extérieure d'un établissement industriel au moyen d'un tableau, d'une inscription, d'un signe quelconque, et qui a pour objet de distinguer cet établissement d'autres établissements du même genre.

« Elle peut être composée soit du nom du commerçant, soit d'un emblème ou d'une devise, soit d'un nom de fantaisie, de ville ou autre. »

L'hôtelier a le droit de se dire, sur son enseigne, *successeur* de son vendeur, *gendre* de celui dont il a épousé la fille. Il lui est aussi permis de prendre, quand le fait est exact, le titre d'*ancien associé* de telle ou telle maison ; seulement il fera figurer cette énonciation d'une manière qui frappe moins la vue que l'indication du nom de son propre établissement ; car il faut éviter toute confusion qui pourrait constituer une concurrence déloyale. Ainsi l'a décidé la Cour de Lyon, le 21 mai 1850.

Nature de l'enseigne. — « L'enseigne, ajoute M. Pouillet, fait partie du fonds de commerce et s'y rattache par des liens aussi étroits que ceux qui unissent le nom à la personne. »

Propriété de l'enseigne. — Elle constitue une propriété industrielle exclusive pour celui qui l'a acquise avec le fonds, ou pour celui qui, le premier, l'a adoptée.

Mobilière par sa nature, elle ne dépend point légalement de l'immeuble sur lequel elle est placée; et la Cour de Paris, dans un arrêt du 13 août 1878, a déclaré qu'une enseigne, étant le nom ou l'emblème du fonds de commerce qu'elle sert à individualiser, est la propriété exclusive de celui qui a créé l'établissement ou de ses successeurs, et qu'en conséquence le propriétaire de l'immeuble où s'exploite ledit fonds ne saurait prétendre à la propriété de l'enseigne.

Déjà, les 6 décembre 1837 et 21 décembre 1853, la Cour de cassation avait fixé le principe que « celui qui, en louant un hôtel, y substitue, du consentement du propriétaire, une enseigne à celle qui y existait déjà, a le droit, à l'expiration de son bail, d'enlever son enseigne et de la transporter ailleurs ». (S. 38. 1. 333. — 54. 1. 90.)

Cependant, lorsque l'immeuble par lui-même est connu sous un nom déterminé, si le locataire y installe un hôtel auquel il donne pour enseigne le nom de cet immeuble, il ne pourra, à son départ, s'approprier cette dénomination.

En dehors de cette exception, l'enseigne n'est attachée ni à l'immeuble, ni au matériel, ni au tableau sur lequel elle est peinte; elle appartient exclusivement à l'acquéreur du fonds ou à celui qui l'a inventée, comme nous l'avons dit tout à l'heure.

Droits du propriétaire de l'enseigne. — Cette propriété industrielle a pour sanction l'article 1382 du Code civil, qui permet de réclamer des dommages-intérêts pour le cas où l'enseigne serait usurpée, reproduite ou imitée dans un but de concurrence.

Mais cet article ne peut être invoqué qu'autant qu'un préjudice a été causé.

Or, plusieurs conditions sont nécessaires pour constituer le préjudice.

Conditions nécessaires pour réclamer des dommages-intérêts. — D'abord il faut que le plaignant se serve encore de l'enseigne; qu'au moins il n'ait pas renoncé à tout droit de propriété sur elle; autrement elle deviendrait, à son égard, *res derelicta*, serait dans le domaine public, et le premier intéressé aurait la faculté de s'en emparer.

Ensuite, pour qu'il y ait dommage dans l'usurpation ou l'imitation d'une enseigne, il faut, d'une part, que la ressemblance soit telle qu'il puisse y avoir erreur; d'autre part, que les deux établissements fassent le même commerce ou un commerce analogue, et qu'ils soient situés de telle sorte que la clientèle de l'un puisse être détournée par l'autre.

Un arrêt de la Cour de Paris, rendu le 18 janvier 1844, a ainsi fixé la jurisprudence.

Enseignes portant des noms de famille. — Mais dès que la confusion amène le préjudice, la loi protège le propriétaire de l'enseigne; et quand cette enseigne est le *nom* même de l'industriel, la protection est plus efficace encore que pour toute autre indication de fantaisie, car nul n'a le droit d'user du nom d'autrui sans son consentement.

Enseignes portant des noms de villes. — Tandis que certains noms de villes sont tellement répandus qu'ils ne constituent plus, en quelque sorte, une propriété personnelle; et si les deux établissements sont éloignés, de façon qu'une concurrence réelle ne soit pas possible, la demande de dommages-intérêts sera déclarée non recevable. (Cour de Paris, 20 septembre 1845.)

Homonymes. — Supposons maintenant un hôtel ayant pour enseigne le nom de son propriétaire. Un autre hôtelier, ayant le même nom, vient plus tard s'établir dans les environs, et prend ce même nom pour enseigne.

Des difficultés se produisent; le premier arrivé demande alors le changement de la seconde enseigne; le nouveau venu répond qu'il ne veut rien modifier, que son nom lui appartient, et que nul ne peut porter atteinte à sa propriété.

Est-ce son droit? Non ! a répondu la Cour de cassation dans un arrêt du 26 juin 1822 :

« Un établissement commercial, dont la raison de commerce forme l'enseigne, peut exiger qu'un établissement plus nouveau et du même genre change sa raison commerciale et son enseigne, si, à cause de leur identité, il y a eu des méprises et des discussions entre les deux établissements; le dernier établissement opposerait en vain que, son enseigne et sa raison commerciale n'étant composées que de son nom, on ne pouvait lui en interdire l'usage sans attenter à sa propriété. » (Dalloz, *Jurisprudence générale. Industrie et commerce,* 359, 2°.)

Ressemblances. — L'appréciation de la ressemblance ou de la dissemblance des enseignes est une question de fait, laissée entièrement à la décision des juges et pour la solution de laquelle les circonstances de la nature diverse ou semblable des établissements voisins doivent exercer la plus grande influence. (*Idem,* 366.)

Mais quand le tribunal a reconnu une confusion possible entre deux maisons concurrentes, les modifications ordonnées doivent être assez complètes pour qu'aucun dommage ne subsiste.

Par exemple, l'interdiction, prononcée contre le propriétaire d'un hôtel garni, d'employer tels ou tels mots dans sa dénomination, l'oblige à faire disparaître ces mots non seulement sur les enseignes et annonces, mais encore sur tous les objets du service intérieur et extérieur de l'établissement, et sur tous ceux destinés à l'usage des voyageurs. (Cassation, 20 décembre 1863, D. P. 64. 1. 121.)

Droit d'apposer l'enseigne. — L'hôtelier a le droit absolu de placer l'enseigne, ainsi protégée par la loi, sur toute la façade, si la maison entière est utilisée par lui, ou sur la portion de la façade correspondant aux locaux qu'il occupe. Aucun empêchement ne saurait être apporté par le propriétaire de l'immeuble, car il doit livrer et entretenir les lieux loués en état de servir à l'usage pour lequel ils ont été loués. (Cour de Paris, 20 mars 1844.)

Conséquences juridiques et administratives de l'apposition de l'enseigne. — L'apposition de l'enseigne donne à l'établissement son caractère officiel. Étudions-en les conséquences.

Certains jurisconsultes attribuent à ce fait matériel une

portée légale qne nous ne pouvons admettre. Voici comment ils argumentent :

Un contrat se forme par l'offre d'une chose déterminée et l'acceptation de la chose offerte. Or, l'enseigne constitue l'offre permanente à tout voyageur de le loger et nourrir. La seule arrivée du voyageur à l'hôtel constitue l'acceptation de cette offre. Par cela même, le contrat est formé !

Donc, tant qu'une loi ou un règlement de police ne le lui interdit pas, l'hôtelier est tenu de recevoir tout voyageur qui se présente.

Telle est cette théorie. Nous la combattrons plus loin ; mais, dès à présent, nous la déclarons inadmissible dans la législation spéciale aux propriétaires d'hôtels, et inconciliable avec la responsabilité qui pèse sur eux à tant de titres.

Pour être responsable, il faut d'abord être libre. Nous maintenons donc énergiquement que l'hôtelier est libre de refuser tout voyageur qui ne lui inspirerait pas confiance, et nous espérons bien faire triompher notre avis : Hôtelier est maître chez lui !

Règlements de police sur les enseignes. — Mais ce qui est incontestable, c'est que, en commençant son existence légale, l'hôtel est soumis aux prescriptions de la police administrative, selon les ordonnances et arrêtés locaux.

Ces prescriptions peuvent s'appliquer à tout ce qui intéresse la sûreté et la facilité de la circulation dans les voies publiques.

En cet ordre d'idées, nous trouvons précisément les

conditions imposées à l'enseigne comme dimensions, caractère, placement, etc.

Les maires ont le droit de soumettre à une autorisation préalable la pose des enseignes, écriteaux, inscriptions ou devises que les habitants ont l'intention de placer contre la façade de leurs maisons. Ils peuvent prescrire la forme, la taille et les mesures de solidité des enseignes. (Cassation, 26 février 1842, 13 novembre 1847 , 20 septembre 1839.)

A Paris, les tableaux, enseignes, étalages quelconques, ne doivent être attachés ni appliqués soit aux balcons, soit aux auvents ou marquises. Il pourra néanmoins être appliqué sur les garde-corps des balcons, sans pouvoir en dépasser la hauteur, des attributs et des lettres dont l'épaisseur n'excédera pas $0^m,10$ centimètres.

Les enseignes ne devront point empiéter sur la voie publique de plus de 16 centimètres quand elles seront à $2^m,60$ au plus du trottoir ; de $2^m,60$ à 3 mètres, elles pourront avancer de 30 centimètres, et de 50 centimètres quand elles seront placées à une hauteur supérieure à 3 mètres. (Décret du 22 juillet 1882.)

Les enseignes doivent être attachées par des crampons en fer scellés dans le mur ; les figures en relief sont interdites, à moins qu'elles ne soient accolées à la muraille de manière à ne point gêner la vue et à ne pas être abattues par le vent. (Ordonnance 24 décembre 1823.) Cette ordonnance, aujourd'hui rapportée, est remplacée par le décret dont nous venons de parler, et aux détails duquel il sera prudent de se référer.

Les cabaretiers, *aubergistes,* traiteurs, restaurateurs et

tous débitants doivent indiquer par une enseigne leur qualité de débitant. (Loi 28 avril 1816, art. 50.)

Règlements de police sur l'éclairage à l'extérieur de l'hôtel. — Il importe, en effet, que le voyageur trouve facilement un abri.

C'est pour le même motif que des mesures ont été prises relativement à l'éclairage.

En province, un usage presque général est que tout aubergiste ou hôtelier mette une lanterne à sa porte, le soir. Cependant, ce n'est pas une loi, et il faut, pour y obliger, un arrêté municipal.

A défaut d'un arrêté qui lui impose l'obligation de l'éclairage, un aubergiste ne peut être poursuivi pour avoir négligé d'éclairer l'extérieur de son auberge. (Cassation, 14 janvier 1853.)

Mais une contravention au règlement sur l'éclairage ne peut être excusée sous le prétexte qu'il faisait encore jour, ou que la lune brillait, ou qu'une lanterne avait été placée sur une fenêtre de l'auberge. (Cass., 31 mai 1810, 13 juin 1811.)

Cet éclairage, à la porte de l'hôtel, est aussi bien dans l'intérêt personnel de l'hôtelier que dans celui du voyageur attardé.

A l'intérieur de l'hôtel. — Et, à ce propos, nous recommandons pour l'intérieur même de l'établissement une lumière (veilleuse, gaz ou bougie), en permanence pendant la nuit, auprès du bureau ou de la loge, ou bien encore dans le vestibule.

De cette façon, d'abord, une surveillance sérieuse pourra être exercée sur les allants et venants ; et, d'autre part, si un service de nuit n'est pas organisé, le client allumera son bougeoir sans avoir recours aux allumettes, toujours si dangereuses.

Bougeoirs. — Ce bougeoir devra offrir toutes garanties au point de vue de la propreté ou de l'incendie. Il sera placé de telle sorte qu'il puisse être rapidement trouvé, ainsi que la clef de la chambre.

Si l'on songe aux dangers du feu et aux responsabilités qu'entraînerait un sinistre, on comprend aisément que l'on ne saurait prendre trop de précautions contre la somnolence d'un garçon ou l'effarement d'un voyageur, plus ou moins égaré dans cette maison qu'il ne connaît pas.

Rappelons enfin la sanction donnée par l'article 471 du Code pénal aux règlements de police :

« Seront punis d'amende depuis un franc jusqu'à cinq francs inclusivement... 3° les aubergistes et autres qui, obligés à l'éclairage, l'auront négligé.

« Art. 474. — La peine d'emprisonnement contre toutes les personnes mentionnées en l'article 471 aura toujours lieu, en cas de récidive, pendant trois jours au plus. »

Heures de fermeture de l'hôtel. — Ces questions nous amènent logiquement à celle ayant trait aux heures de fermeture.

En matière de contravention, on ne peut procéder par analogie d'un cas à un autre.

Ainsi les dispositions d'un arrêté municipal qui détermine les heures de fermeture des cafés, cabarets et autres débits de boissons, ne sont pas applicables aux maîtres d'hôtels. (Cassation, 12 novembre 1885, D. P. 86. 1. 426.)

Mais, par un arrêté, un maire peut fixer l'heure à laquelle les auberges de sa commune seront fermées au public.

Qu'est-ce que le public, en ces circonstances ?

Assurément ces prescriptions ne visent ni les voyageurs, ni les individus logés et nourris à l'hôtel en qualité de pensionnaires. Ceux-là peuvent arriver et rentrer à toute heure.

La défense s'applique à toute personne n'habitant point l'établissement, et même aux invités des voyageurs ou des pensionnaires. Ces derniers avaient prétendu qu'ayant leur résidence dans l'hôtel, les ordonnances de police ne pouvaient point les atteindre dans leur propre domicile. Mais il a été jugé que, « si la résidence d'un citoyen dans une auberge peut créer une exception en sa faveur, cette résidence ne saurait changer, par rapport aux invités, la nature de ce lieu et lui communiquer le caractère d'un lieu privé ». (Cass., 25 juillet 1856.)

Or, la police a le devoir absolu d'assurer, par toutes les mesures nécessaires, la tranquillité publique et le repos des citoyens, tout comme elle doit veiller à la salubrité et au nettoiement des rues.

Balayage. — Le balayage constitue, par excellence, une mesure de salubrité qui rentre dans les attributions exclusivement *municipales*. Un arrêté *préfectoral* relatif au balayage serait illégal et non obligatoire, quand même il aurait été pris pour toutes les communes du département. (Cass., 28 juin 1861.)

Les maires seuls peuvent donc fixer les conditions, jours et heures auxquels il sera procédé au nettoiement de la voie publique. Mais un règlement de police est indispensable pour imposer légalement cette charge aux habitants.

Et, parmi ces habitants, à qui incombera particulièrement cette obligation? A l'hôtelier locataire, ou au propriétaire de l'immeuble ?

En l'absence de conventions spéciales, l'obligation incombe au propriétaire ; aussi bien lorsqu'il habite la maison que lorsqu'il en est éloigné ; aussi bien lorsque la maison est occupée par un ou plusieurs locataires que lorsqu'elle est inhabitée. La responsabilité pénale du propriétaire résulte des termes mêmes de la loi et des principes généraux du droit. (Cassation, 7 novembre 1867. — Brayer, *Dictionnaire de police*.)

A Paris, certaines difficultés s'étaient élevées sur ce point en présence de la loi du 26 mars 1873, qui a converti en une taxe municipale obligatoire, payable en numéraire, la charge du balayage imposée au riverain pour la façade de la maison. Mais, à moins de conventions contraires, c'est le propriétaire qui doit payer. (Trib. Seine, 15 mai 1877.)

C'est également au *propriétaire* que le préfet de la Seine, par son arrêté du 24 novembre 1883 sur l'enlèvement des ordures, impose l'obligation d'avoir des récipients ou boîtes qui devront être placés soit devant la maison, soit intérieurement près de la porte d'entrée, en un point parfaitement visible et accessible.

« Le dépôt de ces récipients, dit l'arrêté, devra être effectué avant le passage du tombereau d'enlèvement des ordures ménagères, enlèvement qui doit commencer à 6 heures 1/2 du matin pour être terminé à 8 heures 1/2 en été (c'est-à-dire du 1er avril au 30 septembre), et commencer à 7 heures pour être terminé à 9 heures en hiver (c'est-à-dire du 1er octobre au 31 mars).

« Les récipients doivent être remisés à l'intérieur de l'immeuble un quart d'heure au plus après le passage du tombereau d'enlèvement.

« Le concierge, s'il en existe un dans l'immeuble, sera personnellement tenu d'assurer cette double manœuvre, sans préjudice de la responsabilité civile du *propriétaire*. »

Toutefois, au point de vue du balayage, deux arrêts de cassation, rendus les 10 août 1833 et 31 août 1845, ont considéré les principaux locataires comme représentant, sous ce rapport, les propriétaires.

La sanction des dispositions qui précèdent se trouve dans les articles 471-474 du Code pénal condamnant à une amende de un à cinq francs inclusivement, et, en cas de récidive, à un emprisonnement de trois jours au plus :

« Ceux qui auront négligé de nettoyer les rues ou passages, dans les communes où ce soin est laissé à la charge des habitants ;

« Ceux qui ne se seront pas conformés aux règlements ou arrêtés publiés par l'autorité municipale. »

Cours d'auberges. — C'est précisément parce que la voirie comme la tranquillité publique rentrent dans ses attributions que l'autorité municipale peut, sans porter atteinte à la liberté de l'industrie, interdire de convertir en marchés publics les cours intérieures des auberges, et enjoindre aux propriétaires desdits établissements de ne laisser vendre ou acheter dans ces cours aucunes marchandises quelconques ni bestiaux. (Cassation, 9 novembre 1872, D. P. 73. I. 247.)

L'administration, en effet, a le devoir de maintenir le bon ordre dans les marchés, foires, cafés et autres lieux publics. (Loi de 1790.)

Un hôtel est-il un lieu public? — Ici se place cette question : Cette dernière dénomination est-elle applicable aux hôtels?

Incontestablement oui, pour tout ce qui se rattache aux lois et règlements de police.

A ce point de vue, dit Masson, c'est un lieu public permanent. L'hôtel est ouvert, nuit et jour, aux voyageurs; donc, nuit et jour, il doit être ouvert à la police. L'intérêt général exige qu'elle surveille de la façon la plus active les étrangers, les passants, les non domiciliés; il faut qu'elle puisse, à chaque instant, faire ses recherches, ses vérifications, et constater les contraventions qui existeraient.

Distinctions entre les différentes pièces de l'hôtel. — En thèse plus ordinaire, et notamment en matière d'injures, de diffamations, cris séditieux, discours attentatoires à la sûreté de l'État, il y aura à distinguer les différentes pièces dans lesquelles les paroles ont été proférées :

Ainsi la chambre servant de logement à un voyageur est un lieu privé.

La chambre louée par un particulier pour y donner à dîner à plusieurs personnes n'est point un lieu public, lors même qu'elle serait attenante à un lieu public. (De Grattier, t. I, p. 119.)

Mais la salle à manger d'une auberge est un lieu public, par sa destination. (Cassation, 26 novembre 1864.)

Nous en dirons autant des salons de lecture, fumoirs, halls, terrasses, cours, etc.

En effet, la Cour de cassation a jugé que toutes les appartenances d'une auberge habituellement destinées à recevoir le public, sont, comme l'auberge même, un lieu public.

Affiches placées dans l'hôtel. — Ces distinctions ont aussi leur importance dans la question des affiches placées à l'intérieur de l'hôtel.

Tous les règlements et droits imposés aux affiches dans un lieu public doivent être appliqués à celles qui se trouvent dans les vestibules, cours, salons, et généralement, dans toutes les appartenances destinées à recevoir le public, ainsi qu'il a été dit plus haut.

Rappelons, à ce sujet, que, d'après la jurisprudence, les multiples inscriptions commerciales peintes sur les murs, en dehors du lieu d'habitation ou de fabrication, sont des affiches et non des enseignes. Les cadres renfermant de nombreuses photographies sont des enseignes quand ils sont placés à la porte ou dans le voisinage du photographe.

Ils pourraient être considérés comme des affiches quand ils sont dans un hôtel éloigné, et dès lors ils seraient soumis au timbre. (Brayer, *Dictionnaire de police*.)

Contributions indirectes, régie. — Nous abordons ainsi l'étude des lois de finances, timbre, régie, contributions indirectes, patentes, etc.

En ce qui concerne les lois sur le commerce des boissons, deux arrêts, prononcés par la Cour de cassation les 21 juillet 1853 et 19 mai 1854, ont décidé que les aubergistes ne sont assujettis à aucune autorisation administrative, tant qu'ils ne vendent à boire qu'aux personnes qu'ils logent ou qu'ils nourrissent.

Boissons. — Mais l'aubergiste qui ouvrirait une pièce ou salle pour recevoir chez lui des consommateurs, des buveurs de la localité, pour donner, en un mot, à boire à tout venant, rentrerait dans la catégorie des débitants de boissons et serait obligé de remplir les mêmes formalités que ces derniers.

Nous ne parlons ici qu'au point de vue de la régie. Mais, comme nous l'avons déjà dit, les mesures concernant la police des débits de boissons peuvent être appliquées par les préfets et maires aux hôtels et restaurants. Il en est ainsi spécialement de celles qui ont pour objet la détermination de l'heure à laquelle les consommateurs étrangers à l'établissement devront être renvoyés ou devront se retirer volontairement, ou encore la défense de donner à boire jusqu'à l'ivresse et de garder des gens ivres. (Cassation, 15 mai 1863, D. P. 65. I. 404.)

Tabacs. — L'achat, la fabrication et la vente des tabacs continuent à avoir lieu par la régie des contributions indirectes, dans toute l'étendue du territoire français, exclusivement au profit de l'État. (Loi du 28 avril 1816, art. 172.)

« Art. 217. — Nul ne peut avoir en provision des tabacs fabriqués autres que ceux des manufactures nationales, et cette provision ne peut excéder dix kilogrammes, à moins que les tabacs ne soient revêtus des marques et vignettes de la régie.

« Art. 218. — Les contraventions à l'article précédent seront punies de la confiscation, et en outre d'une amende de 10 francs par kilogramme de tabacs saisis. Cette amende ne pourra excéder la somme de 3,000 francs ni être au-dessous de 100 francs.

« Art. 222. — Ceux qui sont trouvés vendant en fraude du tabac à leur domicile seront arrêtés et constitués prisonniers, et condamnés à une amende de 300 à 1,000 francs, indépendamment de la confiscation des tabacs saisis et de celle des ustensiles servant à la vente. »

Ainsi donc, pas de cigares étrangers, à moins qu'ils n'aient été achetés pour le compte de la régie, pas de cigarettes de contrebande ; on serait exposé à de très sérieux ennuis.

Allumettes. — La loi du 28 juillet 1875 s'exprime ainsi :

« Art. 1ᵉʳ. — Les articles 217, 218 et 237 (droit d'inspection) de la loi du 28 avril 1816 sont applicables à la détention des allumettes chimiques. Toutefois, la quantité admise à titre de provision ne peut excéder un kilogramme, à moins que les allumettes chimiques ne soient revêtues des marques légales. Cette limite d'un kilogramme n'est pas applicable aux débitants de boissons, cafetiers, aubergistes, *hôteliers,* ni aux commerçants mettant gratuitement des allumettes chimiques à la disposition de leurs clients, à l'égard des produits tenus ostensiblement à la disposition du consommateur. »

Mais ceux qui sont trouvés détenteurs ou fabricants d'allumettes chimiques de provenances frauduleuses sont passibles d'une amende de 300 à 3,000 francs, indépendamment de la confiscation des allumettes et des instruments, ustensiles et matières servant à la fabrication.

En cas de récidive, emprisonnement de six jours à six mois.

Cartes à jouer. — La législation sur les cartes à jouer impose encore plus de prudence.

La fabrication de ces cartes, leur introduction en France, leur vente ou colportage, sans autorisation de la régie, entraînent la confiscation des objets de fraude, plus une amende de 1,000 à 3,000 francs (toujours 3,000 francs en cas de récidive), et enfin un emprisonnement d'un mois.

Or, les mêmes peines sont appliquées à ceux qui tiennent des cafés, des *auberges,* s'ils permettent que l'on se serve chez eux de cartes prohibées, lors même qu'elles auraient été apportées par les joueurs.

Et les préposés de la régie ont le droit de visiter les établissements ainsi désignés, pour y rechercher et constater les contraventions.

Donc, n'acheter les cartes que chez un marchand autorisé. Avoir au besoin, conformément à l'arrêté du 3 pluviôse an VI, un petit livret coté et parafé par les contributions indirectes et signé par le fournisseur à chaque acquisition.

En tout cas, éviter soigneusement cette économie, fort mal entendue, qui fait acheter ce que l'on appelle des cartes de cercles.

D'abord, il est défendu à tout particulier de vendre aucun jeu de cartes neuves ou ayant servi. La recoupe des cartes et le colportage des cartes recoupées ou réassorties sont interdits.

Il y a donc là une première infraction à la loi.

Mais, en outre, ceux qui vendent des cartes comme provenant de cercles en glissent parfois qui proviennent absolument de contrefaçon : le valet de trèfle porte un timbre, plus ou moins habilement imité, des contributions indirectes ; on se laisse tenter par la modicité du prix, et bientôt une formidable amende vient dissiper toute illusion.

Contributions directes. — Dans un ordre d'idées moins spécial, les hôteliers, aubergistes ou logeurs, de même que les autres citoyens, sont, en qualité de propriétaires ou de locataires, tenus de la contribution mobilière et de celle des portes et fenêtres, et, en outre, de la contribution des patentes. (Agnel, p. 585.)

Patente. — La patente comprend : 1º le *droit fixe* établi eu égard à la population et d'après un tarif général pour les professions énumérées dans le tableau annexé à la loi ; 2º le *droit proportionnel,* qui varie suivant la valeur locative des locaux occupés par le patenté. Cette valeur locative est établie (sauf les exceptions fixées par la loi) tant sur la maison d'habitation que sur les locaux servant à l'exercice des professions imposables.

A ces deux bases de la patente s'ajoutent les centimes additionnels, qui peuvent varier tous les ans.

Dans cette législation particulière nous trouvons, par catégories distinctes, le loueur de chambres ou appartements meublés, l'aubergiste ou cabaretier-logeur, le maître d'hôtel garni louant à la semaine, à la quinzaine ou au mois, et enfin le maître d'hôtel, dont nous nous occupons plus spécialement en cet ouvrage.

Il figure au tableau A de la loi du 15 juillet 1880, 3ᵉ classe. Le droit fixe est de 140 francs.

Le droit proportionnel est : 1° au 20ᵉ sur la maison d'habitation, ainsi que sur les salles à manger et autres locaux destinés à l'usage commun des voyageurs ;

2° Au 40ᵉ sur les locaux destinés à l'usage particulier des voyageurs, ainsi que sur les écuries et les remises.

Cette loi des patentes présente, pour l'hôtelier, certaines anomalies qui ont donné lieu à de nombreuses réclamations.

Ainsi, le propriétaire est dégrevé des vacances qui se produisent dans ses locaux ; si un accident ou un cas fortuit le prive de toucher ses revenus, il obtient une remise ou modération, et le principal locataire ordinaire pourra bénéficier de la même faveur.

Il n'en sera point de même pour l'hôtelier ; qu'il ait les deux tiers de sa maison en chômage, il devra payer intégralement. Il a loué pour faire le commerce, ces éventualités sont entrées en ligne de compte dans sa location.

Si la salubrité lui fait supprimer un certain nombre de chambres, bien que ce soit là un cas de force majeure, il aura grand'peine à obtenir un dégrèvement, car il paye d'après son bail, et, si le bail n'est pas modifié, la base de l'impôt reste la même.

Tout cela est très dur, mais tout cela est la loi, et, comme nous le disions pour les loyers d'avance, nos législateurs seuls peuvent amener les changements tant demandés par les contribuables.

Omnibus de l'hôtel. — A propos de la patente, le Conseil d'État, par ses arrêts des 15 mai 1874 et

31 mai 1878, a jugé qu'un aubergiste qui exploite, dans son hôtel, une entreprise d'omnibus, ne peut être considéré comme ayant deux établissements distincts dans le sens de l'article 9 de la loi du 4 juin 1858 et de l'article 1 de la loi du 29 mars 1872 ; en conséquence, il ne doit être imposé que pour celle de ces professions qui donne lieu au droit fixe le plus élevé.

Ces entreprises de voitures existent surtout en province. Leur but commun est d'assurer le service des voyageurs entre les hôtels et la gare, ou réciproquement; les conditions varient suivant les localités.

Ici, nous trouvons l'omnibus du chemin de fer, pour la ville et les hôtels, selon l'expression en usage. C'est ordinairement une entreprise particulière ou dépendant plus ou moins des compagnies qu'elle dessert. Nous n'avons pas à nous en occuper pour l'instant.

Là, nous rencontrons l'omnibus du principal hôtel, qui, au besoin, conduira dans les autres, par un sentiment de bonne confraternité et de modique intérêt ; ou bien encore, tous les hôteliers du même lieu se sont entendus pour n'avoir qu'une voiture qui descend impartialement le client à l'endroit désigné par lui.

Enfin, voici l'hôtel de premier ordre, avec son omnibus à son nom, son cocher en livrée, son portier galonné, ayant ses clefs brodées au collet de sa tunique.

Dans tous ces cas, l'hôtelier est entrepreneur de transport et doit suivre, à cet égard, les règlements de police imposés par l'autorité locale.

Nous citerons, à titre d'exemple, les principaux articles de l'ordonnance rendue le 6 mai 1851, à Paris :

Règlements de police sur les omnibus transportant les voyageurs de l'hôtel à la gare ou réciproquement. — « Article 1ᵉʳ. — Tous entrepreneurs qui voudraient faire le transport des voyageurs partant ou arrivant par les chemins de fer, seront tenus de déclarer à la préfecture de police :

« 1° Le nombre des voitures qu'ils voudront mettre en circulation ;

« 2° Le nombre de places que contiendra chaque voiture ;

« 3° Le siège de leur établissement et les emplacements et bureaux d'où partiront les voitures en se rendant aux gares de chemins de fer ;

« 4° Le tarif des places et des bagages.

« Art. 2. — La déclaration prescrite par le n° 1 de l'article précédent sera également faite pour toute voiture qui cessera d'être mise en circulation.

« Les déclarations exigées par le n° 3 seront renouvelées en cas de changement du siège de l'établissement ou des emplacements et bureaux de départ.

« Enfin, en cas de changement dans les tarifs, déclaration préalable sera faite des nouveaux prix.

« Art. 6. — Installation des voitures dans de bonnes conditions de propreté et de solidité.

« L'emploi des chevaux vicieux, atteints de maladies ou d'infirmités qui les rendraient impropres au service, est interdit.

« Art. 20. — Les entrepreneurs ne pourront employer que des cochers ou des conducteurs qui auront été autorisés par nous.

« Le jour même où un cocher entrera au service d'un

entrepreneur, celui-ci retirera à la préfecture de police le permis de conduire de ce cocher.

« Quand le cocher quittera un établissement, l'entrepreneur rapportera ce permis dans les vingt-quatre heures de la sortie du cocher, lors même que celui-ci serait redevable.

« Quand l'autorisation de conduire aura été retirée à un cocher, le permis sera également rapporté par l'entrepreneur dans les vingt-quatre heures de l'avis qui lui sera donné de cette mesure.

« Les entrepreneurs, en prenant un cocher, devront inscrire sur son permis de conduire et sur son bulletin la date de son entrée en service.

« Lorsque le conducteur ou cocher quittera l'établissement, il sera fait mention sur son permis de la date de la sortie. »

Places dans les gares. — « ART. 24. — Le stationnement des diverses espèces de voitures dans l'intérieur des gares de chemins de fer continuera à être réglementé par des ordonnances spéciales. »

Cette dernière question du stationnement dans les gares a donné et donne souvent lieu à des récriminations contre certaines désignations de places faites par l'autorité municipale à tel ou tel service de transport.

Mais la Cour de cassation, le 28 février 1872, a jugé que : la liberté de l'industrie étant subordonnée à l'obligation de se conformer aux règlements de police, et l'administration municipale ayant mission d'assurer la commodité et la sûreté de la voie publique, on ne saurait voir une infraction au principe de la liberté dont s'agit dans la clause d'un traité qui donne à un concessionnaire le droit de stationner seul et sans concurrent dans les rues et sur les places de la ville.

Responsabilité du maître, en cas d'accident causé par le cocher. — En dehors de ces circonstances particulières, rappelons au patron ou maître des cochers que, d'après les principes généraux de l'article 1384 du Code civil, il est pécuniairement responsable des accidents que ses préposés ont pu occasionner par maladresse, imprudence, inattention, négligence ou inobservation des règlements et surtout de l'ordonnance de police du 26 août 1861 sur la conduite des chevaux et voitures dans Paris.

Responsabilité du propriétaire de chevaux ou animaux domestiques. — Rappelons également aux propriétaires de chevaux les termes de l'article 1385 :

« Le propriétaire d'un animal, ou celui qui s'en sert, pendant qu'il est à son usage, est responsable du dommage que l'animal a causé, soit que l'animal fût sous sa garde, soit qu'il fût égaré ou échappé. »

Il faut donc apporter le plus grand soin dans le choix des cochers et dans l'acquisition des chevaux.

Si un cheval est vicieux, s'en défaire immédiatement.

S'il est mordeur, lui mettre une muselière ; s'il rue, lui imposer une plate-longe.

Si, sans être vicieux, il est quelque peu dangereux, soit au pansage, soit à la forge, soit en service, prévenir de ces défauts les personnes qui auront à l'approcher.

Vis-à-vis des tiers. — Car l'article 1385 est plus

sévère encore que le précédent, au point de vue des dommages-intérêts que peut encourir le propriétaire. C'est lui qui, de plein droit, est présumé responsable, et c'est lui qui devra prouver le cas fortuit ou de force majeure, ou bien l'imprudence du blessé.

La frayeur et l'emportement du cheval, la faiblesse ou l'impéritie personnelle du cocher ne sont jamais des motifs d'excuses.

Le défaut d'entretien ou la mauvaise qualité du harnachement peuvent encore aggraver la situation.

Le propriétaire qui, connaissant la vivacité ou le caractère vicieux d'un cheval, en a imprudemment confié la conduite à un tiers, est responsable des blessures que cet animal a causées pendant qu'il était sous la direction de ce tiers. (Cour de Bordeaux, 28 janvier 1841.)

A l'égard des domestiques. — Et si, dans les mêmes conditions, le maître n'a pas prévenu son préposé du danger particulier que présentait le cheval, il devra une indemnité pour les dommages causés à ce domestique. Le cocher, en effet, ou le garçon d'écurie, doit savoir prendre les précautions ordinaires auprès des chevaux ; mais il doit aussi être averti quand des précautions spéciales sont nécessaires. On agira donc sagement en donnant le même avis au maréchal ferrant.

Il ne suffit pas que l'attelage ne soit point vicieux et qu'il soit habilement conduit, il faut encore que le cocher, comme cela arrive trop souvent dans les gares, ne quitte pas sa voiture pour aller solliciter le client ou s'occuper de ses bagages.

Car il a été jugé que le maître d'un cheval qui, abandonné sur la voie publique par son conducteur, a occasionné un accident dont une personne a été victime, est responsable de cet accident, et peut être condamné à des dommages-intérêts envers la veuve et les enfants de la victime.

A l'égard d'autres chevaux. — Autre exemple : Deux chevaux appartenant à deux hôteliers différents, et abandonnés à l'arrivée du train, se battent de telle sorte que l'un blesse ou tue l'autre. Si c'est l'animal agresseur qui a été tué ou blessé, son maître n'a droit à aucune indemnité. Si c'est l'autre, son maître a l'action en dommages. Dans le doute sur le point de savoir quel a été l'agresseur, la perte de l'animal est supportée par le propriétaire. (Dalloz, *Codes annotés,* art. 1385, n° 42.)

Notons, enfin, que cet article reçoit également application quand le préjudice a été causé par les chiens, volailles, pigeons ou autres animaux domestiques.

Quant à la responsabilité relative aux accidents causés ou soufferts par les chevaux logés dans les écuries de l'hôtel, nous l'étudierons plus loin.

Pour l'instant, nous craignons d'avoir fatigué et un peu découragé nos lecteurs par la multiplicité de nos recommandations. L'expérience nous fera pardonner. Puissions-nous même ne pas encourir le reproche contraire d'avoir omis trop de questions !

Mais voici l'heure de l'express. En route pour la gare ! Attention à l'arrivée du voyageur !

LIVRE II

ARRIVÉE DU VOYAGEUR.

CHAPITRE PREMIER

SOLLICITATION DE CLIENTÈLE. — ARRIVÉE DU VOYAGEUR. — INTERDICTION DE RECEVOIR CERTAINS CLIENTS. — *Hôtelier maître chez lui.* — LOGEMENTS RETENUS A L'AVANCE. — ENTRÉE A L'HOTEL.

Sollicitation de clientèle. — Au dernier chapitre du livre précédent, nous avons indiqué que les omnibus et voitures des hôtels devaient stationner aux places assignées par l'autorité locale, et que les attelages ne pouvaient être abandonnés par leurs conducteurs pour aller solliciter la clientèle.

Mais, à côté des cochers, le voyageur se heurte souvent, en descendant de wagon, à une cohue de garçons, commissionnaires, guides, interprètes, courtiers, etc., qui sont un véritable obstacle à la circulation et qui, loin de recommander utilement un hôtel, produisent souvent l'effet contraire par leurs cris assourdissants et leur maladroite insistance.

Aussi l'administration, qui a pour mission, comme nous

l'avons dit, d'assurer la tranquillité de la voie publique, a pris de nombreux arrêtés afin de réprimer ces abus :

« Toute sollicitation importune pour l'indication des hôtels, pour le transport des bagages, pour offres de service, est interdite dans la cour et, en général, dans toutes les dépendances de la gare. »

Tel est l'article 10 de l'ordonnance de police, rendue le 11 août 1875, pour la station d'Auteuil.

Pareilles défenses ont été formulées à Paris pour la gare du Nord, le 27 février 1876 (art. 17); pour la gare de l'Ouest, rive droite, le 20 septembre de la même année (art. 8); pour la gare de l'Ouest, rive gauche, le 28 novembre 1876 (art. 20); enfin, le 30 du même mois pour la gare de Vincennes (art. 13), etc.

La sanction de ces prescriptions, comme de celles édictées en province dans le même sens, est dans les articles 471 et 474 du Code pénal, punissant d'une amende de un à cinq francs, et, en cas de récidive, d'un emprisonnement pendant trois jours au plus, ceux qui auront contrevenu aux règlements légalement faits par l'autorité administrative et ceux qui ne se seront pas conformés aux règlements ou arrêtés publiés par l'autorité municipale.

Nous trouvons encore une sanction plus élevée dans le sentiment de dignité professionnelle, dans la loyauté de la concurrence. La clientèle, d'ailleurs, ne se laisse point si facilement tromper. Elle a bientôt fait justice du charlatanisme et reste fidèle aux établissements véritablement recommandables.

Arrivée du voyageur. — Aucune contravention

n'a donc été commise, et voici le coup de fouet annonçant que l'omnibus ne revient pas à vide, ou le coup de cloche avertissant qu'une voiture est à la porte.

C'est un moment qui a son importance légale, et, autant que possible, le propriétaire de l'hôtel devra toujours être là pour l'arrivée des voyageurs.

De cet instant commence sa responsabilité la plus grave :

Responsabilité des bagages ou effets, vis-à-vis du client ;

Responsabilité de la personne même du client, vis-à-vis de la police et de la loi.

Pour plus de clarté, nous consacrerons un chapitre spécial aux effets apportés dans la maison.

Occupons-nous d'abord des personnes.

Interdiction de recevoir certains voyageurs. — L'article 10 de l'ordonnance concernant les logements loués en garni, rendue le 25 octobre 1883, est ainsi conçu :

« Il est défendu aux logeurs de donner retraite aux vagabonds, mendiants et gens sans aveu. Il leur est aussi défendu de recevoir habituellement des filles de débauche. »

Vagabonds. — A notre époque, le vagabond n'a point nécessairement un aspect et une tenue qui, seuls, provoqueraient un refus de le recevoir. Il est souvent fort bien mis. Le pick-pocket anglais en est un exemple.

Aussi, lorsque ce dernier est amené devant le tribunal correctionnel, il a presque toujours à répondre des deux délits : vagabondage et vol.

Pour le Code pénal, en effet, « les vagabonds ou gens sans aveu sont ceux qui n'ont ni domicile certain, ni moyens d'existence, et qui n'exercent habituellement ni métier, ni profession ». (Art. 270.)

Pour l'hôtelier, qui ne peut contrôler utilement les ressources de son client et ses occupations, le vagabond est l'homme qui n'a ni papiers, ni domicile connu.

L'entrée de la maison lui est interdite; et il en sera de même si les papiers constatant l'identité paraissent suspects ou insuffisants.

Les règlements l'exigent, l'intérêt même le commande; car tous les vols, filouteries ou dommages qui portent une si sérieuse atteinte à la fortune de l'hôtelier sont dus à ces vagabonds, aventuriers et gens sans aveu.

Gens sans aveu. — Ajoutons que la loi du 27 mai 1885 (article 4) assimile aux gens sans aveu, alors même qu'ils auraient un domicile certain, tous les individus qui ne vivent qu'en pratiquant ou facilitant, sur la voie publique, les jeux illicites ou la prostitution d'autrui.

Mendiants. — Quant aux mendiants, il faut faire une distinction : certes, il est défendu de soustraire les gens dangereux à la surveillance de la police, en leur donnant *retraite,* selon l'expression du règlement; mais l'homme vraiment malheureux pourra toujours trouver un asile momentané ou un secours, sans que son bienfaiteur s'expose à une contravention.

Filles. — L'ordonnance du 6 novembre 1778 (article 5) enjoint, sous peine de 200 livres d'amende, à toutes personnes tenant hôtels, maisons et chambres meublés, au mois ou à la quinzaine, à la huitaine, à la journée, etc., de ne recevoir dans leurs hôtels, maisons et chambres aucunes femmes ni filles de débauche se livrant à la prostitution, et de ne souffrir, dans les chambres, des hommes et des femmes prétendus mariés que sur la justification de leur mariage.

La Cour de Paris, dans deux arrêts rendus les 18 février et 3 avril 1846, a déclaré que cette ordonnance était encore obligatoire; elle est rappelée, d'ailleurs, en tête de celle publiée le plus récemment, à la date du 25 octobre 1883.

De plus, des instructions spéciales ont été données par M. le préfet de police, le 15 octobre 1878, aux inspecteurs du service des mœurs, pour le cas où un hôtel garni leur serait signalé comme lieu clandestin de prostitution. Des perquisitions pourraient alors être faites à toute heure de jour et de nuit.

Droits et devoirs de l'hôtelier. — Enfin, comme le fait observer Masson, les voyageurs ont droit, dans l'hôtellerie, à une hospitalité honorable sous tous les rapports; le maître doit donc à ses clients honnêtes de leur éviter tout scandale et tout désordre.

De son côté, le client doit respecter les usages de la maison, le repos et les convenances de ses habitants. Il ne peut transformer son logement en lieu de débauche ou en salle de jeu; il ne peut amener personne dans sa chambre pour y passer la nuit; à quelque heure que ce soit, il sera légalement interdit à tout voyageur ou voyageuse d'entrer dans l'hôtel en compagnie suspecte; bien plus, l'hôtelier a le droit et le devoir de s'opposer aux visites qui compromettraient la moralité et la bonne tenue de l'établissement.

Si le locataire s'en formalise, libre à lui de s'en aller, en acquittant sa note. S'il a payé d'avance, son compte sera fait et restitution lui sera consentie de la somme correspondant au temps pendant lequel il n'aura été ni logé, ni nourri.

Le contrat est rompu par son propre fait; il ne saurait donc l'invoquer pour prolonger son séjour. La condition, au moins tacite, du traité était l'obéissance aux lois et règlements, comme aux usages du lieu où il était reçu. Il a enfreint cette condition. A tel point qu'en droit strict, tout ou partie du prix payé d'avance pourrait être retenue à titre de dommages-intérêts. Mais nous ne conseillons point ce procédé. Dans de telles circonstances, l'important est d'éloigner au plus tôt un pareil hôte.

Dangers au point de vue de la responsabilité. — D'ailleurs, comme les aventuriers, les filles constituent, au point de vue de la responsabilité, un danger permanent. Prenons un exemple, malheureusement trop fréquent. Le soir, un voyageur rentre, en bonne fortune, selon l'expression étrangement employée. Le matin, sa compagne disparaît en lui volant des bijoux ou de l'argent.

S'il ne s'en aperçoit que plusieurs jours après, il s'en prendra au propriétaire de l'hôtel et lui demandera, de la meilleure foi du monde, une indemnité.

S'il est de mauvaise foi, au contraire, il se gardera bien d'accuser la fille, qui est insolvable. Il invoquera tout simplement contre l'hôtelier, qui peut payer, les dispositions des articles 1952 et 1953 du Code civil.

Ces dispositions, nous ne saurions les rappeler trop souvent :

« Art. 1952. — Les aubergistes ou hôteliers sont responsables, comme dépositaires, des effets apportés par le voyageur qui loge chez eux.

« Art. 1953. — Ils sont responsables du vol ou du dommage des effets du voyageur, soit que le vol ait été fait ou que le dommage ait été causé par les domestiques et préposés de l'hôtellerie, ou par des étrangers allant et venant dans l'hôtellerie. »

La loi nouvelle, dont nous parlerons plus loin, limite bien cette responsabilité à mille francs pour les espèces monnayées et les valeurs ou titres au porteur qui n'ont pas été déposés entre les mains de l'hôtelier; mais d'abord mille francs représentent pour tous une somme importante, et, de plus, la responsabilité reste illimitée pour les bijoux et effets non désignés ci-dessus.

Et les magistrats, liés par ces textes mêmes et trompés par le demandeur, lui accorderont des dommages-intérêts, à moins que l'hôtelier ne fournisse une série de preuves, souvent presque impossibles à se procurer, contre les prétentions du volé.

Parfois, les circonstances compliquent encore la question, et voici les faits d'un procès qui a été jugé par le tribunal de la Seine le 16 janvier 1875 :

Un monsieur et une dame arrivent, avec leurs bagages, dans un des premiers hôtels de Paris. Au retour d'une promenade, la dame regarde dans sa malle, pousse un cri de désespoir, appelle, et déclare qu'en leur absence un voleur est entré dans leur appartement et a pris un manteau de soie richement orné qui se trouvait dans cette malle.

Aussitôt, plainte au commissariat et assignation à l'hôtelier par le voyageur, en payement de 1,500 francs, représentant le prix de l'objet disparu.

Les plus actives recherches de la police amènent un seul résultat : elles font savoir que le plaignant n'est pas marié !

Mais alors, dit le propriétaire de l'établissement, que vient-il me réclamer? Ce n'est pas à lui que le vol a porté préjudice ; c'est à une personne qui, légalement, lui est étrangère. Et, quant à cette personne, ne peut-on supposer, sans témérité, qu'elle a fort habilement imaginé cette mise en scène pour faire remplacer un vieux manteau par un neuf, soit aux frais de ce monsieur, soit aux frais de l'hôtelier?

Ce dernier n'en a pas moins été condamné à payer une somme de mille francs, non à la voyageuse, qu'en pareilles circonstances la loi ne connait pas, mais au voyageur, qui, seul, a loué la chambre, fait entrer les bagages, payé la dépense, et qui, par cela même, « a qualité pour réclamer, comme déposant, la restitution des effets qu'il avait apportés avec lui, et pour exercer au besoin, en justice, les droits qui sont conférés à tout voyageur par les articles 1952 et suivants du Code civil ».

Voilà les dangers très sérieux de certaines clientèles. L'indélicatesse et la mauvaise foi doivent donc être combattues par une surveillance minutieuse, qui ne se contente pas toujours d'apparences plus ou moins respectables.

Hôtelier maître chez lui. — Nous venons de voir à quelles catégories de personnes les lois et règlements interdisent l'entrée de l'hôtellerie. Mais, en dehors de ces catégories, l'hôtelier a-t-il le droit de refuser un voyageur, pour un motif ou pour un autre?

Nous répondons très nettement : Oui !

Oui ! pour tout ce qui n'est plus salubrité ou ordonnance de police, l'hôtelier est maître chez lui !

C'est notre opinion personnelle. Nous savons qu'elle est très attaquée, et nous demandons la permission de la défendre énergiquement ici, en invoquant l'autorité de la Cour de cassation.

On nous dit : Ses arrêts ne portent que sur de prétendues contraventions reprochées à l'hôtelier ; ils n'ont statué qu'en droit pénal. Mais notre savant confrère et ami, maître Forni, que nous avons consulté sur ce point, maintient formellement, avec nous, qu'en droit civil, les raisons de décider restent les mêmes.

L'hôtelier ne peut être obligé ni par la loi, ni par les ordonnances de police, ni par les arrêtés municipaux, à recevoir et loger chez lui les personnes auxquelles, à tort ou à raison, il ne lui plaît pas de donner, même contre argent, le vivre et le logement. En conséquence, s'il use de son droit en les refusant, il ne saurait être civilement condamné à des dommages-intérêts.

Indépendance au point de vue pénal. — Or, au point de vue pénal, la question n'existe plus aujourd'hui.

Il a été souverainement jugé que « le fait, par un aubergiste ou un hôtelier, de refuser de recevoir un voyageur n'est pas punissable ». (Cassation, 18 juillet 1862, S. V. 64. 1. 99.)

Donc, aucune contravention dans le refus fait par un aubergiste, *même sans aucun prétexte,* de recevoir et loger dans son auberge un voyageur qui s'y présente et qui offre l'argent nécessaire pour payer sa dépense. (Cassation, 4 août 1846, D. 4. 355; — 2 juillet 1857, D. 57. 1. 376; — 2 octobre 1857, S. V. 58. 1. 79; — 18 juillet 1862, D. 63. 1. 485.)

Bien plus, le pouvoir attribué aux maires de réglementer la police des auberges et hôtelleries ne va pas jusqu'à leur permettre d'indiquer soit les voyageurs que les aubergistes ou les hôteliers pourraient seuls recevoir, soit ceux qu'ils seraient tenus de loger. Par suite, un hôtelier ne peut être forcé de recevoir un mendiant, alors même que l'autorité locale voudrait l'y contraindre, en offrant de payer les frais. (Même arrêt du 2 juillet 1857.)

Pourquoi en est-il ainsi, et comment avait-on pensé qu'il en était autrement?

C'est qu'autrefois la profession d'hôtelier était privilégiée. Or, qui confère un privilège a, par là même, le droit d'en réglementer l'exercice. Donc, des obligations étaient imposées, des défenses étaient faites, entre autres celle de se refuser à recevoir et loger les voyageurs qui s'adressaient à la maison.

Mais, le privilège disparaissant, la réglementation disparaît avec lui. La loi générale est la liberté du commerce et de l'industrie. Nos lecteurs, comme tous les autres négociants, ont qualité pour l'invoquer.

Indépendance au point de vue civil. — Soit! ripostent les adversaires, vous êtes libre au regard du Code pénal, mais vous restez toujours soumis au Code civil. Si vous ne recevez pas un voyageur, vous ne serez point condamné à l'amende, mais vous pourrez être condamné à des dommages-intérêts.

Nous avouons très franchement ne pas saisir la nuance. Si je ne commets ni délit ni contravention en refusant le client, c'est que j'ai le droit d'agir ainsi. Comment donc, encore une fois, l'usage de ce droit entraînera-t-il une indemnité à ma charge, étant bien entendu que le refus a été pur et simple et qu'aucune faute (injure, voies de fait ou intention de nuire) ne peut m'être reprochée?

Mais suivons jusqu'à la fin l'argumentation contraire : Par le fait que l'hôtelier a placé son enseigne, il a offert au public la nourriture et le logement. Dès que le public accepte, en entrant à l'hôtel, le contrat est parfait. L'hôtelier n'est plus libre de retirer son offre. Il est tenu. Et ce raisonnement est appuyé sur les articles 1582, 1583, 1589, 1604 et suivants du Code civil.

Eh quoi! répondrons-nous à notre tour, vous assimilez à une simple vente le contrat d'hôtellerie, c'est-à-dire une convention dans laquelle nous trouvons réunis : la location d'appartements, la vente des provisions, le louage d'ouvrage et d'industrie, le louage du mobilier! Si bien que la vente ne forme qu'une faible portion de cet ensemble, et que le client est beaucoup plus locataire qu'acheteur.

Un exemple, que nous donne maître Forni, combat victorieusement cette théorie de l'enseigne. Propriétaire d'un immeuble, je place aux fenêtres d'un appartement vacant un écriteau indiquant même le prix du loyer que je demande. C'est bien là une offre au public. Un passant déclare accepter cette offre. Serai-je tenu de lui louer?

Incontestablement non! Il aura beau justifier d'une solvabilité absolue, payer tous les termes d'avance, jamais il ne me forcera à l'installer dans ma maison.

Pourquoi donc serais-je forcé à l'installer dans mon hôtellerie ?

Est-ce parce que son admission me fera encourir, comme hôtelier, des responsabilités infiniment plus graves que comme propriétaire?

Est-ce parce que, comme propriétaire, je ne lui dois que les quatre murs d'un logement en bon état, tandis que, comme hôtelier, je mets à sa disposition le service, les meubles, les comestibles, la vaisselle, les salons, la salle à manger, et qu'en un mot il est mon hôte?

Quoi ! je serai obligé de donner cette hospitalité au premier venu? Quoi! les considérations personnelles n'auront pas plus d'influence sur la conclusion d'un traité semblable que sur la vente de marchandises à emporter? Est-ce que cela est possible?

Mais l'hôtellerie n'est pas un lieu privé ! — Nous nous sommes expliqué sur ce point. Le caractère de publicité n'existe qu'à l'égard des règlements de police ou de certaines lois pénales, et ni les unes ni les autres ne sauraient changer la nature du droit civil.

Mais, en droit civil même, l'hôtelier est régi par une législation spéciale! — Et alors, cette législation spéciale, qui lui impose des responsabilités exceptionnelles, ne lui laisserait pas au moins le droit, commun à tous, de refuser sa porte à quiconque ne lui inspire pas confiance! Comment donc sera-t-il responsable d'un voyageur, s'il a été tenu de l'accepter?

La liberté du commerce et de l'industrie est la loi générale. En dehors des points expressément réservés, elle protège les propriétaires d'hôtels, comme tous les autres industriels. Donc nous maintenons la maxime : Hôtelier est maître chez lui !

Exceptions à ce principe. — Une raison d'humanité peut seule apporter deux exceptions à ce principe :

1° Il n'y a qu'une auberge dans la localité, ou, parmi plusieurs auberges, il n'y en a qu'une ayant des places libres.

Si l'hospitalité y est réclamée par un voyageur que la fatigue, la maladie, la faim, le mauvais temps ou l'obscurité de la nuit empêche de poursuivre sa route, l'entrée de l'auberge ne pourra lui être refusée. Et plusieurs auteurs pensent qu'en pareil cas, et dans quelques autres analogues, la justice locale pourrait et devrait intervenir, s'il était nécessaire, pour contraindre à recevoir le voyageur, en assurant toutefois les frais de son séjour. (Curasson, *Traité de la compétence des juges de paix.*)

2° L'article 475 du Code pénal nous fournit d'autres exemples dans le même ordre d'idées. Son paragraphe 12 punit, en effet, d'une amende de six francs à dix francs nclusivement :

« Ceux qui, le pouvant, auront refusé ou négligé de faire les travaux, le service, ou de prêter le secours dont ils auront été requis, dans les circonstances d'accidents, tumulte, naufrage, inondation, incendie ou autres calamités. »

Mais, remarquons-le, ces dispositions s'appliquent à tous les citoyens, et toutes ces raisons plus humaines que juridiques ne constituent point véritablement des exceptions à la règle posée plus haut.

En tout cas, elles la confirment, car ce même article 475

nous fournit un argument nouveau. Parmi les réquisitions dont il parle, nous trouvons celles relatives aux exécutions judiciaires, et l'article 114 du décret rendu le 18 juin 1811 porte ces mots : « Les dispositions de la loi du 22 germinal an IV seront observées dans le cas où il y aurait lieu de faire fournir un logement aux exécuteurs. »

Pourquoi donc un décret, une loi, une disposition particulière du Code pénal, si, d'après le droit commun, l'hôtelier était forcé de recevoir quiconque se présente ?

Chambres retenues à l'avance. — Mais laissons cette discussion qui devient par trop lugubre, et, les principes étant établis, occupons-nous du client qui descend de voiture.

Il a écrit, à l'avance, pour retenir son logement. Malheureusement, il n'y avait déjà plus de place ; ou bien d'autres touristes ont télégraphié antérieurement, ou bien enfin il n'inspire pas confiance. Bref, ce logement lui est refusé.

Au point de vue légal, quelle va être la situation ? Si l'hôtelier a répondu à la lettre du voyageur que celui-ci pouvait compter sur telle chambre, le contrat est formé, livraison est due ; sinon, le voyageur aura droit à une indemnité.

Mais si l'hôtelier, ne connaissant point son futur client, n'a donné aucune réponse et s'est réservé ainsi de conclure ou non la convention projetée, aucun recours ne saurait être utilement dirigé contre lui.

Aussi, en l'absence de renseignements certains, le propriétaire de l'établissement fera bien de ne pas s'engager.

Supposons, en effet, que le locataire se présente avec

des chiens, des perroquets, dont les cris troubleraient la tranquillité des autres habitants, il sera poliment, mais nettement éconduit; tandis que, s'il peut invoquer un traité conclu par correspondance, il faudra que l'hôtelier fasse juger que ce traité a été rompu par inexécution des conditions tacites, qui étaient d'observer les règlements et usages de la maison. Cela peut amener des difficultés qu'il faut éviter.

Autre exemple : Un voyageur, par ses allures et l'insuffisance de son bagage, inspire quelques soupçons. Le maître d'hôtel n'aura pas le droit de les dissiper, en visitant les malles; mais il refusera purement et simplement ce client, avec lequel il n'a souscrit aucune obligation. Si, au contraire, l'appartement retenu a été promis, la seule ressource sera de présenter la note dès le lendemain et de continuer ainsi, au jour le jour, dans une inquiétude permanente.

Étudions maintenant la question pour le cas où c'est le voyageur qui, après s'être fait réserver un logement, ne veut pas ou ne vient pas l'occuper.

S'il a écrit, il est tenu ou d'en prendre possession, ou tout au moins de payer une indemnité.

S'il n'a pas écrit et qu'il nie la convention, la réclamation de l'hôtelier restera inutile.

Il fallait prévoir et résoudre toutes ces difficultés. Figurons-nous, pour un instant, qu'elles n'existent plus, et que le client honorable, loyalement accueilli, franchit enfin le seuil de la maison.

CHAPITRE II

Registre d'inscriptions. — L'article 9 de l'ordonnance rendue par M. le préfet de police le 25 octobre 1883 contient les dispositions suivantes :

« Le logeur est tenu d'avoir un registre pour l'inscription immédiate des voyageurs.

« Ce registre doit être coté et parafé par le commissaire de police du quartier.

« Le logeur le représentera à toute réquisition, soit aux commissaires de police, qui le viseront, soit aux officiers de paix ou autres préposés de la préfecture de police, qui pourront aussi le viser. Ledit registre sera soumis, à la fin de chaque mois, au visa du commissaire de police du quartier. »

Nature des inscriptions. — Quelles mentions doit contenir ce registre?

L'article 4 de l'ordonnance publiée le 15 juin 1832, et l'article 475, § 2, du Code pénal, répondent à cette première question : « Les aubergistes, maîtres d'hôtels garnis et logeurs doivent inscrire, sur ce registre, jour par jour, de suite, sans aucun blanc ni interligne, les noms, prénoms, âges, professions ou qualités, domicile habituel, dernière résidence, date d'arrivée et de départ de tous ceux qui auront couché ou passé une nuit dans leurs maisons.

« On mentionnera, en outre, s'ils sont porteurs de passeports ou autres papiers de police, et quelles sont les autorités qui les ont délivrés. »

Une décision préfectorale de 1803 ajoute que les noms des militaires doivent être enregistrés avec leurs grades et l'arme à laquelle ils appartiennent.

Étendue de ces inscriptions. — Cette obligation d'inscrire les clients s'étend non seulement aux noms des voyageurs proprement dits, mais encore à ceux des individus qui ont leur domicile ordinaire dans le lieu même où est située l'auberge qu'ils sont venus habiter momentanément. (Cassation, 28 mai 1825, Sirey, 26. 79.)

Les clients qui ont pris pension dans la maison doivent également être mentionnés sur ce même livre de police.

Enfin, les propriétaires d'hôtels sont tenus d'inscrire, aussi bien que les noms des personnes qu'ils logent eux-mêmes, ceux des personnes qui peuvent être logées par les locataires. En cas de contravention, leur ignorance ne serait pas une excuse ; ils doivent savoir ce qui se passe chez eux, et refuser toute clientèle inconvenante, ainsi que nous l'avons dit plus haut.

Date des inscriptions. — L'ordonnance porte ces mots : *Inscription immédiate.* Aussi, très souvent le garçon qui conduit le voyageur à son appartement lui présente immédiatement un bulletin tout préparé en le priant de le remplir et signer.

Par ce moyen, les renseignements exigés sont obtenus d'une manière pratique et rapide, et se trouvent ensuite transcrits sur le registre, sans que le nouveau venu ait à se déranger.

Nous ne saurions trop approuver cet usage. Il indique un établissement bien tenu et sauvegarde entièrement toute responsabilité.

N'exagérons rien cependant; on peut laisser au voyageur un certain temps pour fournir ces renseignements, sans que son repos en soit troublé, et la Cour de cassation a décidé que l'obligation, pour l'hôtelier, d'inscrire son client ne commençait qu'après l'expiration de la nuit dans laquelle le logement a été fourni; ce délai comprend même une partie de la matinée. (Cassation, 18 juillet 1874, Sirey, 74. 451.)

Inscription des départs. — Le registre doit mentionner le départ du voyageur.

Mais entendons-nous. Dans certains pays, à Paris même, les environs offrent au touriste des excursions plus ou moins prolongées. Celui-ci veut faire une de ces excursions. Il garde sa chambre à l'hôtel, y laisse ses malles et s'absente pour vingt-quatre heures. Son absence ne sera point portée sur le registre de police, car il n'a pas quitté la maison définitivement. (Cassation, 16 avril 1864.)

Si, au contraire, il emporte ses effets, et alors même qu'il annoncerait son retour très prochain, nous conseillons d'inscrire son départ; car, une fois en route, n'étant plus rappelé par le soin de ses bagages, il peut changer d'avis et choisir un autre itinéraire.

La contravention serait alors formellement constituée;

tandis que si le client revient, on n'aura qu'une mention à ajouter au registre.

Refus du voyageur à ces inscriptions. — Supposons maintenant que le voyageur se formalise de ces demandes de renseignements imposées par la loi; qu'il refuse de répondre ou réponde trop vaguement.

Que doit faire le propriétaire de l'hôtel?

On ne saurait donner à ce problème une solution absolue.

C'est une question de tact.

Et d'abord, toutes les déclarations n'ont pas la même importance. On peut, par exemple, ne pas insister sur l'âge, les prénoms. L'essentiel est que la personnalité légale soit suffisamment énoncée, et que la police sache d'où vient le voyageur.

Mais si ce dernier persiste à ne donner aucune explication, s'il rend impossible une inscription suffisante, le droit et le devoir de l'hôtelier seront de lui interdire l'entrée de sa maison; ou, s'il est arrivé la veille à une heure trop avancée pour que ces renseignements fussent demandés, l'hôtelier devra, dès le lendemain, le mettre en demeure soit de répondre, soit de quitter immédiatement l'établissement.

En cas d'opposition, ne pas hésiter un instant à prévenir le commissariat du quartier.

A l'égard de toutes ces prescriptions, l'article 11 de l'ordonnance de police rendue le 19 novembre 1831 s'exprimait ainsi : « Les personnes qui louent des appartements, portions d'appartements ou chambres meublés à des étrangers à la ville de Paris, même à des individus qui y font leur résidence habituelle, seront tenues à l'obligation du registre et aux autres formalités imposées aux aubergistes, maîtres d'hôtels meublés et logeurs. »

Inspection du registre. — L'ordonnance de 1883 porte que ce registre peut être vérifié et visé par les commissaires de police, officiers de paix ou autres préposés de la préfecture de police.

Et l'article 475, paragraphe 2, du Code pénal punit d'amende, depuis 6 francs jusqu'à 10 francs inclusivement, les hôteliers qui auraient manqué à représenter ce registre, soit pour Paris aux fonctionnaires que nous venons de citer, soit pour la province aux maires, adjoints, officiers ou commissaires de police, ou aux citoyens commis à cet effet.

Les gendarmes sont au nombre des citoyens commis pour se faire représenter le registre que doit tenir un aubergiste. (Cassation, 22 octobre 1831.)

Étudions maintenant les conséquences du défaut ou de l'irrégularité des inscriptions, tant au point de vue pénal qu'au point de vue civil.

Conséquences pénales du défaut d'inscription. — L'article 475 du Code pénal, dont nous venons de parler, punit le défaut d'inscription par une amende de 6 à 10 francs inclusivement, et l'article 478 dispose que la peine de l'emprisonnement pendant cinq jours au plus sera toujours prononcée, en cas de récidive.

Les contraventions seront constatées par des procès-verbaux ou des rapports, pour être poursuivies devant les tribunaux, conformément aux lois. (Ordonnance de police, 15 juin 1832, art. 16.)

Le logeur contrevenant ne peut s'excuser de son ignorance, lors même qu'il ne saurait pas écrire, ni sur ce qu'il ne loge que des ouvriers sédentaires (Cassation, 4 octobre 1834), ni sur ce que la personne qu'il a logée pendant quelques jours lui avait promis de faire un bail. (Cassation, 9 juillet 1829.)

A quel moment existe la contravention ? Nous l'avons indiqué plus haut, et la plupart des auteurs pensent que le voyageur arrivé la veille au soir peut n'être inscrit que le lendemain, sans qu'il y ait lieu à procès-verbal contre l'hôtelier.

Inscriptions fausses. — Nous venons de voir les conséquences de sa négligence ; sa complaisance entraînerait des résultats beaucoup plus graves. Lisez, en effet, le troisième alinéa de l'article 154 du Code pénal :

« Les logeurs et aubergistes qui, sciemment, inscriront sur leurs registres, sous des noms faux ou supposés, les personnes logées chez eux, ou qui, de connivence avec elles, auront omis de les inscrire, seront punis d'un emprisonnement de six jours au moins et de trois mois au plus. »

Il y a là, en effet, une sorte de complicité.

Cette complicité serait nettement établie et punie d'un emprisonnement de trois mois au moins et de deux ans au plus, si le propriétaire de l'hôtel savait que l'individu auquel il donne ainsi refuge avait commis un crime emportant peine afflictive. (Article 428 du Code pénal.)

Conséquences civiles du défaut d'inscription. — Et la responsabilité civile de l'hôtelier pourrait même se trouver engagée suivant les circonstances, par défaut d'inscription ou inscription fausse ; car, empêcher ou retarder les recherches, c'est retarder ou empêcher la réparation du préjudice causé.

Cette responsabilité civile est d'ailleurs formellement définie dans les cas prévus par l'article 73 du Code pénal.

En voici les termes : « Les aubergistes et hôteliers convaincus d'avoir logé plus de vingt-quatre heures quelqu'un qui, pendant son séjour, aurait commis un crime ou un délit, seront civilement responsables des restitutions, des indemnités et des frais adjugés à ceux à qui ce délit aurait causé quelque dommage, *faute par eux d'avoir inscrit sur leur registre le nom, la profession et le domicile du coupable.* »

La sévérité de ces dispositions avait provoqué des réclamations dans la commission du Corps législatif (19 décembre 1809). Mais le rapporteur du projet répondit que, faute par les aubergistes et hôteliers de remplir une formalité aussi simple, ils fournissent à des coupables le moyen d'échapper plus aisément à la justice ; qu'ainsi cette négligence favorise l'impunité, par le défaut de notions suffisantes pour faire découvrir les traces du crime ou du délit.

Et l'article fut voté.

Remarquez-le toutefois, la responsabilité n'existe qu'à cette triple condition :

1° Que l'aubergiste ou hôtelier ait omis d'inscrire sur son livre de police le nom, la profession et le domicile du coupable qu'il a logé ;

2° Qu'il l'ait logé plus de vingt-quatre heures ;

3° Que le crime ou délit ait été commis pendant le séjour dans l'hôtellerie.

Devoirs de l'hôtelier. — Écartons maintenant toutes ces difficultés, comme nous l'avons fait plus haut, et reprenons le cours régulier de la profession.

C'est de l'inscription que datent les obligations réciproques entre l'hôtelier et le voyageur.

L'hôtelier doit à son hôte le logement et l'usage paisible de cette location pendant le temps convenu.

Il ne peut, pendant le séjour du client, modifier les dispositions, l'état ou la destination de son appartement, pas même pour y faire des embellissements.

Les réparations absolument urgentes pourront seules être exécutées, sans indemnité pour le voyageur, à moins qu'elles ne durent plus de quarante jours, et ne rendent l'habitation impossible.

L'hôtelier doit, en outre, à son hôte les objets et ustensiles nécessaires à cette habitation, les meubles meublants, la lingerie, le service et, comme nous l'avons déjà dit, la sécurité et la tranquillité chez lui.

Il lui doit même l'éclairage, lorsque la location n'a lieu que pour une nuit. Au delà, les frais sont au compte du client.

Si le voyageur occupe une chambre à cheminée et qu'il veuille du feu, il doit le payer en plus du prix de la chambre.

Enfin, un jugement rendu par le Tribunal de la Seine, le 7 mai 1869, a déclaré que l'hôtelier était tenu, sous sa responsabilité personnelle, de remettre au voyageur, à qui ils sont adressés, les imprimés, circulaires, annonces, prospectus, *aussi bien que les lettres*, mis à la poste avec ou sans affranchissement. (Sirey, 1869-2-336.)

Le propriétaire de l'établissement recevra donc et fera classer le courrier des clients, même avant leur arrivée, de manière à pouvoir remettre ce courrier à chacun des destinataires, aussitôt son inscription.

La moindre négligence exposerait à de sérieuses indemnités.

Devoirs du voyageur. — En regard de ces obligations, rappelons les devoirs du voyageur, que nous avons énumérés déjà :

Déclarer, en arrivant, ses nom, prénoms, profession, domicile habituel, quelle que soit la durée probable du séjour ;

Se conformer aux usages de la maison ; respecter le repos et les convenances des autres locataires ;

Ne détériorer ni les meubles, ni l'immeuble ; car, vis-à-vis du bailleur, l'hôtelier est responsable des dégradations causées par les voyageurs, qu'elles proviennent d'un incendie ou d'un autre fait (Duvergier, tome Ier, page 431) ;

Remettre, toutes les fois qu'il s'absente, les clefs du logement à l'hôtelier, car celui-ci est, dans toutes les pièces de l'hôtellerie, *chez lui*. Il a le droit d'avoir les clefs de tous les appartements ;

Enfin et surtout, payer le prix qui a été stipulé pour la location et la nourriture.

Sanction de ces diverses obligations. — Cette réciprocité de devoirs est d'ailleurs régie par le droit commun dans la plupart des cas.

Ainsi l'inexécution d'une obligation est un juste motif de ne point exécuter l'obligation correspondante.

Nous étudierons plus loin les moyens que la loi donne au propriétaire de l'hôtel pour se faire payer ou indemniser, selon qu'il s'agira de la note ou de dégâts ; mais, en ce moment, occupons-nous de sanctions se rattachant plus spécialement encore à l'exercice de la profession.

Un voyageur a donné à l'hôtelier des sujets de plaintes tels que celui-ci ne veut plus le garder dans sa maison.

Deux hypothèses se présentent.

Supposons d'abord que le voyageur soit sorti. A sa rentrée, le propriétaire de l'hôtel lui refuse la clef de sa chambre, lui présente la note, et retient les malles jusqu'à parfait payement.

Si le client veut, de vive force, reprendre possession de son logement, il n'y a qu'à le faire arrêter ; car il commet une voie de fait illicite, porte atteinte aux droits d'un commerçant responsable de ce qui se passe chez lui, et trouble la tranquillité des autres habitants. Il y aurait même là une violation de domicile, d'après la théorie que nous avons exposée au chapitre précédent.

Mais dans la seconde hypothèse, l'hôte s'enferme dans sa chambre et en refuse l'accès à l'hôtelier ou à ses préposés.

Voici comment Masson résout la difficulté :

« L'hôtelier doit requérir l'assistance du commissaire de police. Il lui exposera que, maître chez lui, responsable des infractions qui s'y commettraient aux lois et règlements, intéressé à réprimer les atteintes contre la réputation de son établissement, il a besoin d'entrer dans l'appartement d'un de ses hôtes qui s'y enferme sans raison plausible. Le commissaire de police n'a pas à craindre d'anticiper ici sur le pouvoir judiciaire ; la difficulté est toute en fait et non en droit.

« Le droit pour l'hôtelier d'entrer chaque jour dans ses appartements occupés est incontestable ; car c'est plus qu'un droit, c'est aussi un devoir, et nul ne peut être empêché par autrui de faire son devoir.

« Si pourtant un commissaire de police était méticuleux au point de dénier son secours à l'hôtelier, celui-ci ferait bien de présenter requête au président du tribunal civil à l'effet d'autoriser, vu l'urgence, soit un huissier, soit le commissaire de police, soit le juge de paix, à faire provisoirement ouvrir la porte, sauf à lui référer des difficultés ultérieures. »

Dans le cas où l'hôte causerait du scandale et refuserait de sortir d'un logement qui doit, par sa faute, lui être interdit, le propriétaire de l'hôtellerie le fera mettre dehors avec l'aide de la force publique, que la personne commise par le président aura été autorisée à requérir, car avant tout chacun doit être maître chez soi.

« De telles mesures, ajoute Masson, vexatoires contre un locataire à l'égard duquel on a pu prendre des sûretés, sont la justice même contre un hôte qui n'offre aucune garantie réelle. »

Et maintenant que nous nous sommes occupés des individus, abordons la question capitale de cet ouvrage : la responsabilité des effets apportés par le voyageur.

CHAPITRE III

Principes de la responsabilité. — Les principes de cette responsabilité sont établis par le Code civil dans les articles suivants :

« 1952. Les aubergistes ou hôteliers sont responsables, comme dépositaires, des effets apportés par le voyageur qui loge chez eux ; le dépôt de ces sortes d'effets doit être regardé comme un dépôt nécessaire.

« 1953. Ils sont responsables du vol ou du dommage des effets du voyageur, soit que le vol ait été fait ou que le dommage ait été causé par les domestiques et préposés de l'hôtellerie, ou par des étrangers allant et venant dans l'hôtellerie.

« 1954. Ils ne sont pas responsables des vols faits avec force armée ou autre force majeure. »

Telle était la loi, jusqu'au jour où, grâce aux efforts persévérants de la chambre syndicale des propriétaires d'hôtels et maisons meublés de Paris, il a été ajouté à l'article 1953 le paragraphe suivant :

« Cette responsabilité est limitée à mille francs, pour les espèces monnayées et les valeurs ou titres au porteur de toute nature non déposés réellement entre les mains des aubergistes ou hôteliers. »

C'est là un progrès immense que l'étude même des principes fera apprécier davantage.

Reprenons donc les termes des articles précités et pénétrons-nous de leur importance :

Dépôt, éléments constitutifs. — « Les aubergistes ou hôteliers sont responsables comme *dépositaires*. »

Quels sont donc les éléments constitutifs de ce dépôt?

Le seul apport des effets par le voyageur, dans l'hôtellerie ou ses dépendances, constitue le dépôt.

La consignation entre les mains de l'hôtelier n'est pas nécessaire.

En vain celui-ci ferait afficher dans sa maison qu'il entend répondre seulement des effets remis entre ses mains. Cet écrit, essentiellement privé, ne saurait restreindre les termes absolus d'une loi générale.

Continuons notre analyse :

« Ils sont responsables des *effets* apportés. »

Quel est le sens légal de ce mot : *effets ?*

Effets, sens juridique de ce mot. — L'ancien droit l'appliquait aux bagages, marchandises, vêtements, objets usuels, à toutes choses, en un mot, apportées dans l'auberge.

Voilà ce à quoi correspondait cette expression dans une époque où les billets de banque, les titres au porteur, les effets de commerce étaient inconnus.

Mais, de nos jours, va-t-il en être encore de même, et l'hôtelier restera-t-il responsable de ce dont il ne soupçonnera parfois ni la valeur, ni l'existence ?

En principe, oui!

Écoutez plutôt les auteurs qui ont écrit sur ce sujet : « Le mot *effets*, dit Marcadé, doit être pris dans son acception la plus large, et par conséquent, comme comprenant même l'argent et les objets précieux. »

Et nous lisons ailleurs : « Remarquons que le mot *effets* a été pris par le Tribunat dans son sens le plus étendu. »

Ainsi donc aucun doute, aucune distinction possibles. Les sommes les plus considérables, les objets de la plus grande valeur, les titres, les billets de banque sont placés sous la garde et la responsabilité de l'hôtelier. Légalement, il en est dépositaire, et la limitation de sa responsabilité à mille francs ne change point le principe. Il n'est qu'atténué, dans de très heureuses conditions, pour les espèces et les titres au porteur.

Dépôt nécessaire, conséquences légales. — Ce n'est pas tout : « Le dépôt de ces sortes d'effets doit être regardé comme un *dépôt nécessaire*. »

La conséquence immédiate de cette dernière phrase, c'est que la preuve par témoins pourra être admise, quelle que soit la valeur des effets perdus, endommagés ou volés.

Car l'article 1950 s'exprime ainsi : « La preuve par témoins peut être reçue pour le dépôt nécessaire, même quand il s'agit d'une valeur au-dessus de cent cinquante francs. »

C'est là une grave exception au principe fondamental de l'article 1341 : « Il doit être passé acte, devant notaire ou sous signature privée, de toutes choses excédant la valeur de cent cinquante francs, même pour dépôts volon-

taires ; et il n'est reçu aucune preuve par témoins contre
et outre le contenu aux actes, ni sur ce qui serait allégué
avoir été dit avant, lors ou depuis les actes, encore qu'il
s'agisse d'une somme ou valeur moindre de cent cinquante
francs. »

Et ici, dans la question qui nous occupe, en cas d'un
dommage ou d'un vol, le juge pourra ordonner l'enquête !

Oui, nous dit-on ; mais, d'après l'article 1348, « suivant
la qualité des personnes et les circonstances du fait ».
Est-ce une garantie? Que d'erreurs possibles, et, parlant,
que d'inévitables dangers dans une semblable appréciation !

L'article 1369 permet même au juge de déférer le serment au voyageur sur la valeur de l'objet réclamé, et de
déterminer la somme jusqu'à concurrence de laquelle le
demandeur en sera cru sur son serment.

De telle sorte qu'un aventurier, un misérable, ne recu-
lant pas devant un parjure, va causer à l'hôtelier un préjudice souvent considérable. Car la responsabilité demeure
illimitée pour les bijoux et effets qui ne sont point des
espèces monnayées ou des valeurs.

On nous répond que le juge a le droit de refuser l'enquête, ou de ne déférer le serment que si le réclamant lui
paraît de bonne foi. Nous le répétons, où est la garantie?
Rien ne ressemble plus à un honnête homme qu'un escroc.

Mais, en ce moment, nous ne discutons pas ; nous expo-
sons la théorie de la responsabilité. Continuons :

**Assimilation erronée du dépôt nécessaire
au contrat d'hôtellerie.** — Comment explique-
t-on l'assimilation du contrat d'hôtellerie au dépôt nécessaire? D'après l'article 1949 du Code civil, « le dépôt néces-

saire est celui qui a été forcé par quelque accident, tel qu’un incendie, une ruine, un pillage, un naufrage ou autre événement imprévu ».

Ces circonstances sont telles que le choix du dépositaire n’a pas été possible. Le déposant a été contraint de se confier au premier venu, sans pouvoir s’informer si celui-ci méritait ou non sa confiance. C’est là, enseignent les auteurs, le caractère distinctif du dépôt nécessaire. Il ne s’agit pas d’un contrat, mais plus exactement d’un quasi-contrat fondé sur la nécessité.

Or, « quand quelqu’un se trouve en voyage et arrive dans une ville, il lui est à peu près impossible de prendre des renseignements sur la probité de celui chez lequel il est obligé de se loger, il doit nécessairement s’en remettre à sa bonne foi ».

De plus, ajoute-t-on, « l’aubergiste exerçant une profession s’impose, par là même, des obligations plus rigoureuses; il s’offre à la confiance publique : on comprend donc que le législateur ait pu, sans injustice, lui demander une vigilance plus grande qu’à celui qui se charge volontairement et gratuitement de la garde d’un objet. La raison, ici, est la même que celle qui domine dans le cas de dépôt nécessaire proprement dit. » (Marcadé, art. 1952, n° 520.)

Et aucun contrat, aucune convention ne saurait délivrer l’hôtelier de cette responsabilité. Car le voyageur, avant de s’embarquer sur un navire ou de prendre une voiture publique, s’est rendu compte de ses engagements et des conditions qui lui étaient imposées; il était libre de s’abstenir; mais, arrivé avec ses bagages à la porte d’une hôtellerie, il ne peut retourner là d’où il vient, il lui faut un abri pour lui et ses effets. Or, ce serait abuser de la nécessité où il se trouve que de lui faire signer, en échange de cette hospitalité forcée, un acte par lequel il renoncerait à invoquer les articles dont nous venons de parler.

Nous critiquerons plus loin cette théorie, mais il convient d'abord de l'exposer dans son ensemble.

Vol ou dommage. — « Ils sont responsables du *vol* ou du *dommage* des effets du voyageur... »

Aux termes de l'article 1953 du Code civil, le mot : *dommage*, ainsi que nous l'avons déjà dit, s'applique à l'incendie comme à tous autres sinistres. Ainsi donc, l'aubergiste chez lequel des objets ont été déposés et ensuite incendiés doit être déclaré responsable, s'il ne prouve que l'incendie est arrivé par un cas de force majeure. (Cour de Paris, 17 janvier 1850.)

Quant aux détériorations ordinaires, le voyageur devra prouver : 1° sa possession des objets ; 2° l'état dans lequel ils étaient lorsqu'il est descendu à l'hôtel.

Pour l'hôtelier, si, afin d'échapper à la responsabilité, il excipe d'un cas fortuit ou de force majeure, il lui faudra en établir la réalité.

En matière de *vol*, la jurisprudence est plus rigoureuse encore.

Les aubergistes ou hôteliers sont responsables, *dans tous les cas*, du *vol* des effets apportés par le voyageur qui loge chez eux, que le vol ait été commis par les domestiques et préposés de l'hôtelier ou par des étrangers allant et venant dans l'hôtellerie. La *seule exception* admise par la loi est le vol avec force armée ou autre force majeure.

Mais l'allégation par le propriétaire de l'hôtel et la preuve même qu'il a pris toutes les précautions nécessaires à la sûreté des voyageurs et de leurs effets ; l'avis imprimé et affiché dans chaque chambre de remettre entre ses mains les valeurs et objets précieux ; la négligence du client qui ne s'est point conformé à cette invitation, toutes ces circonstances ne suffisent pas à faire disparaître cette responsabilité. (Cour de Rouen, 4 février 1847.)

Étendue de la responsabilité. — « Le dépôt nécessaire, dit Agnel, entraîne forcément une responsabilité rigoureuse. » Ainsi le Tribunal de la Seine a décidé, le 31 mai 1870, que la responsabilité de l'hôtelier envers les voyageurs pour les objets *volés* dans son hôtel est une conséquence de l'obligation résultant du dépôt nécessaire, même en l'absence de preuve d'une imprudence commise par l'hôtelier ; — que le *défaut de déclaration*, par le voyageur, des valeurs qu'il a apportées dans l'hôtel, comme le fait d'avoir dit, dans un escalier, que des valeurs auraient été laissées dans sa chambre, ne peut ni faire disparaître, ni restreindre la responsabilité de l'hôtelier au-dessous de mille francs, même d'après la loi nouvelle, si le client établit qu'il était possesseur d'une somme supérieure.

Ainsi encore il a été jugé que l'aubergiste ne saurait s'exonérer de la responsabilité établie par l'article 1953 du Code civil, parce que le voyageur ne l'aurait pas averti de la présence des valeurs renfermées dans sa voiture, remisée à l'auberge, *la loi n'imposant pas au client l'obligation d'un avertissement préalable* (Blois, 30 avril 1872) et ne faisant aujourd'hui que limiter cette responsabilité.

Enfin, le 14 décembre 1881, la Cour de Paris, après

avoir rappelé les termes absolus de cet article 1953, en formulait les conséquences dans les dispositions suivantes :

« Attendu que cette responsabilité, qui a lieu *encore bien que les effets volés n'aient pas été confiés à l'hôtelier,* n'est pas subordonnée à la valeur de ces effets ; que la négligence ou l'imprudence du voyageur ne peut la faire disparaître, à moins que l'hôtelier ne prouve que le vol a été commis par des tiers étrangers à l'hôtel et dans des circonstances déjouant la surveillance et les mesures de précaution auxquelles il est tenu ;

« Attendu, en conséquence, que le *voyageur* qui se prétend volé n'a *qu'une preuve* à faire, c'est qu'il était réellement possesseur des objets dont il se prétend dépouillé ; qu'il n'est *pas même tenu de prouver exactement le montant des sommes volées ;* qu'il suffit que, *d'après sa condition et les circonstances de la cause,* il soit présumé les avoir eues en sa possession au moment du vol, les tribunaux ayant à cet égard un pouvoir d'*appréciation souveraine.* »

Toutes ces décisions, absolument inattaquables en principe, font d'autant mieux comprendre l'avantage obtenu par la loi nouvelle.

Certes, comme nous le disions plus haut, la responsabilité reste illimitée quant aux bijoux ou effets précieux qui n'auront point été déposés entre les mains de l'hôtelier, qui ne lui auront même point été signalés.

Mais au moins, si un voyageur a gardé dans sa chambre, au lieu de les déposer au bureau de l'hôtel, de l'argent, des titres, des valeurs considérables, en cas de vol il ne pourra réclamer plus de mille francs, à moins, bien entendu, que le vol n'ait été commis par l'hôtelier lui-même ou quelqu'un dont il est responsable, car alors c'est le droit commun.

Dans de telles conditions d'atténuation, le principe peut subsister sans dangers aussi graves.

Restrictions légales au principe de la responsabilité. — Voyons quelles exceptions peuvent y être apportées.

Il faut d'abord que le vol ou le dommage dont se plaint le voyageur ait eu lieu dans l'hôtel où celui-ci a été reçu.

La Cour de Paris a, par son arrêt du 30 avril 1850, refusé de reconnaître la responsabilité de l'aubergiste, parce qu'il était prouvé aux débats que les objets perdus ou volés avaient été déplacés ou portés au dehors par le voyageur.

En effet, l'aubergiste répond des vols commis dans l'auberge et ses dépendances, ou même sur la voie publique, lorsque, faute de place pour sa voiture, le client est obligé de la laisser au dehors avec ses effets et marchandises ; car, alors, le vol implique un défaut de surveillance de la part de l'aubergiste dans les localités commises à sa garde ; mais si les objets ont pu être perdus par le voyageur lui-même pendant une promenade, ou lui être volés en dehors de la maison, l'hôtelier doit être dégagé de toute responsabilité.

C'est là, d'ailleurs, bien moins une exception que l'application littérale de la loi.

La seule restriction véritable est contenue dans l'article 1954 :

« Ils ne sont pas responsables des vols faits avec force armée ou autre force majeure. »

Ce qui est la conséquence naturelle de la règle générale établie par l'article 1148 : « Il n'y a lieu à aucuns dommages-intérêts lorsque, par suite d'une force majeure ou d'un cas fortuit, le débiteur a été empêché de donner ou de faire ce à quoi il était obligé, ou a fait ce qui lui était interdit. »

Mais c'est à l'hôtelier à prouver la force majeure.

Dès que le voyageur a établi l'existence du dépôt, il faut que l'hôtelier le représente ou prouve l'événement qui le dispense de le représenter.

Vol avec effraction. — On s'est demandé si le vol avec effraction ne pouvait pas être assimilé au vol fait avec force armée.

Non ! a répondu un arrêt de la Cour de Paris, le 10 avril 1843 ; et la jurisprudence est fixée en ce sens.

La surveillance de l'hôtelier doit être incessante, par lui-même ou ses préposés; elle ne peut laisser passer inaperçus des vols avec effraction, escalade ou démolition. C'est donc en connaissance de cause que le législateur n'a parlé que du vol à main armée.

Il faut que l'hôtelier ait été vaincu par la force. Il faut même qu'un tel vol ait été commis par des personnes du dehors ; car si ses auteurs étaient des employés ou des étrangers reçus dans l'hôtel et y allant et venant, le propriétaire en serait responsable ; en effet, il est tenu, envers le public, de ceux qu'il emploie comme de ceux qu'il reçoit, et plus le crime de ces individus est audacieux et coupable, plus grave est sa responsabilité vis-à-vis des clients qui avaient eu foi en lui.

Telle est, résumée dans son ensemble, la théorie contenue dans les trois articles 1952, 1953 et 1954.

Cette théorie, si heureusement modifiée dans ses ruineuses conséquences, nous semble basée sur un principe faussement appliqué : le principe du dépôt nécessaire.

Bien que nous fassions ici une sorte de Manuel, et non un Traité de droit civil, nous nous permettrons de critiquer respectueusement l'application du dépôt nécessaire à la profession d'hôtelier et à sa responsabilité.

Dépôt nécessaire. Discussion. — On nous a dit tout à l'heure : « Quand quelqu'un est en voyage et arrive dans une ville, il lui est à peu près impossible de prendre des renseignements sur la probité de celui chez lequel il est obligé de se loger, il est forcé de s'en remettre à sa bonne foi. C'est donc bien l'un des cas énoncés dans l'article 1949. »

L'argument est-il fondé en fait et en droit?

En fait, ce ne sont plus les renseignements qui manquent. Les Livrets-Chaix, les guides, les agences, les compagnies de chemins de fer et de navigation, le contrôle personnel et incessant d'innombrables voyageurs vous édifient complètement sur le genre, les prix, la situation, la sécurité des hôtels où vous devez descendre. Et s'il subsiste encore quelques exceptions, elles ne sont réellement pas suffisantes pour justifier une règle aussi rigoureuse.

En droit, les partisans du système que nous combattons ne peuvent soutenir la discussion que dans des limites fort restreintes ; car, si l'impossibilité de connaître la probité du dépositaire constitue la base de leur théorie, cet argument ne saurait plus être invoqué, ni par le client revenant pour la troisième ou quatrième fois dans un hôtel, car il a eu le temps d'en apprécier l'honorabilité, ni par le pensionnaire qui a pu prendre à loisir toutes ses informations.

Et pourtant, devant les termes absolus de l'article 1952, le Tribunal civil de la Seine, dans un jugement du 20 novembre 1883, a rendu la décision suivante :

« Quel que soit le temps passé dans l'hôtel, tout individu qui y est descendu et y a pris une chambre est considéré comme un voyageur, au regard de l'hôtelier, en ce sens que ce dernier ne peut pas invoquer l'existence d'un séjour plus ou moins long de son client, pour s'affranchir de ses obligations. »

En conséquence, l'hôtelier a été, par ce jugement, déclaré responsable du vol commis dans sa maison au préjudice d'un client qui y occupait une chambre depuis trois ans.

Trois ans suffisaient au volé pour se renseigner sur la probité de son hôte, comme deux voyages suffisent au touriste pour connaître l'établissement où il descend.

Que devient donc, dans ces conditions, la théorie du dépôt nécessaire ?

Différences entre le dépôt nécessaire et le contrat d'hôtellerie. — Et comment, en fait aussi bien qu'en droit, peut-on l'appliquer aux cas qui nous occupent ?

Pour ne citer qu'une différence fondamentale, le dépositaire nécessaire a, au moins, la garde effective du dépôt ; il a la faculté d'ordonner, à cet égard, toutes les précautions qu'il juge utiles, et l'on comprend, dès lors, sa responsabilité en cas de négligence, de vol ou de dommage.

Mais l'aubergiste ne garde point les effets du voyageur. C'est le voyageur qui en conserve la libre disposition et qui, par là même, empêche le dépositaire d'exercer la surveillance indispensable.

De telle sorte que l'hôtelier, qui ne peut être prudent comme il le voudrait, est cependant responsable de l'imprudence du client.

Bien plus ! comme dépositaire, l'aubergiste ne serait tenu d'apporter à la garde des effets du voyageur que les soins qu'il a coutume de donner aux objets qui lui appartiennent à lui-même. La loi exige davantage.

L'exercice même de sa profession, le permanent appel que l'hôtelier fait à la confiance publique, le profit indirect du dépôt qui caractérise le contrat à titre onéreux, toutes ces conditions lui imposent non seulement la bonne foi du dépositaire nécessaire, mais un soin exact, une vigilance scrupuleuse, et la moindre négligence entraîne sa responsabilité.

Or, cette vigilance supérieure à celle qu'il apporte à ses propres intérêts, l'hôtelier devra l'exercer sur des objets dont, comme nous l'avons dit, il ignore la valeur et jusqu'à l'existence !

Où donc voyez-vous là le dépôt nécessaire ?

Et, par une inexplicable étrangeté, la loi, qui demande à l'hôtelier cette surveillance exceptionnelle, dispense le voyageur de sa prudence ordinaire ! Ce dernier, en effet, chez lui, dans une maison qu'il connaît, au milieu des domestiques qu'il a choisis, ne devra s'en prendre qu'à lui-même d'un défaut de précaution ; tandis que, dans l'hôtel, avec un personnel inconnu, au milieu des allants et venants, il ne sera plus tenu à pareille vigilance ; en cas de vol ou dommage, l'hôtelier est responsable.

Tout cela en vertu des principes qui régissent le dépôt nécessaire ! Est-ce admissible ?

Ces étrangetés et la sévérité de l'article 1953 ont fixé l'attention du législateur.

Et voici dans quels termes la commission du Sénat a reconnu la nécessité d'une loi nouvelle et fixé les dispositions de cette loi.

Nous donnons textuellement des extraits de son rapport :

« Il n'est pas contestable qu'il y ait dans nos lois civiles, à côté des principes de justice absolue qui en forment la base, certaines dispositions d'un ordre moins général dont la transformation de nos habitudes sociales peut justifier la revision. »

Le rapport reconnaît que la responsabilité spéciale imposée aux aubergistes et hôteliers à l'égard des voyageurs logés chez eux ne peut plus être régie par la législation admise au temps du Code civil.

« Une telle législation n'avait rien de contraire aux règles de la justice, alors que la difficulté des moyens de transport limitait nécessairement le nombre des voyageurs et la quantité des bagages, alors surtout que la fortune publique, consistant principalement en numéraire, excluait le déplacement de valeurs importantes, sous un volume souvent inappréciable.

« La surveillance de l'hôtelier n'ayant à s'exercer que sur

un petit nombre de voyageurs, et d'ailleurs inévitablement éveillée par le poids ou le volume des effets d'une importance exceptionnelle, pouvait être plus effective, et sa responsabilité, illimitée en principe, se trouvait en réalité fort restreinte en fait.

« Il n'en est plus de même aujourd'hui.

« La grande affluence de voyageurs, l'énorme quantité d'étrangers attirés à toute heure par leur présence, le mouvement incessant des arrivées et des départs, et par-dessus tout l'extrême facilité de dissimuler dans ses bagages, sans que rien en révèle la présence, les valeurs les plus importantes, apportent désormais à la surveillance les obstacles les plus graves.

« Si la responsabilité doit néanmoins rester la même, les risques de l'industrie dépasseront de beaucoup ses chances de bénéfice. Un petit nombre d'accidents contre lesquels la vigilance la plus attentive n'aura pu se prémunir entraineront inévitablement la ruine de l'hôtelier.

« Toutefois, si graves que soient ces conséquences, elles ne suffiraient peut-être pas à justifier une limitation des obligations imposées par la loi à l'hôtelier, si cette limitation devait diminuer les garanties que le voyageur est en droit de trouver dans le logis temporaire qu'il est dans la nécessité d'accepter.

« Sa parfaite sécurité est en effet le principe qui doit ici dominer.

« Mais il ne semble pas qu'il soit lui-même sans quelque intérêt à une modification de la loi.

« Outre que la doctrine de la responsabilité partagée, généralement admise aujourd'hui, autorise les tribunaux à réduire arbitrairement sa demande, ce qu'ils ne manquent point de faire lorsque la somme réclamée a quelque importance, on se demande quel intérêt il peut avoir à une législation qui, en risquant de ruiner l'hôtelier, le menace lui-même de toutes les conséquences de son insolvabilité.

« Il importe donc, d'un côté comme de l'autre, que la situation soit modifiée.

« Elle peut l'être d'ailleurs non seulement sans blesser aucun principe de droit, mais en se rattachant au contraire plus étroitement aux règles ordinaires du droit commun.

« Il s'agit simplement, tout en maintenant la responsabilité illimitée en ce qui touche les effets à usage personnel, tels que vêtements, objets de toilette, bijoux, etc., dont le voyageur ne pourrait pas, sans un réel embarras, se séparer, de transformer en règle, par la simple adoption d'une clause pénale en cas d'inexécution, l'usage déjà adopté en fait par un très grand nombre de voyageurs, du dépôt réel entre les mains de l'hôtelier, quand il s'agit de numéraire ou de valeurs fiduciaires au porteur.

« Si le dépôt a été effectué, la responsabilité sera entière. S'il ne l'a pas été, l'hôtelier ne pourra pas être tenu au delà d'une somme déterminée. Ce n'est, en réalité, qu'une application du système parfaitement juste de la responsabilité partagée, l'absence de dépôt constituant le voyageur en état d'imprudence manifeste. »

Le rapport signale les différents projets qui se sont succédé depuis 1881 ; il indique la modification proposée en 1887 à l'article 1954 :

« Pareillement ils ne sont pas responsables des vols

portant sur les valeurs et objets précieux de toute nature que les voyageurs n'auraient pas déposés entre les mains de l'hôtelier.

« La limite de garantie des diverses valeurs ou objets précieux non déposés est fixée à 1,000 francs. »

Mais la commission a jugé que cette rédaction ne pouvait être conservée. Les termes en étaient trop vagues. Le voyageur ne pouvait être obligé à se séparer des objets et bijoux, même de prix, pouvant servir à son usage journalier.

On proposa donc la rédaction suivante :

Article unique. — Il sera ajouté à l'article 1953 du Code civil le paragraphe suivant :

« Cette responsabilité est limitée à 1,000 francs, pour les espèces monnayées et les valeurs ou titres au porteur de toute nature non déposés réellement entre les mains des aubergistes ou hôteliers. »

Ainsi formulé, le principe nouveau laisse subsister la règle ancienne en ce qui touche les effets, bijoux ou autres objets à l'usage personnel des voyageurs, et ses conséquences, dans tous les cas, de l'assimilation au dépôt nécessaire du contrat de fait résultant de la réception des bagages dans l'hôtel.

Elle innove seulement en ce qui touche la responsabilité relative *aux espèces monnayées, valeurs ou titres au porteur* de toute nature.

A leur égard, si le dépôt réel est effectué aux mains de l'hôtelier, la responsabilité reste entière et illimitée. Mais elle est limitée par l'imprudence du voyageur qui n'a pas effectué ce dépôt.

Il est bien entendu que s'il y a eu faute de l'hôtelier ou des personnes dont il répond, le droit commun est appliqué. (Art. 1382 et suivants.)

C'est dans de telles conditions dictées par l'équité que la loi nouvelle a été promulguée le 18 avril 1889.

Elle ne dispense point l'hôtelier de la plus rigoureuse surveillance.

Mais elle le défend énergiquement contre les voleurs et la ruine.

Elle est un véritable bienfait.

CHAPITRE IV

Stricte interprétation des articles 1952 et 1953. — Le chapitre précédent fait suffisamment comprendre que les dispositions si rigoureuses des articles 1952 et 1953 doivent au moins être restreintes à leur sens le plus strict, et ne sauraient recevoir aucune extension en dehors des cas spécialement visés.

« Les hôteliers sont responsables comme dépositaires des effets apportés par le voyageur qui loge chez eux. »

Il faut donc, tout d'abord, que les effets aient été apportés dans l'hôtel.

Personnel envoyé à l'arrivée du train. — Si donc la perte des effets a eu lieu dans le transport, effectué même par les domestiques de l'hôtelier, soit de la voiture ou du chemin de fer à l'hôtel, soit de l'hôtel au chemin de fer ou à la voiture, et non pendant que ces effets étaient dans l'hôtel, la responsabilité cesse d'être engagée et régie par les articles que nous venons de citer.

Souvent, par exemple, à l'arrivée du train, du bateau, de la diligence, les hôteliers envoient leurs employés, garçons, portiers, interprètes, attendre les clients et prendre leurs bagages.

Une valise, un sac, un pardessus s'égare pendant le trajet, avant l'entrée à l'hôtel.

L'hôtelier est bien toujours responsable, mais non plus en vertu de l'article 1952, en vertu seulement de l'article 1384 du Code civil :

« Les maîtres sont responsables du dommage causé par leurs domestiques et préposés dans les fonctions auxquelles ils les ont employés. »

Or, la différence est considérable, car nous rentrons ici dans le droit commun.

Le voyageur devra prouver la faute du domestique, établir le chiffre de sa réclamation, le justifier par des pièces écrites, quand il dépassera cent cinquante francs, le tout conformément aux prescriptions générales de la loi.

Plus de preuves par témoins, quelle que soit la valeur de l'objet; plus de serment déféré par le juge; plus d'appréciation basée sur les circonstances du fait et la qualité des personnes; plus de dangers comme ceux que nous avons signalés.

Omnibus de l'hôtel. — Supposons maintenant un hôtel important, ayant son omnibus à la gare ou au débarcadère.

Le voyageur monte, et ses bagages sont placés dans ou sur cette voiture

Pendant le trajet, avant l'arrivée à la maison, les effets sont perdus, volés ou endommagés.

L'hôtelier est responsable, non comme hôtelier, mais comme *voiturier*.

Ce n'est pas l'article 1952, c'est l'article 1782 qui lui est applicable en droit. En fait, il n'y gagnera rien, car cet article s'exprime ainsi :

« Les voituriers par terre et par eau sont assujettis, pour la garde et la conservation des choses qui leur sont confiées, aux mêmes obligations que les aubergistes. »

Ces expressions : « voituriers par terre et par eau », étendent les dispositions de cet article aux barques d'hôtels qui, sur certains lacs ou dans les ports, vont au-devant des bateaux amenant les voyageurs.

Dans tous ces cas, en effet, l'hôtelier est un voiturier ; car ce mot a une acception très large dans le Code. Il comprend tous ceux qui louent leurs services pour le transport, soit par terre, soit par eau, des personnes et des marchandises, même les voituriers particuliers. (Dalloz, *Codes annotés,* art. 1782, n° 1.)

Nous parlons, en ce moment, de l'hôtelier ayant à lui son omnibus, ses chevaux et ses employés, et recueillant un profit de ce transport.

Omnibus loué pour une saison. — Mais s'il n'a fait que *louer* les chevaux et la voiture pour une saison, pour une semaine de courses, pour un jour de fête, dans le but d'amener les clients de la gare chez lui, ou de les reconduire de chez lui à la gare, sera-t-il encore régi par l'article 1782?

Absolument oui, si c'est lui qui touche le prix des places

et des colis. Vainement dirait-il qu'il y a là un cas tout exceptionnel, qu'il n'est point l'entrepreneur habituel de ce service; la Cour de Lyon lui répond par un arrêt du 15 mai 1839 :

« Celui qui s'est chargé, moyennant un salaire, du transport, d'un lieu dans un autre, de voyageurs et de leurs effets, est tenu, à leur égard, de la responsabilité que la loi impose aux voituriers; peu importe qu'il ne soit pas l'entrepreneur habituel de ce service et qu'il ait loué, à cet effet, la voiture qui a servi au transport. » (Dalloz, *Jurisprudence générale. Responsabilité,* n° 542.)

Entrepreneurs particuliers. — Si, au contraire, l'omnibus ou la voiture qui conduit les clients de la gare à l'hôtel, ou *vice versa,* appartient à un entrepreneur particulier, celui-ci est seul responsable, alors même que sa voiture porterait l'indication de plusieurs hôtels, ou cette inscription : « Service des hôtels. »

En effet, le voyageur est prévenu. La responsabilité ainsi divisée ne peut se concentrer que sur la personne du voiturier. C'est donc à lui seul qu'il devra adresser sa réclamation pour les objets volés, perdus ou détériorés en route.

D'ailleurs, le principe général est, en pareille matière, comme en droit commun, que le profit a pour conséquence la responsabilité. C'est celui qui encaisse qui doit l'indemnité en cas de préjudice.

Si cependant, à la gare ou au débarcadère, le voyageur trouve un omnibus ne portant qu'un seul nom d'hôtel et se présentant comme la voiture de cet établissement, nous estimons que l'hôtelier pourra être assigné directement par le voyageur, alors même que celui-ci aurait payé sa place au cocher, alors même que le propriétaire de l'omnibus aurait entrepris, à son compte personnel, ce service de la maison.

Le client a été fixé dans son choix par le nom de l'hôtel, il a eu confiance en l'hôtelier. Celui-ci a commis une faute en laissant ainsi user de son nom, et si par suite un préjudice a été causé, il est tenu de le réparer. Le voyageur ne peut pas connaître le voiturier et les traités passés avec ce dernier.

Voitures de place. — Arrivons enfin aux voitures de place :

Ici, aucune difficulté ; aucune responsabilité pour le propriétaire de l'hôtel, tant que les effets n'ont pas été apportés dans sa maison.

Lorsque le voyageur a oublié quelque objet dans la voiture, il ne doit s'en prendre qu'à lui-même.

Cependant, pour éviter tout ennui, toute récrimination, nous conseillons de faire vérifier avec le plus grand soin s'il ne reste rien dans cette voiture, et de ne la congédier qu'après cette vérification.

Mais c'est là une simple mesure de précaution, et non point une obligation légale.

Bagages volés à l'arrivée. — Aussitôt que les domestiques de la maison ont pris les bagages apportés par le voyageur, la responsabilité de l'hôtelier commence.

Si donc le garçon, embarrassé par d'autres colis, laisse momentanément une valise à l'entrée, dans le vestibule ou sous la porte, et qu'un voleur s'en empare, les articles 1952 et 1953 sont rigoureusement applicables.

Ils ne le seront pas, au contraire, si c'est le voyageur

lui-même qui a ainsi déposé ses effets, avant l'arrivée du personnel, soit parce que l'on n'a point entendu la voiture, soit parce qu'il n'a pas eu la patience d'attendre, soit enfin parce que l'hôtelier et ses domestiques étaient, au même instant, occupés à recevoir d'autres clients.

Il fallait ne point toucher aux bagages, car le voiturier, au moins, demeurait responsable.

Quant au propriétaire de l'hôtel, le tribunal civil de la Seine a jugé que, « s'il n'est pas nécessaire, pour donner ouverture à la responsabilité établie contre les hôteliers par les articles 1952 et 1953 du Code civil, à l'égard du vol des effets apportés par les voyageurs dans leur hôtel, que les objets volés aient été confiés directement à la garde des hôteliers, *il faut néanmoins que ceux-ci aient été à même d'exercer une surveillance effective* sur les objets déposés par les voyageurs ». (7ᵉ chambre, 1884.)

Il s'agissait justement, dans la cause soumise au tribunal, d'une malle ainsi volée à l'entrée du vestibule, et la réclamation du client a été repoussée.

Le voyageur doit même, dans ce moment de l'arrivée, attirer l'attention de l'hôtelier ou de ses domestiques sur la valeur exceptionnelle de tel ou tel colis.

« Et l'aubergiste, par l'imprudence duquel a été perdu un sac de voyage contenant une somme importante, ne peut être condamné qu'à une indemnité représentant la valeur d'un sac garni d'effets ordinaires, si le voyageur a à se reprocher de n'avoir pas provoqué sa vigilance par la déclaration de l'importance exceptionnelle des valeurs renfermées dans le sac déposé. » (Tribunal de Nantes, 20 avril 1864, Dalloz, 73. 5. 161.)

« En pareil cas, doit être considérée comme insuffisante la recommandation du voyageur qui, en remettant à l'aubergiste le sac avec deux couvertures, s'est borné à lui dire : «Ramassez-moi ça avec soin, je vous le recommande.» (Même jugement.)

Il faut également que le client ne remette pas au premier venu ses effets de quelque valeur. Ainsi il commettrait une imprudence, diminuant d'autant plus la responsabilité de l'hôtelier, s'il confiait une grosse somme d'argent à un enfant, ou s'il abandonnait son cheval à un autre qu'au palefrenier ou garçon d'écurie.

Chevaux du voyageur. — Car la responsabilité dont nous parlons s'applique aussi bien aux animaux confiés par le client qu'aux bagages apportés par lui.

« Et un hôtelier ne peut s'exonérer de la responsabilité qui lui incombe, à raison de l'accident survenu au cheval d'un voyageur, dans l'écurie où il l'avait placé, qu'à la condition d'établir que cet accident est arrivé par cas fortuit, et qu'aucune précaution de sa part n'aurait pu l'empêcher. » (Cour de Bourges, 17 décembre 1877, Dalloz, 18. 2. 39.)

Toutefois, si le cheval amené à l'auberge était vicieux, si l'aubergiste n'a pas été prévenu, et si l'accident a eu pour cause la nature vicieuse de l'animal blessé, il y a lieu de modérer les dommages-intérêts. (Tribunal de Lyon, 23 décembre 1865, Dalloz, 66. 3. 40.)

Il en sera de même si, en attendant trop longtemps pour former sa demande d'indemnité, le voyageur a empêché l'aubergiste d'exercer utilement un recours contre le propriétaire de l'animal cause de l'accident. (Même jugement.)

Ce que nous disons des chevaux s'applique également aux chiens et animaux domestiques.

Voitures, rouliers, marchandises. — Sont aussi compris comme *effets apportés* toutes les marchandises et tout ce que contient une voiture de roulier reçue dans la cour de l'auberge.

Bien plus, si l'aubergiste n'a pas ou n'a plus de place pour loger les voitures ou grosses marchandises, et que celles-ci, par suite d'un commun accord, soient laissées sur la voie publique, les articles 1952 et 1953 sont applicables. L'aubergiste est responsable de ces objets comme de ceux qui se trouvent dans la maison. (Paris, 14 mai 1839; Amiens, 1ᵉʳ décembre 1846, *Jurisprudence générale, Dépôt,* 172.)

Ils sont considérés comme apportés dans l'hôtel, et c'est là le principe absolu.

Il faut, en outre, que les effets aient été apportés *par le voyageur.*

Dépôts faits par des personnes domiciliées. — Ainsi les dépôts faits à un propriétaire d'hôtel par des personnes domiciliées dans la localité, par des non-voyageurs, ne sont que des dépôts volontaires qui rentrent dans le droit commun.

Ainsi encore, la Cour d'Angers a décidé que :

« L'article 1952 du Code civil rend les hôteliers responsables des *effets des voyageurs seulement;* par cela même l'aubergiste dans la maison duquel des commerçants ont loué des magasins à l'année et une chambre qui leur sert de bureau n'est pas responsable du vol d'une somme d'argent commis dans cette chambre au préjudice de ces commerçants, ceux-ci ne pouvant être regardés comme de simples voyageurs, dans le sens des articles dont nous avons parlé. » (Angers, 15 juillet 1857.)

Effets envoyés à l'avance. — Ainsi, enfin, les effets *envoyés à l'avance* constituent un dépôt volontaire.

Le client avait la faculté de ne pas envoyer ses bagages; l'hôtelier, le droit de les refuser.

Tandis qu'à l'ordinaire, dès qu'il reçoit le client, l'hôtelier est tenu de garder avec lui ses bagages ; car le voyageur, qui les transporte pour son usage personnel ou pour la mission qu'il a à remplir, est bien obligé de les avoir avec lui.

Ici, rien de semblable. Ce dépôt devra donc être établi par écrit ou être reconnu par les intéressés. Il n'imposera à l'hôtelier qu'une surveillance ordinaire, c'est-à-dire celle qu'il apporterait à des objets lui appartenant.

En cas de dommage, il sera légalement à l'abri de tout reproche, s'il prouve que ses effets, dans le même lieu, eussent été perdus ou détériorés comme ceux de son hôte, et surtout si quelques-uns ont été réellement détériorés ou perdus.

Ce caractère de dépôt volontaire ne sera modifié ni par la stipulation d'un salaire, ni par l'offre faite de recevoir les bagages à titre gratuit.

Bien plus, en ce qui concerne ces colis expédiés à l'avance, l'arrivée de leur propriétaire dans l'hôtel ne les replacera pas sous le régime du dépôt nécessaire ; et ceux qu'il apporte avec lui seront seuls soumis aux articles 1952 et 1953.

De même, nous verrons plus loin que, quand, en partant, un voyageur laisse des effets à l'hôtelier, qui consent à les garder, celui-ci n'en est plus tenu que comme dépositaire volontaire. (Dalloz, *Jurisprudence générale, Dépôt,* 181.)

Effets remis pour le voyageur. — Enfin, pendant le séjour du voyageur à l'hôtellerie, des effets lui sont envoyés ou apportés de tel ou tel magasin, par exemple.

Il les reçoit, ou, en son absence momentanée, l'hôtelier les reçoit pour lui.

Est-ce le dépôt nécessaire?

Non, car ils n'ont pas été apportés par le voyageur, et les termes si rigoureux de nos articles ne sauraient être étendus d'un cas à un autre.

C'est donc le dépôt volontaire. C'est le droit commun.

Acquisitions faites par le voyageur. — Mais, après s'être installé dans sa chambre, le voyageur va visiter la ville, y fait des acquisitions et les apporte dans l'hôtel.

L'article 1952 est-il applicable ?

Non ! encore.

Cet article n'a voulu parler que des effets apportés par le voyageur, *au moment de son arrivée,* au moment où intervient le contrat d'hôtellerie.

Or, ce contrat, une fois formé par les deux intéressés, ne peut pas être aggravé par la fantaisie d'un seul.

Les principes mêmes du droit s'y opposent.

Loger. Sens légal de ce mot. — Continuons donc l'étude de notre texte :

Il faut que les effets aient été apportés par le voyageur *qui loge chez eux.*

Est-ce y loger que de s'y reposer, même sans y passer la nuit et sans y prendre d'aliments ?

Oui, à la double condition que ce soit le besoin de repos qui amène le voyageur dans l'auberge, et que ce dernier y apporte ses bagages avec lui.

Ainsi, par exemple, un voyageur entre dans une auberge, il y dépose ses effets, les y laisse, repart et revient seulement les prendre pour les porter ailleurs.

Il n'y a point là de dépôt nécessaire, mais un simple dépôt volontaire. La loi exige que le voyageur loge avec ses effets dans l'auberge pour s'y reposer, ne fût-ce qu'un moment ; car les hôtelleries ne sont pas faites pour recevoir des dépôts, mais pour procurer au client le repos ou la nourriture dont il a besoin pendant sa course.

De même le particulier qui, au lieu de loger dans l'auberge, en use seulement pour le dépôt de ses ballots, bestiaux, équipages, ne peut pas être considéré comme un voyageur vis-à-vis de l'aubergiste chez lequel il fait ce dépôt. C'est un pur dépôt volontaire. (Masson, *Locations en garni.*)

Logements chez les particuliers. — Enfin le dépositaire doit faire sa profession de loger les voyageurs.

La Cour de Nîmes a déclaré, le 18 mai 1825, que l'on ne pouvait considérer comme logeurs, dans le sens de l'article 1952, les propriétaires d'une ville qui, pendant un temps de foire ou de fêtes publiques, louent, sans prendre patente, des appartements garnis ; par conséquent, un tel propriétaire n'est pas responsable du vol des effets d'un voyageur logé chez lui, alors même que ce propriétaire aurait eu la possession de la clef de la chambre pour soigner l'appartement. (*Jurisprudence générale Dépôt*, n° 163.)

Mais, bien entendu, si, dans les mêmes circonstances, c'est l'hôtelier qui a loué pour son compte des chambres chez un ou plusieurs propriétaires de la ville, afin d'y placer ses trop nombreux clients, ces chambres doivent être prises comme des dépendances de l'hôtel; et, en cas de vol, c'est l'hôtelier seul qui sera responsable, conformément aux articles 1952 et 1953 ; car c'est chez lui seul que le client a voulu descendre, c'est à sa foi qu'il s'est confié.

Ainsi donc, pour reprendre la discussion générale, la simultanéité du séjour et du dommage est essentielle aux actions en responsabilité basées sur ces articles.

Atténuation pratique de la responsabilité. — Les auteurs et les arrêts ont tenté parfois d'en atténuer la sévérité.

C'est ainsi que Sourdat, dans son *Traité de la responsabilité*, écrit à la page 175 : « En principe, il faudra dire que si le voyageur a placé dans ses bagages des sommes considérables et des bijoux d'un grand prix, l'aubergiste ne peut être exposé, à son insu, à subir une perte énorme (limitée aujourd'hui à 1,000 francs pour l'argent par la loi nouvelle).

« La présence de ces sortes d'effets dans sa maison exige une surveillance plus active ; on doit le mettre en état de l'exercer en lui en faisant la déclaration. »

A côté de ces atténuations générales, nous en trouvons d'autres plus directement pratiques :

Par exemple, un coffre, contenant des objets précieux,

est laissé sous la remise de l'hôtelier et sur la voiture du voyageur, sans que celui-ci ait donné aucun avertissement. Un vol a lieu ; le voyageur n'a droit à aucune indemnité, car il a commis une imprudence en agissant comme il l'a fait. (Grenoble, 13 août 1813.)

Clef laissée sur la porte. — Autre cas : le client n'a pas ôté la clef de la porte de sa chambre, et il a laissé sur la cheminée des valeurs importantes. Si un vol est commis, il doit supporter une partie du dommage dont il a été ainsi indirectement la cause. L'aubergiste ne peut dès lors être condamné qu'à une indemnité à arbitrer par les tribunaux, et non au remboursement de la valeur intégrale des objets volés. (Paris, 10 avril 1843, *Jurisprudence générale. Responsabilité*, 538.) Et, d'après la loi actuelle, cette indemnité ne saurait dépasser 1,000 francs.

Dans le même ordre d'idées, à la date du 30 juin 1880, le Tribunal civil de la Seine décidait que le fait, habituel à M. A..., voyageur, d'avoir négligé d'enlever la clef de la porte de son appartement constituait de sa part une imprudence ; mais que cette imprudence ne pouvait avoir pour effet de dégager entièrement la responsabilité rigoureuse que la loi fait peser sur l'hôtelier ; que celui-ci avait à se reprocher de n'avoir pas exercé une surveillance suffisante dans sa maison ; que, en pareilles circonstances, il y avait lieu de restreindre la responsabilité de cet hôtelier, en raison de l'imprudence commise par le client.

Cette imprudence a même entraîné le refus de toute indemnité, dans un jugement rendu par le Tribunal civil de Dieppe, le 30 décembre 1887, qui signale la double faute du voyageur d'avoir laissé la clef sur la porte et d'avoir conservé dans son appartement des valeurs importantes sans en prévenir l'hôtelier.

Défaut de déclaration. — Le jugement contient
même ces motifs :

« Rendre l'aubergiste responsable de valeurs considérables laissées, à son insu, par le voyageur, dans ses
bagages, et l'exposer à subir un grave préjudice, sans
avoir été, par un avertissement préalable, mis en demeure
de s'en défendre par une surveillance plus active, serait
user à son égard injustement d'une rigueur extrême et
contraire à l'intention du législateur, qui n'a point voulu
assujettir les hôteliers et les aubergistes, sans distinguer
aucune circonstance et sans excepter aucun cas, à la
responsabilité de tout ce que le voyageur aurait apporté
chez eux. »

Dans ce même mois de décembre 1887, le 6, un jugement du Tribunal civil de la Seine (7ᵉ chambre) s'exprimait
ainsi :

« Attendu qu'il n'est pas douteux que l'aubergiste soit
responsable, dans les termes des articles 1952 et 1953 du
Code civil ;

« Mais attendu que le voyageur, lorsqu'il a avec lui une
somme de quelque importance, doit faire en sorte que
l'hôtelier puisse exercer une surveillance spéciale dans la
garde du dépôt, en lui déclarant cette somme et même en
la lui déposant ;

« Qu'en n'agissant point ainsi L... est en faute, et que
cette circonstance atténue la responsabilité de l'hôtelier. »

Un autre jugement du même Tribunal, prononcé le

25 mars 1862, résume notre exposé sur les deux points traités actuellement :

« Attendu que R... avait eu le tort de conserver en sa possession dans l'hôtel, sans en prévenir le propriétaire, une somme aussi importante que celle de 6,300 francs par lui déclarée au débat, et le tort aussi de laisser la clef au tiroir de la commode dans laquelle était cet argent ;

« Que, dans ces circonstances, le maître d'hôtel ne saurait être tenu à l'indemniser que de la perte de la somme que dans sa position de fortune il pouvait et devait raisonnablement avoir pour ses besoins usuels et ordinaires, somme qui demeure fixée par le Tribunal, d'après les documents de la cause et les éléments d'appréciation qui lui sont fournis, au chiffre de 1,000 francs. »

Ce jugement avait devancé et motivé la loi actuelle.

Avis affiché dans les chambres. — Une autre cause d'atténuation, mais d'atténuation seulement, est l'avis affiché dans les chambres relativement aux valeurs et objets précieux.

Le Tribunal de la Seine, par deux décisions des 19 décembre 1882 et 19 février 1883, a établi le principe suivant :

« Des affiches placées, soit dans les endroits apparents d'un hôtel meublé, soit dans les chambres des voyageurs, et dans lesquelles l'hôtelier informe sa clientèle qu'il n'entend répondre que des effets qui seront déposés entre ses mains, ne suffisent point pour faire disparaître sa responsabilité, *quand le voyageur n'a pas laissé dans sa chambre des valeurs trop considérables.* »

Dans ce dernier cas, le voyageur est en faute pour n'avoir pas suivi le conseil qui lui était donné, et le juge pourra, selon les circonstances, rejeter sa demande d'indemnité.

Mais ici encore, comme dans les exemples cités plus haut, tout se réduit à une question de fait et d'appréciation.

Le principe légal n'en subsiste pas moins, et il peut être appliqué avec plus ou moins de rigueur, selon les circonstances, sans pouvoir cependant dépasser 1,000 francs d'indemnité.

Domestiques du voyageur. — Ainsi, le 29 août 1844, la Cour d'appel de Paris a jugé que l'hôtelier répondait des vols commis dans son hôtel, alors même que les objets volés consistaient en bijoux qui ne lui avaient pas été déclarés, et que les voyageurs, occupant un appartement tout entier, étaient servis par leurs propres domestiques, et non par ceux attachés à l'établissement.

A moins, bien entendu, qu'il ne soit établi que le vol a été commis par le domestique du client.

Prescription de l'action en responsabilité. — L'action en responsabilité contre les aubergistes, relativement aux effets apportés par le voyageur logé chez eux, est soumise à la prescription de trente ans, si elle est fondée sur une simple faute ou négligence ; elle se prescrit par dix ans s'il s'agit d'un crime, d'un délit ou d'une contravention.

Vol par l'hôtelier ou ses préposés. — En effet, en dehors même des circonstances aggravantes du vol, établies par le droit commun, l'article 386, paragraphe 4, du Code pénal, contient ces dispositions :

« Art. 386. — Sera puni de la peine de la réclusion tout individu coupable de vol commis dans l'un des cas ci-après :...

« 4° Si le vol a été commis par un aubergiste, un hôtelier, un voiturier, un batelier ou un de leurs préposés, lorsqu'ils auront volé tout ou partie des choses qui leur étaient confiées à ce titre. »

Cette expression de « préposés » est générale et comprend tous les représentants de l'hôtelier, même non domestiques et non salariés.

Mais ici, comme en matière de responsabilité civile, pour constituer les éléments du crime, il faut d'abord qu'il y ait simultanéité du dépôt nécessaire et du séjour dans l'auberge.

En conséquence, si les objets volés avaient été apportés dans l'hôtel, à titre de voisinage, de confiance personnelle, sans que leur propriétaire y séjournât avec eux, l'article 386 ne pourrait être invoqué. (Cassation, 5 septembre 1812.)

Au contraire, il serait applicable, soit que le voyageur volé eût été reçu dans l'auberge pour y loger, soit qu'il n'y fût entré que pour prendre un repas ou s'y reposer momentanément. (Cassation, 14 février 1812.)

Et l'hôtelier, auteur du vol, encourra la même condamnation, soit qu'il habite l'établissement, soit qu'il loge ailleurs et fasse gérer l'hôtellerie par un préposé. (Cassation, 1ᵉʳ octobre 1812.)

Enfin, de même qu'en droit civil, il suffit que les objets volés aient été apportés chez lui par le voyageur, sans qu'ils lui aient été spécialement donnés en garde. (Cassation, 28 octobre 1813.)

Nous en avons fini avec cette question si grave de la responsabilité, car la nature même de cet ouvrage ne nous permet pas de lui donner plus de développements.

Mais nous conseillons absolument à nos lecteurs :

1° De faire afficher dans les chambres l'avis enjoignant aux clients de déposer effectivement au bureau de l'hôtel, entre les mains du propriétaire ou d'un préposé spécial, les valeurs, bijoux et objets précieux ;

2° D'avoir un ou plusieurs coffres-forts dans lesquels ces dépôts seront en sûreté ;

3° De tenir préparé un registre à souche, duquel sera détaché immédiatement le reçu des effets directement confiés à la garde du maître de l'hôtel.

Ce sera l'application pratique de la loi nouvelle et la sécurité assurée pour le voyageur et pour l'hôtelier.

Supposons donc la réception du client ainsi faite dans les meilleures conditions, et occupons-nous maintenant des divers incidents qui peuvent se produire pendant son séjour, tels que maladie, mort, etc.

LIVRE III

SÉJOUR ET DÉPART DU CLIENT.

CHAPITRE PREMIER

DÉGRADATIONS DU MOBILIER. —— MALADIES ÉPIDÉMIQUES OU CONTA-
GIEUSES. —— RÈGLEMENTS A OBSERVER. —— FOLIE DU VOYAGEUR.
—— MALADIES ORDINAIRES. —— DANGER DE MORT. —— DÉCÈS. ——
FORMALITÉS. —— SCELLÉS. —— INVENTAIRE. —— SERVICE FUNÈBRE
ET INHUMATION.

Dégradations. —— Le voyageur a pris possession de
son appartement. Il est censé avoir trouvé la chambre et
les meubles en bon état.

Doit-il des réparations locatives ?

Non. Il n'est locataire que pour quelques jours ; ce n'est
donc pas à lui qu'incombe le soin du logement.

Mais il répondra des dommages causés par sa faute, tels
que : parquets détériorés, tapis déchirés, glaces brisées,
tentures tachées, meubles fracturés.

Seulement, si ces dégradations ne sont point de son fait,
il sera admis à prouver qu'elles ont été occasionnées et
doivent être supportées par l'hôtelier ou ses domestiques.

10

Il ne sera tenu des réparations locatives que s'il avait loué à l'année, car alors il sera présumé avoir pris à sa charge l'entretien de l'appartement et du mobilier.

Nous raisonnons dans l'hypothèse où aucune convention spéciale n'existerait. Dans le cas où un traité aurait été signé, il n'y aurait plus qu'à en exécuter les clauses.

Nous avons étudié, dans les précédents chapitres, les obligations réciproques de l'aubergiste et du voyageur, en temps ordinaire, en dehors de toute circonstance exceptionnelle.

Maladie du voyageur. — Mais voici le client qui tombe malade dans sa chambre.

Que faut-il faire ?

Comme le dit très bien Masson, un hôtelier n'est pas seulement un commerçant qui, moyennant une rétribution, loge chez lui un étranger et lui fournit la nourriture. Outre les obligations légales, il a des devoirs d'hospitalité à remplir.

Il fera donc donner les premiers soins et appeler immédiatement le médecin.

Il n'a pas à craindre que les frais médicaux n'arrivent en concurrence avec sa créance d'hôtellerie, car son droit de gage sur les effets et colis prime le privilège des médecins, chirurgiens, pharmaciens et gardes-malades, ainsi que nous le verrons plus loin.

Dès que le docteur s'est prononcé, l'administration peut intervenir.

Épidémie, déclarations à faire. — L'article 24 de l'ordonnance rendue le 25 octobre 1883 est ainsi conçu :

« Toutes les fois qu'un cas de maladie contagieuse ou épidémique se sera manifesté dans un garni, la personne qui tiendra ce garni devra en faire immédiatement la déclaration au commissariat de police de son quartier ou de sa circonscription, lequel nous transmettra cette déclaration.

« Un médecin délégué de l'administration ira constater la nature de la maladie et provoquer les mesures propres à en prévenir la propagation.

« Le logeur sera tenu de déférer aux injonctions qui lui seront adressées à la suite de cette visite. »

Et la sanction de cet article se trouve immédiatement dans l'article suivant.

Sanction des règlements. — « ART. 25. — Le récépissé dont il est question à l'article 4 ci-dessus pourra être retiré en cas de non-exécution des prescriptions contenues dans la présente ordonnance. »

L'exercice de la profession pourrait donc être interdit, sans préjudice des dispositions du Code pénal, en cas de contravention aux règlements légalement faits par l'autorité administrative. (Article 471-15°.)

Bien plus, si l'inobservation de ces règlements, si la négligence à désinfecter une chambre ou à prendre les mesures nécessaires pour éviter la contagion, ont entraîné la maladie ou la mort d'un autre voyageur, l'hôtelier pourra être poursuivi devant le Tribunal correctionnel, en vertu des articles 319 et 320 du Code pénal, et il sera en outre condamné à de sérieux dommages-intérêts, aux termes de l'article 1382 du Code civil.

Citons, pour mémoire, un seul de ces articles :

« 319. Quiconque, par maladresse, imprudence,

inattention, négligence ou inobservation des règlements, aura commis involontairement un homicide, ou en aura involontairement été la cause, sera puni d'un emprisonnement de trois mois à deux ans, et d'une amende de 50 francs à 600 francs. »

Certes, les circonstances atténuantes adouciraient les rigueurs de la loi, mais il est préférable de ne pas avoir à compter sur de pareilles chances et d'obéir tout simplement aux prescriptions de l'administration.

D'autant mieux qu'elle en a rendu l'accomplissement plus pratique dans ces dernières années.

Transport des malades. — Par exemple, la préfecture de police a fait construire des voitures spéciales destinées au transport, dans les hôpitaux, des malades atteints d'affections contagieuses ou épidémiques : variole, scarlatine, rougeole, diphtérie, etc. Ces voitures sont mises gratuitement à la disposition du public.

Le service commence à huit heures du matin et finit à six heures du soir.

Pour obtenir l'envoi à domicile d'une des voitures spéciales, il suffit d'en faire la demande, soit au commissaire de police du quartier, soit au poste central de police de l'arrondissement, en remettant un certificat médical constatant la nature de la maladie, et en indiquant le nom et la demeure du malade à transporter.

Sur un ordre transmis par le télégraphe, la voiture part immédiatement. Un parent ou un ami peut accompagner le malade jusqu'à l'hôpital.

Après chaque transport, la voiture est désinfectée avec le plus grand soin.

L'hôtelier devra donc user de ce moyen, s'il ne connaît point la famille de son client.

Dans le cas contraire, il devra la prévenir aussitôt, afin qu'elle vienne, ou fasse prendre les dispositions que comporte l'état du malade ; car, autant que possible, le propriétaire de l'hôtel évitera toute responsabilité.

Épidémies hors Paris. — A côté des ordonnances de police spéciales à Paris, la loi même a mis au nombre des attributions municipales le soin de prévenir ou de faire cesser, par d'utiles prescriptions, les épidémies ou les maladies contagieuses.

L'autorité préfectorale sera appelée à intervenir, afin d'assurer plus efficacement l'exécution des règlements locaux.

Le *médecin des épidémies,* nommé par le préfet pour chaque arrondissement, fera prendre toutes les dispositions nécessaires.

Nous avons vu à quelles pénalités, à quels dommages-intérêts s'exposeraient les récalcitrants.

Folie ou aliénation mentale. — Puisque nous parlons de circonstances heureusement exceptionnelles, demandons-nous ce que doit faire l'hôtelier à qui l'on annonce tout à coup que tel voyageur est atteint d'aliénation mentale.

Il doit appeler un médecin et, s'il connaît la famille, lui écrire immédiatement.

Cela, dans le cas où la folie n'est pas dangereuse.

Dans le cas contraire, la réponse nous est donnée par l'article 18 de la loi du 30 juin 1838, sur les aliénés.

Cet article est ainsi conçu : « A Paris, le préfet de

police, et, dans les départements, les préfets, ordonneront d'office le placement, dans un établissement d'aliénés, de toute personne interdite, ou non interdite, dont l'état d'aliénation compromettrait l'ordre public ou la sûreté des personnes. — Les ordres des préfets seront motivés et devront énoncer les circonstances qui les auront rendus nécessaires.

« Art. 19. — En cas de danger imminent attesté par le certificat d'un médecin ou la notoriété publique, les commissaires de police à Paris, et les maires, dans les autres communes, ordonneront à l'égard des personnes atteintes d'aliénation mentale toutes les mesures provisoires nécessaires, à la charge d'en référer dans les vingt-quatre heures au préfet, qui statuera sans délai. »

Ainsi donc, prévenir aussitôt le commissaire de police ou le maire.

Ce magistrat indiquera dans son procès-verbal sur quelles réquisitions il a été appelé et dans quel état il a trouvé le malade; il s'assurera de sa personne et le fera transporter dans un des établissements désignés par l'article 24 de la loi précitée.

Inventaire de ses effets sera sommairement dressé, et ils seront remis avec tous ses papiers (sauf ceux nécessaires à l'hospice) à l'hôtelier, qui en deviendra alors dépositaire ordinaire, en l'absence de tout parent ou ami du voyageur, et jusqu'à ce que le tribunal ait statué sur cette sorte de garde des scellés, officiellement constatée.

La créance résultant des dépenses d'hôtellerie sera toujours conservée par le droit de gage dont nous parlerons plus loin.

Mais revenons aux cas ordinaires, qui ne nécessitent point l'intervention de l'administration.

Devoirs généraux de l'hôtelier en cas de maladie. — Nous avons indiqué, tout à l'heure, d'une façon générale, les devoirs de l'hôtelier. La Cour de cassation les a précisés dans son arrêt du 7 janvier 1859. En voici les termes :

« Attendu que, lorsqu'une personne malade a été admise dans une auberge, le maître de l'auberge est tenu, soit par lui-même, soit par ses domestiques, de lui donner tous les soins indispensables que comporte son état ;

« Que c'est là un principe d'humanité qui dérive des obligations que l'aubergiste contracte envers le voyageur, auquel il doit assistance et protection ;

« Que, de sa part, un refus absolu de soins, lorsque ce refus est suivi de la mort de la personne qui avait droit de les réclamer, doit lui faire encourir non seulement la responsabilité résultant de l'article 1382 du Code civil, mais encore toutes les conséquences résultant de l'article 319 du Code pénal. »

Danger de mort. — Dans un ordre d'idées plus élevées, il est un autre devoir que l'hôtelier peut être appelé à remplir.

Voici comment, à cet égard, s'exprime Masson dans son *Traité des locations en garni.* Nous citons textuellement, car nous ne saurions ni mieux penser, ni mieux dire :

« Quand le malade est en danger de mort, l'hôtelier fera bien d'en avertir ses parents et ses amis, s'il lui en connaît ; sinon, il devient, à lui seul, tout son entourage, il représente et forme en quelque sorte toute sa parenté.

Que susciterait donc dans l'âme de bons parents un attachement sincère? Ils chercheraient à procurer au moribond, après les adoucissements de ses douleurs corporelles, les consolations et les secours spirituels. C'est un devoir de fraternité, d'humanité. »

C'est le devoir de tout honnête homme qui, quelle que soit sa croyance et celle du mourant, ne peut que respecter et faciliter cet acte religieux de suprême espérance.

D'ailleurs, quels reproches la famille ne serait-elle pas en droit de faire à l'hôtelier, si, dans ces circonstances solennelles, il avait dédaigné les demandes, les aspirations du malheureux, au lieu de les prévenir, en quelque sorte, et de les réaliser, comme l'eût fait un ami, un hôte digne de ce nom?

Décès du voyageur. — Le décès arrivant impose plusieurs autres obligations au propriétaire de l'hôtel.

D'abord, et jusqu'à nouvel ordre, c'est-à-dire jusqu'à ce que la famille, la justice ou l'administration soit intervenue et ait donné ses instructions, il reste dépositaire nécessaire des effets, papiers et valeurs laissés chez lui par le défunt.

Précautions immédiates. — Il les fera donc ranger, dans la chambre de ce dernier, avec le plus grand soin, et veillera scrupuleusement à ce que rien ne puisse être détourné.

A cet effet, il fermera les meubles et les malles et en gardera les clefs, pour les remettre à qui de droit.

Mais il ne transportera rien, de son autorité privée, en dehors de la chambre, à moins d'y être forcé par la prudence même, car autrement il engagerait sa responsabilité et s'exposerait à des récriminations, des soupçons, ou des réclamations toujours fâcheuses.

Il devra en outre, pour le service intérieur de l'établissement, concilier le respect dû à la mort avec les ménagements auxquels ont droit les autres locataires.

Nous ne parlons ici que de la mort naturelle; nous traiterons dans un autre chapitre les morts violentes, assassinat, suicide, accident.

Dans les circonstances normales, l'hôtelier doit aller immédiatement à la mairie déclarer le décès et en faire rédiger l'acte.

Formalités à remplir. — L'article 78 du Code civil s'exprime ainsi :

« L'acte de décès sera dressé par l'officier de l'état civil, sur la déclaration de deux témoins.

« Ces témoins seront, s'il est possible, les deux plus proches parents ou voisins, ou, *lorsqu'une personne sera décédée hors de son domicile, la personne chez laquelle elle sera décédée*, et un parent ou un autre. »

La mention de cette mort devra être inscrite sur le registre des voyageurs.

En effet, la police a intérêt à apprendre aussitôt, par le même livre et en même temps, qu'un individu entré à l'hôtel, à telle époque, y est décédé tel jour; tout comme il lui importe de savoir exactement la date de l'arrivée et celle du départ.

Avis à envoyer. — Les parents ou amis du défunt, s'ils sont connus de l'hôtelier, auront été par lui avertis immédiatement.

Car leur présence met fin à toutes difficultés et à toute

responsabilité. Ce sont eux qui solderont la note et prendront les dispositions nécessaires pour l'inhumation.

Mais si l'hôtelier ne connaît ni la famille, ni les amis du voyageur ;

Si l'éloignement ne leur permet pas d'intervenir en temps utile ;

Si l'identité même du client n'est pas suffisamment établie par ses papiers ;

S'il ne laisse aucunes ressources ;

S'il appartient à une nationalité étrangère,

Que devra faire alors, et dans ces différentes circonstances, le propriétaire de l'hôtel où il est décédé?

Agences de funérailles. — Tout d'abord, et d'une façon générale, nous conseillerons au lecteur de s'adresser à une agence de funérailles.

Il évitera ainsi bien des difficultés.

Comme pour les autres intermédiaires, il fera un bon choix et ne se laissera point guider par une économie mal entendue ; mais, ce choix fait, il s'en rapportera à ce mandataire spécial, dont les obligations sont d'ailleurs d'autant plus sérieuses que ce mandat est salarié. (Art. 1992 du Code civil.)

Supposons, toutefois, que l'hôtelier soit forcé de veiller lui-même à tous ces détails.

Plusieurs distinctions sont ici nécessaires.

Le voyageur a des ressources ; son identité est établie ; mais il est impossible d'avertir ses parents ou amis, ou d'attendre leurs instructions.

Ambassades et consulats. — Si le défunt est étranger, il faudra prévenir son ambassade ou son consulat. En effet, certaines dispositions particulières peuvent être nécessitées par les lois de son pays ; certains renseignements utiles peuvent être donnés sur sa famille ; l'ambassade peut même prendre à sa charge ou sous sa responsabilité les frais et règlements du service funèbre.

Si les agents diplomatiques se désintéressent complètement de la question et laissent l'hôtelier sans indications ni instructions particulières, nous rentrons dans le droit commun, de même que s'il s'agissait d'un client français, décédé dans ces circonstances d'éloignement des siens.

Scellés. — Or, l'article 819 du Code civil prescrit l'apposition des scellés, lorsque tous les héritiers ne sont pas présents.

Et l'article 909 du Code de procédure dit que, dans ce cas d'absence, l'apposition de ces scellés peut être requise par les personnes qui demeuraient avec le défunt.

L'hôtelier devra donc prévenir le juge de paix de l'arrondissement dans lequel le décès a eu lieu.

Le plus souvent, ce que laisse un voyageur, mourant dans une chambre d'hôtel, n'est pas d'une grande importance. D'autre part, le propriétaire de l'établissement a intérêt à ne pas être privé longtemps de ce local, comme les héritiers ou créanciers ont eux-mêmes intérêt à ne point grever la succession d'une location prolongée.

Inventaire. — « En conséquence, le juge de paix se borne presque toujours à une description des effets, sauf à mettre sous enveloppe, ou dans un carton, sous un scellé, les papiers qui peuvent offrir quelque intérêt ultérieur, soit pécuniaire, soit personnel.

« Et même, si ces papiers sont sans importance, l'usage

tolère qu'il les renferme sous une enveloppe, cotés et parafés, sans inventaire, avec mention sommaire de leur nature et de la formalité remplie.

« Le juge de paix pourra confier la garde de ces papiers scellés ou cotés, ainsi que des effets décrits, au loueur ou à l'hôtelier, qui ne pourront le refuser, qui pourront même l'exiger, s'ils espèrent y trouver une sûreté de plus pour leur payement. » (Carré, *Code annoté des juges de paix*.)

Dans ce dernier ordre d'idées, le propriétaire de l'hôtel agira prudemment en priant d'insérer, à ce procès-verbal de description, la déclaration de ce qui lui est dû. Cette déclaration, à ce moment et dans cette forme, donne à sa créance un caractère de sincérité qui la met à l'abri de contestations ultérieures.

Officiers généraux et fonctionnaires. — La qualité, le grade, les titres du défunt devront également être signalés par l'hôtelier à la mairie, au commissaire de police et au juge de paix, car il peut y avoir à prendre quelques dispositions spéciales.

En effet, d'après l'arrêté du 13 nivôse an X et l'instruction ministérielle du 8 mars 1823, les scellés doivent être apposés après le décès d'un officier général ou officier supérieur de toute arme, d'un commissaire ordonnateur, inspecteur aux revues, officier de santé en chef, sur les papiers, cartes, plans et mémoires militaires, autres que ceux dont le décédé est l'auteur.

De plus, au cas de décès d'un individu qui, par la nature de fonctions anciennement exercées par lui, a pu être dépositaire de secrets ou de titres appartenant à l'État, le gouvernement peut requérir l'apposition des scellés sur les papiers du défunt, à l'effet de rechercher si, parmi ces papiers, il ne s'en trouve pas qui appartiennent à l'État.

De même, enfin, le gouvernement peut faire apposer les scellés sur les papiers d'un ancien fonctionnaire public, passés après son décès entre les mains de ses héritiers, lorsqu'il est d'ailleurs à présumer que, parmi ces papiers, figurent des titres appartenant à l'État. (Dalloz, *Scellés*, 16.)

Papiers et lettres des simples particuliers. — En dehors de ces cas exceptionnels, les papiers, lettres, paquets fermés ou cachetés, mais portant l'adresse du défunt, sont ouverts par le juge de paix, qui les joint aux autres effets et papiers, après description.

Si, au contraire, ces paquets cachetés paraissent l'œuvre du défunt, comme ils peuvent contenir ses dernières volontés, le juge de paix en constate la forme extérieure, le sceau et la suscription, et les présente au président du tribunal de première instance, qui en fait l'ouverture et le constat, et en ordonne le dépôt chez le notaire qu'il désigne.

« Si les paquets cachetés paraissent, par leur suscription ou par quelque autre preuve écrite, appartenir à des tiers, le président du tribunal ordonnera que ces tiers seront appelés, dans un délai qu'il fixera, pour assister à l'ouverture; il la fera au jour indiqué, en leur présence, ou à leur défaut; et si les paquets sont étrangers à la succession, il les leur remettra sans en faire connaître le contenu, ou les cachettera de nouveau pour leur être remis à leur première réquisition. » (Code de procédure, art. 919.)

Si un testament est trouvé ouvert, le juge de paix en constatera l'état et le remettra au président du Tribunal. (Art. 920.)

Nous ne mentionnons, d'ailleurs, toutes ces formalités que pour mieux faire comprendre avec quel soin les effets laissés par la personne décédée doivent être surveillés par l'hôtelier.

C'est lui qui, en l'absence de la famille, devra les présenter à l'inventaire ou description sommaire, et prêter le serment, lors de la clôture de l'apposition des scellés, qu'il n'a rien détourné, vu ni su qu'il ait été rien détourné directement ou indirectement.

C'est lui qui devient dépositaire judiciaire, et non plus nécessaire, des effets, papiers, titres et valeurs que le juge de paix a confiés à sa garde, jusqu'à ce que les héritiers ou ayants cause les réclament, à charge par eux de payer ce qui lui est dû.

Ce dépôt et son droit de gage donnent à l'hôtelier toutes garanties pour le remboursement des frais funéraires.

Service funèbre et inhumation. — Si donc un testament a été trouvé dans l'hôtel, ou si la famille absente a cependant eu le temps d'envoyer des instructions, l'hôtelier devra, dans la mesure du possible, suivre, quant aux funérailles, la volonté du défunt ou de ses parents.

Si ces derniers ne sont pas connus, ou si leur éloignement, ou toute autre cause, a empêché de savoir leurs intentions à cet égard; si le défunt n'a donné ou laissé par écrit aucune indication, mais que son identité soit formellement établie, l'hôtelier commandera un service funèbre conforme à la croyance, au rang et à la position de fortune du voyageur, et il le fera inhumer, soit dans un caveau provisoire, soit dans un terrain temporairement concédé.

Si l'identité n'est pas absolument constatée et que le défunt laisse quelques ressources, l'hôtelier, par le seul respect dû à la mort, fera faire une cérémonie convenable, selon la situation apparente du client.

Enfin, si le voyageur meurt sans laisser ni argent, ni renseignement précis sur son état civil, l'hôtelier se conformera à l'article 11 du décret rendu le 18 mai 1806 : « Le transport des morts indigents sera fait décemment et gratuitement » ; il n'aura qu'à s'entendre à cet égard avec l'administration ; et, si le défunt est catholique, l'article 4 du même décret donne toute sécurité au logeur ; car cet article, sur la proposition de l'autorité ecclésiastique, s'exprime ainsi : « Dans toutes les églises, les curés desservants et vicaires feront gratuitement le service exigé pour les morts indigents ; l'indigence sera constatée par un certificat de la municipalité. »

Quant à l'inhumation elle-même, à Paris du moins, ce sera forcément la fosse commune ; car nous supposons le défunt sans aucunes ressources, sans aucun ami, sans aucune indication sur son individualité, et l'hôtelier n'a point à faire plus que ce que nous venons d'indiquer.

Si, plus tard, la famille se présente, elle ne pourra s'en prendre qu'à elle de l'abandon dans lequel était laissé ce parent.

Occupons-nous maintenant des précautions à prendre et des formalités à remplir dans les cas de morts violentes ou accidentelles.

CHAPITRE II

Morts violentes. — Les événements dont nous
parlons en ce chapitre ont généralement pour premier
effet d'apporter un grand trouble dans l'esprit de celui
qui en est le témoin ; et, comme ils engagent cependant
la responsabilité de l'hôtelier vis-à-vis de l'autorité administrative et judiciaire, nous avons voulu qu'au milieu de
ses légitimes émotions il trouvât immédiatement quelles
dispositions il avait à prendre.

Tout d'abord, à Paris, envoyer chercher un agent, et,
en province, faire prévenir le commissaire de police ou le
maire, selon les localités.

Mais, en attendant, de nombreux détails peuvent donner
lieu à bien des questions. Les indications les plus sûres
nous sont officiellement fournies par les instructions mêmes
du Parquet de la Seine. Elles sont adressées aux officiers
de police, mais tracent, en même temps, la conduite de
l'hôtelier.

Nous en citons le texte, pour les différents cas qui
nous occupent en ce moment.

Assassinat. Meurtre. Homicide. — « En cas d'homicide, ou de mort violente ou subite, pouvant faire soupçonner un homicide, il est indispensable de décrire l'état des lieux ; celui des fermetures ou clôtures si le fait s'est passé dans un lieu fermé et clos ; l'état et la position du cadavre ; l'état des vêtements dont il est couvert ; la situation, la nature et l'état des instruments, armes, objets ou papiers trouvés près du cadavre ou dans un lieu voisin. »

C'est l'officier de police qui doit faire ces diverses constatations ; mais il importe à tous de faciliter les recherches de la justice. Ainsi donc, à moins que ce ne soit pour porter secours ou donner des soins, l'hôtelier ne devra rien déranger avant l'arrivée du magistrat. Cependant la question d'humanité prime toutes les autres ; et cette inaction absolue ne sera observée que si la victime a complètement cessé de vivre, ce dont il faudra s'assurer. Si elle respire encore, il n'y a pas à hésiter devant un déplacement pouvant soulager ses souffrances ; il faudra seulement se bien rappeler l'aspect général au moment du crime ou de l'arrivée dans la chambre.

En effet, continuent les mêmes instructions :

« Si, avant l'arrivée de l'officier public, le cadavre et les meubles, qui étaient à sa portée, ont été dérangés, si les armes, instruments, effets ou papiers dont il était porteur, ou qui se sont trouvés près de lui, ont été enlevés, l'officier public doit s'empresser de faire rétablir les choses dans leur premier état, de les faire replacer, s'il est possible, par les personnes mêmes qui les ont dérangées, et, si cela est impossible, de faire expliquer ces personnes sur l'état où ces objets se trouvaient. Il constatera le tout. »

11

Il faut, en effet, dans l'intérêt de la justice, reconstituer la scène du crime aussi fidèlement que possible.

Les traces de sang sur les armes, vêtements et objets appartenant au défunt ou au prévenu, doivent être soigneusement notées.

« Si les traces font présumer que l'individu homicidé a été attaqué ou tué dans un lieu, qu'il a fui ou qu'il a été traîné dans le lieu où gisait le cadavre, on le constatera. »

Ainsi donc, ne rien nettoyer ni balayer avant les descriptions légales.

« Si des indices font présumer que le défunt s'est défendu, on les recueillera soigneusement et l'on vérifiera si le prévenu n'aurait pas sur sa personne ou dans ses vêtements des marques de cette défense. »

Car ce dernier, en cas de flagrant délit, doit être arrêté par l'hôtelier avec l'aide de ses gens ou des voisins, et gardé jusqu'à ce qu'il puisse être remis aux agents ou aux gendarmes.

S'il a échappé, mais s'il a été vu, l'hôtelier ou ses domestiques donneront tous les signalements et renseignements sur lui, en évitant les erreurs et les exagérations.

« Quand le jour ou l'heure de la mort ne sont pas bien connus, il faut rechercher ou constater quel est le dernier moment où a été vu le défunt, et si l'on a entendu partir, du lieu où gît le cadavre, du bruit, des cris ou des plaintes qui paraissent se rapporter à l'instant de la mort.

« Il ne faut pas omettre de rechercher et de constater les vols ou autres crimes ou délits dont le meurtre ou l'assassinat aurait été précédé, accompagné ou suivi, parce que la complication du fait le rend plus grave et détermine, en cas de meurtre, une peine différente et plus forte. »

Tous les indices sur les circonstances de l'homicide, sur le défunt, sur le prévenu, doivent donc être fournis ou conservés par l'hôtelier avec une scrupuleuse exactitude ; car ils peuvent modifier complètement la situation au point de vue légal.

Suicide. — « Si une mort violente paraît avoir été l'effet d'un suicide, il n'en faut pas moins recueillir avec soin les circonstances qui ont précédé, accompagné ou suivi cette mort. L'état du cadavre, la description des instruments qui ont procuré la mort, la déposition des témoins, toutes les preuves, enfin, doivent être consignées dans le procès-verbal comme en cas d'homicide.

« Les médecins doivent décider, d'après le genre de mort, la nature, le nombre, la situation et la gravité des blessures, et si la personne décédée a pu se donner elle-même la mort.

« L'officier de police recueillera, de son côté, tout ce qui peut éclairer la justice sur ce point.

« Si la personne suicidée a laissé, comme cela arrive fréquemment, un écrit explicatif de sa mort, on aura la plus grande attention non seulement de recueillir cet écrit, mais encore de rechercher et d'annexer au procès-verbal d'autres pièces d'écriture de la main du défunt, afin de pouvoir comparer ; on saisira de préférence les pièces authentiques, mais on ne négligera pas les écritures privées.

« Si l'on ne trouve pas de pièces, ou si elles sont insuffisantes, il est nécessaire d'entendre des témoins pour reconnaître l'écrit relatif à la mort.

11.

« Toutes ces précautions sont indispensables, afin de s'assurer que cet écrit est de la main du défunt, et pour empêcher la dissimulation d'un meurtre. »

L'hôtelier devra donc, comme dans l'hypothèse précédente, donner toutes les indications possibles et ne rien déranger si la mort est bien certaine. Mais nous renouvelons ici nos recommandations de ne point laisser sans soins un malheureux, par la peur ridicule de se compromettre vis-à-vis de la justice. Celle-ci, en effet, ne demande qu'une chose, c'est que l'on puisse lui indiquer ce qui s'est passé, d'une façon précise et d'après ce que l'on sait.

Accident. Mort subite. — « Dans le cas où l'on est appelé à constater une mort que l'on considère comme accidentelle ou subite, on doit s'attacher toujours à décrire avec la plus grande exactitude l'état du cadavre ; se faire assister à cet effet par des experts ; recevoir leur rapport ; veiller à ce qu'ils examinent scrupuleusement si le cadavre ne présenterait pas quelques lésions extérieures ou autres signes de mort violente ; entendre les personnes qui déposeront des circonstances de la mort. »

L'hôtelier voit ce qu'il importe à la justice et à la société de savoir et de constater dans ces différents événements. La lecture de ces instructions lui trace donc tout son devoir.

Disparition. — Il peut arriver également que le voyageur disparaisse, sans que l'on sache ce qu'il est devenu.

Certains auteurs considèrent même comme une disparition, dans le sens juridique du mot, l'absence sans avertissement pendant vingt-quatre heures.

Dans le cas où cette absence prendrait un carac-tère suspect, ou se prolongerait un peu au delà de ce délai qui nous semble trop restreint, que doit faire l'hôtelier?

M. Carré répond ainsi : « L'hôtelier entrera dans la chambre, il mettra à part tout ce qu'il y trouvera appartenant à l'hôte. Je ne juge pas nécessaire qu'il requière la justice, ni même qu'il appelle des témoins. Il est chez lui, il est gardien légal des effets de l'hôte, il en répond ; il fait acte de bonne garde. »

C'est précisément cette responsabilité qui nous empêche d'approuver complètement cette façon d'agir. Il est toujours dangereux de se faire justice, et de substituer son autorité privée aux garanties de la loi.

Si l'absent reparaît, s'il prétend qu'en rangeant ainsi ses effets on lui en a dérobé ou détérioré quelques-uns, si la même prétention est émise par sa famille ou ses héritiers, comment se défendra l'hôtelier?

Quel inconvénient y a-t-il donc à avertir le commissaire de police ou le maire de la localité? Il faudrait toujours en arriver là si la porte du logement était fermée en dedans et que l'on craignît un malheur. Pourquoi donc, à tout événement, ne pas suivre les prescriptions générales que nous trouvons dans le *Dictionnaire* de Brayer, et qui sont ainsi formulées :

« Dans le cas de disparition présumée d'une personne, les parents, amis, et même les voisins ou tous autres intéressés, doivent en faire la déclaration à l'officier de police, maire ou commissaire de police de la localité.

« Cette déclaration doit contenir les noms, la qualité,

la profession et le signalement de l'absent, ainsi que les circonstances qui ont accompagné la disparition.

« S'il n'y a pas présomption que l'individu disparu soit mort dans son appartement, le maire ou le commissaire de police transmet la déclaration au procureur de la République, et donne en même temps avis au juge de paix chargé de procéder aux actes conservatoires. (Scellés, inventaire ou description.)

« S'il y a présomption de mort, l'officier de police se transporte sur les lieux et fait ouvrir la porte de la chambre de l'absent en présence de deux témoins avec lesquels il pénètre dans l'appartement, et il procède avec leur assistance.

« S'il trouve la personne morte dans le logement, il fait les constatations exigées dans les cas de mort violente ou accidentelle, dresse procès-verbal du tout et fait prévenir le juge de paix pour l'apposition des scellés. »

Effets du défunt. — Tous les exemples de mort naturelle ou violente que nous venons d'indiquer ont cependant les mêmes conséquences légales pour les effets du voyageur défunt, quand aucune décision judiciaire n'y a apporté d'exception spéciale.

Le décès est constaté. Les formalités administratives sont remplies, l'instruction est commencée, les pièces à conviction ont été emportées, les autres objets, sommairement décrits par le juge de paix, restent à l'hôtel.

A quel titre? Nous l'avons dit, ce n'est plus à titre de dépôt nécessaire. A ce moment, ce n'est même plus le dépôt judiciaire, puisque la justice a rempli sa mission, c'est donc le dépôt pur et simple.

Nous supposons la famille absente.

Envers elle, l'hôtelier est débiteur de ce que l'on appelle, en droit, un objet certain : le bagage ; et, dans ce mot, nous comprenons tout ce qui avait été apporté par le décédé.

Aussi, selon les termes de l'article 1264 du Code civil, l'hôtelier fera, par acte d'huissier, sommation aux héritiers du voyageur, s'il les connaît, d'avoir à enlever ces effets.

Si les héritiers sont inconnus, ou si, cette sommation faite, ils n'enlèvent point les bagages, et que l'hôtelier ait besoin du lieu où ils sont placés, celui-ci pourra obtenir de la justice la permission de les mettre en dépôt dans quelque autre lieu. Procès-verbal de ce dépôt sera fait et signifié à qui de droit.

Mais, le plus ordinairement, l'hôtelier est créancier de la succession pour les dépenses faites ou occasionnées par le défunt dans son hôtellerie? L'article 2078 va fixer notre réponse :

« Le créancier ne peut, à défaut de payement, disposer du gage, sauf à lui à faire ordonner en justice que ce gage lui demeurera en payement et jusqu'à due concurrence, d'après une estimation faite par expert, ou qu'il sera vendu aux enchères. Toute clause qui autoriserait le créancier à s'approprier le gage ou à en disposer, sans les formalités ci-dessus, est nulle. »

Si donc les circonstances ne permettent pas une expertise, l'hôtelier, par le ministère d'un avoué, présentera une requête au président du tribunal, à l'effet d'être autorisé à la vente des effets délaissés, jusqu'à payement de sa créance et des frais nécessaires à son recouvrement.

Effets du meurtrier. — L'hôtelier agira de même pour les effets appartenant au meurtrier, si l'homicide a été commis par un autre voyageur.

Ces événements tragiques jettent toujours une certaine défaveur sur l'établissement.

Précautions à prendre pour la tranquillité de l'hôtel. — L'hôtelier fera donc tout le possible pour les éviter. Il écartera soigneusement de sa maison toute clientèle suspecte ; il exercera ou fera exercer une surveillance constante ; il se rappellera nos diverses recommandations sur les clefs, les fermetures, l'éclairage, et toutes les garanties matérielles pour la sécurité commune.

Si les propos, la tristesse, la façon d'être du voyageur font prévoir un suicide, l'hôtelier redoublera de vigilance et n'hésitera point à communiquer ses craintes à la famille et à la police. Il préviendra également cette dernière dans le cas où des menaces adressées à un locataire, des provocations échangées entre deux clients, annonceraient quelque événement tragique.

Car, comme hôtelier, il est directement intéressé à ce qu'aucun malheur n'arrive chez lui ; et, comme honnête homme, il a le devoir de l'empêcher d'arriver, n'importe où, quand cela est en son pouvoir.

Nous souhaitons à nos lecteurs que l'exercice paisible de la profession leur épargne les émotions dont nous avons parlé dans ces deux chapitres ; et nous ne sommes point fâché nous-même de quitter ces sujets lugubres pour reprendre le cours plus calme de notre étude, en abordant la question des dépenses.

CHAPITRE III

Dépenses d'hôtellerie. — Il importe à la tranquillité, comme à la bonne tenue de l'hôtel, que des discussions ne puissent s'élever sur le payement des dépenses faites par le voyageur.

Nous devons donc rechercher les meilleurs moyens d'éviter toutes contestations.

Prix convenus d'avance. — Et d'abord, suivant un usage qui se généralise de plus en plus, le client, à son arrivée même, convient d'un prix par jour, par semaine ou par mois, avec le propriétaire de l'établissement, pour le logement, l'éclairage, le service et la nourriture, d'après les conditions débattues et arrêtées séance tenante.

De cette façon, le traité est formel; il n'y a qu'à l'exécuter, et il ne saurait donner lieu à aucune difficulté.

Si cependant le voyageur, par fantaisie ou obligation réelle, abrège son séjour, comment se fera le règlement? Par exemple, le prix a été convenu pour un mois, et le client ne reste que huit jours dans la maison.

Le tribunal de paix du quatorzième arrondissement de Paris a jugé que l'hôtelier avait alors le droit de demander le prix à tant par jour, au lieu du prix du mois qui avait été convenu. (Justice de paix, 14ᵉ arrondissement, mars 1887.)

Cette décision nous paraît absolument équitable dans les circonstances ordinaires ; par exception, cependant, il peut arriver que cette rupture du traité cause un véritable préjudice à l'hôtelier et lui donne droit à des dommages-intérêts équivalents, par exemple, au payement du mois tout entier.

Ce sont là des questions de fait dont les solutions varient selon les différentes hypothèses.

Prix affichés. — Un autre usage, que nous approuvons fort, consiste à afficher, dans chaque chambre, le tarif du logement, du service et des repas.

« L'hôtelier, dit M. Carré, peut-il imposer ces prix aux voyageurs ? En l'absence de conventions, je ne le crois pas ; il me paraît être sans droit pour exiger les sommes qu'il a seul fixées et qui n'ont pas été formellement agréées ; et, en cas d'exagération, le voyageur, qui n'est lié par aucun engagement, est fondé à exiger une réduction. » (*Nos petits procès*, page 113.)

Nous demandons la permission de ne point adopter cet avis.

Déjà, en descendant dans un hôtel sans en discuter préalablement les prix, le voyageur accepte tacitement les conditions de la maison.

Mais en s'installant dans une chambre où ces prix sont affichés, en y demeurant, en prenant ses repas, d'après ce tarif qui est là sous ses yeux, le voyageur ne confirme-t-il pas cette acceptation par chacun de ces faits? Pourquoi n'a-t-il pas protesté? pourquoi n'a-t-il pas demandé cette réduction, non point à la fin, mais au début de son séjour?

L'offre a été nettement précisée; le locataire en a profité; le contrat est formé.

Prix à débattre. — La réduction de la note ne saurait être réclamée qu'en dehors des deux cas ci-dessus étudiés, alors qu'il n'est intervenu aucune convention ni tacite, ni expresse.

Dans ces circonstances, nous ne nous dissimulons point les difficultés.

Car, si le juge de paix a la compétence voulue pour les résoudre, ce qui promet une solution rapide, l'hôtelier cependant, jusqu'à cette décision, a le droit de retenir les malles du client, ce qui amènera pour tout le monde de sérieux embarras.

D'autre part, quelles seront les bases de cette réduction? Qu'est-ce que le juste prix?

Il varie selon la clientèle, les frais généraux, la tenue de l'établissement, la difficulté des approvisionnements, l'enchérissement des denrées, l'affluence exceptionnelle des voyageurs.

Si ces derniers doivent être protégés contre de véritables exploitations, il ne faut pas oublier, non plus, que l'hôtelier doit pouvoir trouver, dans sa profession, la légitime rémunération de son travail et, comme dit Masson, « y amasser, par l'économie, la subsistance de sa famille et l'indépendance des ses vieux jours; il n'a pas moins besoin d'être assuré d'un gain honnête que le voyageur d'être hébergé, et l'utilité publique ne réclame pas moins l'un que l'autre ». (*Traité des locations en garni,* page 269.)

Le jugement sera donc assez difficile à prononcer. L'expérience locale, l'usage, les prix habituels, la bonne renommée de l'hôtelier guideront le magistrat dans l'accomplissement de cette tâche.

Contestation sur le principe de la dette. — Il peut arriver que la discussion porte non sur le montant de la note, mais sur le principe même de la dette; par exemple, que le voyageur soutienne avoir payé, ou conteste la durée, indiquée par l'hôtelier, de son séjour chez lui.

Nous supposons, bien entendu, qu'il n'existe aucun écrit.

Qui va-t-on croire?

Et comment décider devant ces assertions contradictoires?

L'article 1315 du Code civil s'exprime en ces termes :

« Celui qui réclame l'exécution d'une obligation doit la prouver.

« Réciproquement, celui qui se prétend libéré doit justifier le payement ou le fait qui a produit l'extinction de son obligation. »

C'est là que le livre de police, tant de fois décrié, va trouver sa réhabilitation. L'arrivée et le départ du voyageur sont inscrits sur ce livre; la durée du séjour est donc ainsi établie.

En produisant ce registre, l'hôtelier, « qui réclame l'exécution d'une obligation », fait la preuve exigée par la loi : Le voyageur est descendu chez lui, il y est resté tant de jours, il est donc forcément débiteur.

Que répondra celui-ci?

Qu'il a payé? qu'il n'a pas demeuré aussi longtemps dans la maison?

Le paragraphe deuxième de l'article 1315 est formel; qu'il prouve l'extinction totale ou partielle de son obligation!

Serment. — Certains auteurs ajoutent qu'au surplus, en cas de doute, le juge peut déférer le serment soit à l'aubergiste, soit au voyageur, suivant les circonstances et la qualité des personnes.

Il faudrait cependant distinguer entre les dépenses nécessaires et les dépenses n'ayant point trait exclusivement à la chambre et aux repas, comme les vins fins, les liqueurs, les cigares, les voitures, le feu.

Car l'article 1367 expose dans quelles circonstances le serment peut être déféré par le juge :

« Il faut : 1° que la demande ou l'exception ne soit pas pleinement justifiée;

« 2° Qu'elle ne soit pas totalement dénuée de preuves.

« Hors ces deux cas, le juge doit ou adjuger ou rejeter purement et simplement la demande. »

Eh bien! pour les dépenses nécessairement faites pendant le temps où il est certain que le voyageur est resté à l'hôtel, pour les repas pris à table d'hôte, pour l'appartement occupé, la demande du créancier est pleinement justifiée. Il n'y a pas lieu à déférer le serment.

Pour les autres dépenses, au contraire, la contestation soulevée par le voyageur n'est pas totalement dénuée de preuves, et la réclamation de l'hôtelier n'est pas pleinement justifiée. Le serment peut être déféré.

Avec cette distinction, la combinaison des articles 1315 et 1367 amènera d'équitables résultats, et tranchera bien des difficultés.

Impossibilité de payer. Filouterie. — A côté des clients qui discutent les prix, il en est d'autres pour lesquels rien n'est jamais trop cher, car ils ont l'intention arrêtée de ne point payer, et ils seraient d'ailleurs dans l'impossibilité absolue de le faire.

Ils ont rendu indispensable une loi nouvelle qui porte la date des 26 juillet-3 août 1873, et qui ajoute à l'article 401 du Code pénal le paragraphe suivant, pour protéger, dans une certaine limite, les restaurateurs, aubergistes et cabaretiers :

« Quiconque, sachant qu'il est dans l'impossibilité absolue de payer, se sera fait servir des boissons ou des aliments qu'il aura consommés en tout ou en partie dans des établissements à ce destinés, sera puni d'un emprisonnement de 6 jours au moins et de 6 mois au plus, et d'une amende de 16 francs au moins et de 200 francs au plus. »

Ce n'est là, avons-nous dit, qu'une protection relative ; car il est seulement question de boissons et d'aliments.

Le projet de loi frappait également celui qui se faisait donner un logement dans un hôtel, sachant qu'il ne pouvait le payer. Mais cette assimilation a été repoussée, sur l'observation de la commission que la consommation frauduleuse d'aliments ou de boissons présentait seule, à raison de la facilité du délit, un danger social suffisant pour légitimer l'incrimination nouvelle et une dérogation aux conditions essentielles du vol ou de la filouterie.

Le législateur pense, en effet, que des garanties ne peuvent être exigées d'un client qui vient prendre simplement un repas ou un rafraîchissement, tandis que la demande d'un appartement indique un plus long séjour permettant à l'hôtelier de prendre ses précautions, d'apprécier les bagages ou, en leur absence, de se faire payer d'avance la location réclamée.

Si donc un individu, dans l'impossibilité de solder sa dépense, entre à l'hôtel pour dîner seulement, la loi de 1873 lui est applicable ; elle ne l'est plus, au contraire, si après son dîner il a demandé une chambre et a passé la nuit. Il est devenu, par cela même, un voyageur ordinaire et n'est plus soumis qu'au droit commun.

Le projet de loi était plus logique ; mais, en matière correctionnelle, on ne peut procéder par assimilation ; et un jugement rendu en 1887, par le tribunal de Bar-sur-Aube, a dû acquitter un prévenu dans les circonstances que nous venons de rappeler. Pour le condamner, en effet, il eût fallu établir l'escroquerie, c'est-à-dire l'emploi de moyens frauduleux pour persuader l'existence d'un crédit imaginaire.

Escroquerie. — Or cette preuve est fort difficile ; non seulement il faut une série de manœuvres, l'usage de faux noms ou de fausses qualités, mais il faut que ces actes aient directement entraîné la confiance et la fourniture des logement et denrées.

« Ainsi il a été jugé qu'il n'y avait pas escroquerie, de la part d'un individu qui se serait fait inscrire sous un faux nom, sur le registre de l'hôtel, si cette indication mensongère n'avait eu ni pour but, ni pour effet de tromper le maître de l'établissement sur la solvabilité de son client. (Dalloz, *Codes annotés*, art. 401, n° 86.)

« Ni de la part de l'individu qui, pour se soustraire au payement de la dépense par lui faite dans une auberge, se serait donné une fausse qualité, par exemple celle d'ouvrier d'un tel ; l'usurpation de cette qualité ayant eu lieu après la livraison des objets consommés, et non pour se les faire servir. » (Bordeaux, 25 novembre 1841.)

L'hôtelier sera donc souvent victime de sa confiance ; la loi ne le protège que quand il n'a réellement pas eu le temps de refuser un crédit ; dès qu'il a pu contrôler la solvabilité du client, il ne doit s'en prendre qu'à l'imprudence qu'il a commise en le recevant. Mais quel est le délai de cette appréciation ? Notre Code ne l'indique pas.

Ce point est, au contraire, sagement précisé par la législation des États-Unis : « Toute personne qui obtiendra crédit dans un hôtel, à l'aide de faux prétextes, et qui, après avoir obtenu ce crédit, disparaîtra ou cherchera à disparaître, ou à enlever subrepticement son bagage ; toute personne qui refusera volontairement d'acquitter ce qu'elle doit, sera, sur la preuve faite, jugée coupable d'un délit, et sera punie par un emprisonnement n'excédant pas soixante jours, ou par une amende n'excédant pas 100 dollars, ou par les deux, emprisonnement et amende, à la discrétion de la Cour, avec la réserve que ces dispositions ne s'appliqueront pas aux pensionnaires à la semaine ou au mois de l'hôtel ou de l'auberge. »

En effet, les pourparlers nécessaires pour la pension constituent un traité ordinaire, soumis au droit commun ; car l'hôtelier a dû ou pu prendre ses renseignements et ses garanties ; mais comment se protégera-t-il mieux contre le client qui demande une chambre pour un jour, que contre celui qui demande un repas? Voilà ce que nous comprenons difficilement.

Quoi qu'il en soit, notre loi est formelle, et, tant qu'elle n'aura pas été modifiée, elle ne s'appliquera qu'aux boissons et aliments.

Minorité du voyageur. — Une autre source de difficultés, c'est l'âge même du voyageur, mineur de vingt et un ans. Dans nos pays d'excursions, par exemple, les Alpes, les Pyrénées, le Dauphiné, l'Auvergne, et dans nos grandes villes, l'hôtelier aura souvent à recevoir des jeunes gens qui, légalement, ne peuvent s'obliger envers leur créancier pour les dépenses par eux faites.

MM. Carteret et Sébire exposent ainsi la question : « Un aubergiste a-t-il une action en justice contre le père d'un mineur à qui il a fourni la nourriture et le logement? Il y a lieu de distinguer : Si l'enfant était en état de pourvoir à sa subsistance, ou si, pendant son séjour dans l'auberge, il recevait de son père une pension convenable, le père ne saurait être tenu de payer l'aubergiste ; il en serait autrement dans le cas contraire. »

Nous recommanderons néanmoins la plus extrême prudence ; car si, d'une part, le père est responsable, suivant les circonstances et dans une certaine mesure, d'autre part, en droit strict, l'hôtelier a fait une convention avec un mineur, c'est-à-dire absolument nulle.

Si donc le jeune homme doit séjourner un certain temps dans l'hôtel, le propriétaire agira sagement en écrivant au père ou au tuteur une lettre, dont la réponse sauvegardera sa créance ou sa responsabilité.

L'hôtelier devra même s'opposer à toutes dépenses excessives, refuser tout prêt d'argent, et surtout ne jamais escompter la majorité prochaine du client, en faisant souscrire, par ce dernier, des billets, reconnaissances ou effets de commerce.

Non seulement ces engagements seraient nuls, mais ils tomberaient sous l'application de l'article 406 du Code pénal, qui prononce un emprisonnement de deux mois au moins, de deux ans au plus, et la privation des droits civils, contre quiconque aura abusé des besoins, des faiblesses ou des passions d'un mineur pour lui faire souscrire, à son préjudice, des obligations ou quittances, sous quelque forme que cette négociation ait été faite ou déguisée.

Femme mariée. — La femme mariée, la mère de famille voyage souvent seule ou avec ses enfants, pour leur santé ou la sienne, pour affaires d'intérêts ou devoirs de parenté. Dans ses dépenses, selon le régime matrimonial que le droit civil lui a donné, elle peut obliger son mari sans s'obliger elle-même, au payement de la dette, ou s'y engager seule, ou rendre cette dette solidaire pour tous les deux.

L'hôtelier ne saurait connaître ni demander tous ces renseignements de procédure; et il a été jugé que son droit sur les bagages apportés chez lui par une femme mariée frappe même les effets appartenant au mari, si l'hôtelier ignorait cette circonstance.

Ainsi l'a décidé la Cour de Dijon le 11 juillet 1872. (Dalloz, 1873. 2. 215.)

Nous allons étudier, dans le chapitre suivant, ce droit du propriétaire de l'hôtel pour le recouvrement de sa créance; mais résumons bien d'abord les éléments de cette créance.

Résumé et définition des dépenses d'hôtellerie. — « Les dépenses d'hôtellerie comprennent tout ce qui a été la conséquence du séjour du voyageur dans l'hôtellerie et lui a été fourni par l'hôtelier ou ses préposés : non seulement les frais de nourriture, de logement, d'éclairage, mais aussi les frais de service, les voitures ou chevaux ou autres moyens de transport fournis par l'hôtelier ou l'aubergiste, ainsi que les frais d'entretien ou de remise en état des moyens de transport appartenant au voyageur et qui l'accompagnaient, si c'est l'aubergiste qui les a payés ou qui s'en est chargé. » (Dalloz, *Jurisprudence générale. — Compétence civile des tribunaux de paix,* n° 211.)

Telle est la créance; voyons comment elle est garantie.

CHAPITRE IV

Droit de gage. — Suivant l'article 2102, paragraphe 5, du Code civil, les fournitures faites par un
aubergiste établissent en sa faveur une créance privilégiée sur les effets du voyageur qui ont été transportés dans
son auberge.

« Ce privilége, constituant une espèce de gage, est
subordonné à la possession des objets, et ne peut être
exercé par l'aubergiste qu'autant que les effets du voyageur se trouvent encore entre ses mains. » (Dalloz, *Jurisprudence générale. — Privilége, 392.*)

L'hôtelier doit donc retenir ces effets jusqu'au payement de la dette ; car leur enlèvement, même frauduleux,
anéantirait ce droit spécial et mettrait la créance en danger.

Mais tant que les objets sont dans l'hôtel, le privilége
subsiste.

Il frappe même ceux qui ne sont pas la propriété du
locataire, s'ils ont été apportés par ce dernier sans qu'il
ait prévenu l'hôtelier de cette particularité.

Privilége et nantissement. — Des discussions, des réclamations peuvent être soulevées alors par le véritable propriétaire, par le vendeur de ces effets, par l'ouvrier qui les a réparés, ou par d'autres créanciers de ce client; mais en conservant ces objets dans sa maison et sous sa garde, l'hôtelier a conservé son privilége.

Et il a été jugé que ni la saisie-arrêt pratiquée par d'autres créanciers sur les effets du voyageur, entre les mains de l'aubergiste, ni le jugement validant cette saisie, même déclaré commun avec celui-ci, ne sauraient nuire à son droit de gage, qui est antérieur.

L'aubergiste est nanti de ces objets, et, grâce à ce nantissement, il vient, par privilége, immédiatement après les frais de vente et de poursuite.

Il suffit, comme nous l'avons dit, qu'il soit de bonne foi.

Ainsi l'hôtelier doit obtenir la préférence sur le droit du vendeur, à la condition qu'il n'ait pas su que les meubles qu'il détient n'avaient pas été payés. (Dalloz, *Privilége*, 592.)

L'ouvrier qui a fait des frais pour la conservation de ces objets ne viendra également qu'après l'hôtelier, si celui-ci ignorait l'existence de la dette au moment où il a reçu les effets en nantissement. (Dalloz, *Privilége*, 594.) Cette dernière solution est cependant discutée par certains auteurs.

Concurrence entre les priviléges. — Mais le principe généralement admis est que, parmi plusieurs privilégiés, le dernier nanti a un droit de préférence.

« Ainsi, dit Masson, un voiturier amène dans une

auberge un voyageur et ses effets, pour le transport desquels un prix particulier a été stipulé. La dépense du voyageur et de sa suite, y compris le voiturier, excède, avec les frais de voiture, la valeur des effets déposés dans l'auberge.

« Qui, de l'aubergiste ou du voiturier, sera premier créancier? Il faudrait décider en faveur de l'aubergiste. Une des conséquences qu'en fait de meubles le droit s'acquiert par la possession avec bonne foi, est que, parmi plusieurs privilégiés, le dernier nanti est préférable. » (Masson, *Locations en garni*, n° 576.)

En effet, l'article 1141 du Code civil, prévoyant le cas où un objet mobilier est dû à deux personnes successivement, décide que celle des deux qui en a été mise en possession réelle est préférée et en demeure propriétaire, encore que son titre soit plus récent, pourvu que la possession soit de bonne foi.

Cette question de préférence entre les créances privilégiées est une des plus ardues de notre droit civil.

Conseil pratique. — Aussi l'avis général et pratique que nous donnons à nos lecteurs est celui-ci :

Retenir d'abord les bagages ; en cas de difficultés, s'adresser à un avoué expérimenté, et attendre les événements sans se dessaisir des effets apportés, tant que la justice n'en aura pas décidé autrement.

Principes généraux. — Rappelons cependant les principes fondamentaux sur ce sujet :

« Le privilége est un droit que la qualité de la créance donne à un créancier d'être préféré aux autres créanciers même hypothécaires. » (Art. 2095.)

« Les priviléges peuvent être sur les meubles ou sur les immeubles. » (Art. 2099.)

Sur les meubles, les priviléges sont généraux ou particuliers. C'est parmi ces derniers que nous trouvons celui de l'aubergiste. A leur égard, l'ordre de préférence a été fixé pour quelques-uns seulement.

Au contraire, les priviléges portant sur la généralité des meubles doivent s'exercer dans l'ordre numérique où ils se trouvent placés par l'article 2101 du Code civil, c'est-à-dire :

1° Les frais de justice ;

2° Les frais funéraires ;

3° Les frais de la dernière maladie, concurremment entre ceux à qui ils sont dus ;

4° Les salaires des gens de service, pour l'année échue et ce qui est dû sur l'année courante ;

5° Les fournitures de subsistances faites au débiteur et à sa famille, savoir, pendant les six derniers mois, par les marchands au détail, tels que boulangers, bouchers et autres, et pendant la dernière année par les maîtres de pension et marchands en gros.

Difficultés théoriques. — La concurrence survenant entre les priviléges généraux et les priviléges spéciaux a donné lieu à de nombreuses discussions :

Dans une première opinion, les priviléges généraux sur les meubles doivent être préférés aux priviléges spéciaux. (Cour de Bordeaux, 12 avril 1853, Dalloz, 53. 2. 242.)

Dans un second système, on soutient que tous les priviléges de l'article 2101, les frais de justice exceptés, ne peuvent être colloqués qu'après les priviléges spéciaux de l'article 2102. (Dalloz, 1850. 1. 250, Cassation. — Tribunal de Châtillon-sur-Seine, 20 mai 1863, Dalloz, 63. 3. 63.)

Enfin dans une troisième doctrine, on ne tient compte ni de la généralité, ni de la spécialité du privilége ; les prenant tous dans l'ensemble, on les compare entre eux et l'on en détermine le rang suivant le degré de faveur qui s'attache à chaque créance. (Cassation, 19 janvier 1864. — Dalloz, 64, 1re partie, page 80.)

Telles sont les décisions contradictoires auxquelles ont donné lieu les termes trop vagues de l'article 2096 : « Entre les créanciers privilégiés, la préférence se règle par les différentes qualités des priviléges. » Et l'article 2097 ajoute à cette incertitude, quand il parle de la concurrence entre les créanciers privilégiés qui sont dans le même rang ; car c'est justement ce rang, c'est cette qualité qui n'ont point été fixés d'une manière suffisante.

Exemple pris dans la profession. — Masson, que nous citions tout à l'heure, donne un exemple frappant et pratique de ces difficultés.

« M. X..., colonel en retraite, logeait depuis longtemps à l'hôtel B... Il y mangeait à table d'hôte. Il y tombe malade et, un mois après, meurt.

« Les scellés sont apposés. L'inventaire constate un peu d'argent, ses vêtements, une créance et une dette non hypothécaire. Il y a de beaucoup insuffisance.

« L'hôtelier s'est conduit humainement : il a appelé un médecin ; il a placé une garde auprès du malade ; il a préparé et fourni à ce dernier les aliments et breuvages pour lesquels l'art du pharmacien n'est pas indispensable. Il a fourni les objets nécessaires aux pansements et à l'ensevelissement. Quant aux démarches multipliées qu'il a faites, il ne veut réclamer aucun salaire ; mais il a avancé une partie des frais funéraires ; il a remboursé à un domestique de l'hôtel ce qui lui était dû par le défunt pour soins pendant les six derniers mois de sa vie ; de plus, il a été établi gardien des scellés et des effets inventoriés, jusqu'au moment où il les a remis au commissaire-priseur pour être vendus dans une salle de vente publique qu'il a fallu louer. Il a fait réparer les meubles et la tenture de la chambre, dont il avait fait constater les dégradations par état sommaire dans le procès-verbal d'apposition de scellés. Enfin, il lui était dû des loyers, et il en réclamait plusieurs mois échus.

« Voilà donc : 1° des frais de justice ; 2° des frais funéraires ; 3° des frais de dernière maladie ; 4° des salaires de gens de service ; 5° des fournitures de subsistances : toutes créances privilégiées dont le total excède ici, de beaucoup, les deniers disponibles. Il devient nécessaire de les classer, d'abord, pour l'application des articles 2096 et 2097, puis d'appeler les classes par ordre ; ce qui sera facile, puisque l'ordre des priviléges généraux est déterminé par l'article 2101.

« Ainsi, par exemple, les frais de scellés et d'inventaire forment deux créances privilégiées qui sont appelées ensemble à la distribution. Il en sera de même des frais funéraires et des frais de dernière maladie, qui comprennent les mémoires du médecin, du chirurgien, du pharmacien, de la garde-malade.

« Chaque classe sera payée en totalité, avant qu'il soit question de celle qui la suit ; et la classe sur laquelle les fonds manqueront en partie partagera le restant entre les créanciers de cette classe. Tout cela est sans difficulté.

« Mais l'hôtelier, qui voit que pour ses fournitures d'aliments il ne viendrait qu'en cinquième ordre, pourra-t-il invoquer son privilége spécial sur le prix distinct des effets du défunt trouvés et inventoriés dans son auberge? C'est la question très importante de savoir si les priviléges généraux passeront avant les priviléges spéciaux, sur le prix des meubles affectés à ces derniers. » (Masson, *Location en garni*, n° 377.)

Or, cette question, nous l'avons démontré ci-desus, a donné lieu aux solutions les plus diverses.

Que l'hôtelier, en ce cas, conforme donc sa conduite à ses renseignements sur la situation sociale et pécuniaire du voyageur.

Les frais excessifs ou absolument en dehors de la profession, les indications inexactes fournies aux personnes appelées pendant la maladie ou après le décès, deviendraient autant d'arguments pour les autres créanciers contre le droit de gage et le rang du privilége réclamé par l'hôtelier.

Si, au contraire, celui-ci a loyalement agi avec tout le monde, ou si la famille est là pour assumer toute la responsabilité, il retiendra les bagages jusqu'au payement de sa note, ou prélèvera le montant de sa créance sur la vente des effets, sans avoir à craindre de sérieuses contestations.

A quelles dépenses s'applique le privilége. — Ce droit de retenir les effets du client donne à l'hôtelier une garantie exceptionnelle. C'est plus qu'un privilége. Il importe donc d'en bien préciser le caractère.

Nous avons dit, d'une façon générale, qu'il sauvegardait la créance des fournitures faites par l'aubergiste.

« Le privilége, étant restreint aux fournitures, ne s'applique qu'à celles que l'hôtelier a été tenu de procurer aux voyageurs, dans l'exercice de sa profession. Il ne saurait donc garantir la créance pour sommes d'argent prêtées au client par l'hôtelier. » (Dalloz, *Codes annotés*, art. 2102, n° 387.) Ainsi très souvent, à Paris surtout, les magasins ou les fournisseurs envoient à l'hôtel des objets choisis par le voyageur, et qui, en son absence, sont payés par l'hôtelier. Le privilége ne s'applique pas aux sommes avancées dans ces circonstances.

Mais tout ce qui est dû à l'aubergiste pour le logement du voyageur et de ses gens, pour l'abri de leurs chevaux, chiens ou bestiaux, et le remisage de leurs voitures et charrois, est privilégié. Tous les aliments et boissons fournis et servis dans l'auberge au voyageur et à ses gens, la nourriture donnée à leurs chevaux, bestiaux ou chiens, sont dus par privilége.

Il en serait autrement des comestibles et fourrages vendus et livrés comme articles d'un commerce spécial, en dehors de la consommation sur place.

Dépenses d'un précédent voyage. — De même, « le privilége de l'aubergiste sur les effets du voyageur n'existe que pour les dépenses faites actuellement dans l'hôtellerie, et non pour les dépenses faites lors d'un précédent voyage : en ne retenant pas alors les effets du voyageur, l'aubergiste est censé avoir renoncé à son privilége ». (Dalloz, *Codes annotés*, 2102, 359.)

Et il ne le recouvre pas quand le voyageur revient avec

les mêmes effets. Ceux-ci ne servent de gage que pour les dépenses actuelles.

Sur quels objets frappe le privilége. — L'article 2102, § 5, nous dit que ce droit existe « sur les effets du voyageur qui ont été transportés dans l'auberge ».

Et comme, dans les articles 1952 et 1953, ce mot « effets » doit être pris dans son sens le plus général, il est de toute justice qu'à la responsabilité dont nous avons parlé, corresponde une sûreté proportionnelle pour le remboursement des dépenses et pour les indemnités.

Cette expression comprend donc également, au point de vue du privilége, tous les objets mobiliers, bagages, marchandises, voitures, chevaux, bijoux, argent, valeurs, papiers, vêtements apportés ou amenés dans l'hôtel par le voyageur.

Argent, habillement. — L'argent comptant peut assurément être retenu par l'hôtelier.

De même si le voyageur avait avec lui une certaine quantité d'effets d'habillement dont l'usage ne lui fût pas indispensable, l'aubergiste aurait le droit de les garder comme gage de sa créance.

Papiers d'affaires. — Pour les papiers de sûreté et de police, ils ne peuvent jamais être saisis.

Quant aux papiers d'affaires, les avis sont partagés. Un jugement du Tribunal civil de la Seine a décidé, le 6 juillet 1836, « que le privilége de l'hôtelier sur les effets du voyageur ne lui donne pas le droit de retenir ses papiers et titres de créance, jusqu'au payement des fournitures ». Mais d'autres auteurs soutiennent que les papiers d'affaires seront légalement retenus, alors même qu'ils appartiendraient à des tiers, sauf à ceux-ci à venir les dégager.

Car ces détails sont indifférents à l'aubergiste. Il ne connaît qu'un propriétaire, le client, vis-à-vis duquel il est responsable de tout ce que celui-ci a apporté. Il y a là une réciprocité absolument juridique.

Objets n'appartenant pas au voyageur. — C'est dans cet ordre d'idées qu'a été rendu l'arrêt de Dijon, cité plus haut, décidant que le privilége frappe même les objets qui ne sont pas la propriété du voyageur, alors que l'aubergiste les a reçus dans l'ignorance de cette circonstance.

La présomption vis-à-vis de l'hôtelier est que les effets apportés sont la propriété du client, et d'ailleurs la loi dit formellement que le privilége portera, non point sur les effets appartenant au voyageur, mais sur les effets transportés dans l'auberge. (Dalloz, *Jurisprudence générale. — Priviléges et hypothèques,* 390.)

M. Persil, dans son *Traité des priviléges et hypothèques,* tome Ier, page 55, développe ainsi la même doctrine :

« Quand un voyageur arrive dans une auberge et qu'il y séjourne, l'aubergiste ne peut savoir si la malle qu'il porte, si les chevaux, la voiture qu'il amène, lui appartiennent ou non. Pour l'aubergiste, la présomption est qu'ils sont sa propriété ; et comme, en fait de meubles, la possession vaut titre, tous les effets sont à lui, par cela seul qu'il les possède. Autrement, l'aubergiste ne serait jamais tranquille pour le payement de ses avances, de ses fournitures. Vainement l'attirail, les équipages, les autres effets paraîtraient plus que suffisants pour payer les dépenses du client, puisque, au moment où l'aubergiste voudrait les saisir, un officieux ami viendrait les revendiquer. On dira que, s'il y a fraude, si le revendicant n'est qu'un prête-nom, on sera reçu à l'établir ; mais la fraude est toujours difficile à démasquer, et les droits d'une classe de négociants qui, par état, prêtent ou font des avances d'argent, sans y être entraînés par une confiance aveugle, ne peuvent être ainsi abandonnés. »

Réalisation du gage. — Remarquez bien cependant que ni le privilége de l'article 2102, ni le droit de retenir les effets du voyageur ne permettent à l'hôtelier de se les approprier et d'en disposer.

L'article 2078 du Code civil est formel sur ce point :

« Le créancier ne peut, à défaut de payement, disposer du gage, sauf à lui à faire ordonner en justice que ce gage lui demeurera en payement et jusqu'à due concurrence, d'après une estimation faite par experts, ou qu'il sera vendu aux enchères.

« Toute clause qui autoriserait le créancier à s'approprier le gage ou à en disposer sans les formalités ci-dessus est nulle. »

Lors donc que le voyageur est décédé, disparu ou insolvable, l'hôtelier, par le ministère d'un avoué, présentera une requête au président du Tribunal de première instance, à l'effet d'être autorisé à la vente des effets délaissés, jusqu'à concurrence de sa créance, ainsi que des frais nécessaires à son recouvrement.

Pendant l'accomplissement de ces formalités, l'hôtelier doit veiller avec soin à la conservation du gage et continuer à nourrir les chevaux, chiens, bestiaux, etc., amenés par le voyageur.

L'article 2080 lui en fait un devoir absolu : « Le créancier répond de la perte ou détérioration du gage qui serait survenue par sa négligence.

« De son côté, le débiteur doit tenir compte au créancier des dépenses utiles et nécessaires que celui-ci a faites pour la conservation du gage. »

Et si la négligence ou les agissements du créancier mettaient le gage en péril, le débiteur pourrait invoquer contre lui l'article 2082 et porter ainsi une grave atteinte à ses droits.

Pour éviter les difficultés, les frais et les lenteurs qu'entraînent souvent les formalités légales dont nous venons de parler, les hôteliers, dans leurs réunions générales, ont demandé qu'une simple cédule du juge de paix donnât au créancier le droit de propriété sur les bagages.

Ce vœu est resté jusqu'ici sans résultat. On le trouve peut-être trop modeste et trop facile à réaliser.

Cette cédule même a pourtant été remplacée par un simple délai, dans la procédure des États-Unis, sur l'objet qui nous occupe : « Tous bagages ou effets reçus par le propriétaire d'un hôtel, d'une auberge ou d'une maison meublée, et retenus par lui pour défaut de payement d'une facture de logement et nourriture, peuvent être vendus à l'expiration de quatre-vingt-dix jours, défaut ayant été fait au payement de cette facture après un avertissement de dix jours. Ils seront vendus aux enchères publiques après affichage. » (Loi du 5 mars 1874.)

Mais jusqu'à nouvel ordre, l'article 2078 de notre Code doit être respecté ; et selon ses termes mêmes, « toute clause qui autoriserait le créancier à s'approprier le gage ou à en disposer, sans les formalités ci-dessus, est nulle ».

Cependant cette nullité atteint seulement la convention faite pour l'avenir : « Si vous ne payiez pas, je serais autorisé à vendre, sans recourir à aucune procédure. » Par exemple, au moment de l'arrivée, il ne peut pas être stipulé que, si le voyageur ne solde point la dépense, ses bagages deviendront, par cela même, la propriété de l'hôtelier. Mais celui-ci, au moment du départ, peut recevoir, au lieu d'argent, tel ou tel objet qui lui sera donné en payement, d'après une convention alors très valable.

Prescription des fournitures d'hôtel. — Après avoir étudié les garanties de la créance, nous devons en indiquer la durée.

Le droit, pour l'hôtelier, de réclamer en justice les frais de logement et de nourriture par lui fournis au client se prescrit par six mois. (Art. 2271 du Code civil.)

Et cette prescription de six mois est opposable aux hôteliers par le client, quand même celui-ci aurait traité à tant par année. (*Jurisprudence générale,* Dalloz, 974.)

La circonstance que ces fournitures auraient été faites à un autre commerçant ne change pas le délai ainsi établi. (Cassation, 20 juin 1838.)

Pareillement la prescription n'est pas interrompue par la continuation des fournitures, ou par le fait que l'hôtelier et le voyageur seraient en compte courant, ou parce que les fournitures seraient déclarées actes de commerce de la part de celui à qui elles ont été faites : il faudrait qu'il y eût compte arrêté, cédule ou obligation, ou citation en justice, non périmée, c'est-à-dire suivie dans les délais légaux. (Art. 2274.)

Quand il y a eu citation en justice, le droit de demander les sommes dues, en vertu de l'article 2271, dure autant que la citation.

Lorsqu'il y a eu arrêté de compte, cédule ou obligation, la prescription de trente ans est la seule qui, dorénavant, puisse être opposée. (Dalloz, *Prescription,* n° 1044.)

La *cédule* est l'acte sous signature privée, et l'*obligation* est l'acte notarié, par lesquels le débiteur s'engage à payer telle somme.

Par *compte arrêté,* dans le sens de l'article 2274, on entend la reconnaissance mise par le débiteur au bas d'une facture ou d'un mémoire.

En dehors de ces cas spéciaux, six mois après la fourniture faite, l'hôtelier est déchu de son droit si la prescription lui est opposée.

Serment déféré. — L'article 2275 lui donne bien la faculté de déférer le serment à son client sur la question de savoir s'il a réellement payé. Mais ce seraient des frais bien inutiles, car, si le voyageur est honnête, il n'opposera point la prescription, et, s'il est malhonnête, il ne reculera pas même devant un parjure. Le Code pénal, cependant, prononce un emprisonnement d'une année au moins et de cinq ans au plus, et une amende de cent francs à trois mille francs, avec privation des droits civils, contre celui qui, en semblable occasion, aura fait un faux serment. (Art. 366.)

Mais cette condamnation serait sans utilité pour l'hôtelier, car le résultat de la poursuite correctionnelle ne peut avoir aucune influence sur le procès civil qui a été terminé par le serment déféré et prêté ; à tel point que l'on ne saurait revenir contre ce jugement, ni obtenir des dommages-intérêts devant la juridiction criminelle, la question pécuniaire ayant été tranchée définitivement, par cela seul que l'hôtelier s'en est rapporté, même imprudemment, à cette déclaration de son débiteur. (Cassation, 21 août 1834, 7 juillet 1843.)

Le plus simple est donc de se faire payer à l'avance la location de la chambre, ou de présenter la note chaque semaine ou chaque mois, et de ne pas hésiter, en cas de non-payement, à employer les moyens légaux que nous venons de rappeler, avant l'expiration du délai fixé pour la prescription.

Droit de refuser la clef du logement. — L'usage, à Paris, vient particulièrement en aide, sur ce point, aux hôteliers qui logent seulement le voyageur.

Ainsi le montant de la location doit toujours se payer d'avance.

A défaut de payement d'avance, l'hôtelier est autorisé à refuser la clef de l'appartement. A plus forte raison, il a ce droit si la note de huitaine ou de quinzaine n'est pas payée.

Nous arrivons, par là même, à discuter les questions relatives aux formalités nécessaires pour donner congé au locataire, selon le traité intervenu entre lui et le propriétaire de l'hôtel.

CHAPITRE V

Durée de la location. —— Le plus souvent, pour les hôtels, aucun écrit ne précise la durée de la location consentie au voyageur.

Quel sera le mode d'appréciation ?

L'article 1758 du Code civil répond à cette difficulté :

« Le bail d'un appartement meublé est censé fait à l'année, quand il a été fait à tant par an ; au mois, quand il a été fait à tant par mois ; au jour, s'il a été fait à tant par jour.

« Si rien ne constate que le bail soit fait à tant par an, par mois ou par jour, la location est censée faite suivant l'usage des lieux. »

Or, à Paris, dit Dalloz, en l'absence de toute convention, l'usage est de considérer les appartements garnis comme loués pour un terme de 15 jours. (*Jurisprudence générale. — Louage,* n° 715.)

D'une façon générale, dans ces sortes de locations, est-il nécessaire de donner congé ?

Congé. — A quelle époque doit-il être donné ?

Encore ici, il faut suivre l'usage des localités. A Paris, le congé est obligatoire ; les délais à observer pour l'avertissement réciproque diffèrent suivant la durée de la location.

« La location *au jour* cesse par l'avertissement donné le jour même avant midi.

« La location *à la semaine* cesse par l'avertissement donné le quatrième jour après l'entrée, avant midi ;

« La location à la quinzaine cesse par l'avertissement donné le huitième jour après l'entrée, avant midi ;

« La location au mois cesse par l'avertissement donné le quinzième jour après l'entrée, avant midi.

« Faute d'avertissement dans ces délais, la location continue, par tacite réconduction, pour un nouveau jour, une nouvelle période de huitaine, quinzaine, etc. » (Carré, *Nos petits procès*, page 119.)

Si nous faisons application de ces principes au cas qui se présente le plus fréquemment dans la clientèle ordinaire, nous déciderons que le voyageur est tenu de payer la chambre pour la journée, lorsqu'il n'a pas prévenu, avant midi, l'hôtelier, que celui-ci pouvait disposer du logement.

Fixation du temps de location au point de vue légal. — On comprend, par là même, l'importance de définir nettement les périodes que nous avons indiquées.

« La semaine se compose de sept jours, du jour de l'entrée au jour correspondant de la semaine suivante, à midi, quelle que soit l'heure d'entrée du premier jour ;

« La quinzaine se compose de quatorze jours, du jour de l'entrée au jour correspondant de la seconde semaine qui suit, à midi, quelle que soit l'heure d'entrée du premier jour ;

« Le mois se compose du nombre de jours existant entre la date du jour du mois de l'entrée à la date correspondante du mois suivant, à midi, quelle que soit l'heure d'entrée du premier jour. » (Carré, même ouvrage.)

Cette fixation évitera déjà bien des discussions.

Quel est le juge de ces difficultés ? — Ces discussions, quand elles se produisent, doivent être soumises au juge de paix.

Le commissaire de police ne peut intervenir que pour empêcher le désordre, les injures ou les voies de fait.

Mais il a été déclaré, par une décision du Tribunal civil de la Seine, rendue le 13 janvier 1888, qu'un commissaire de police qui se fait juge d'une contestation entre propriétaire et locataire excède le droit qu'il tient de ses fonctions, et commet, à l'égard du propriétaire, une faute qui engage sa responsabilité.

Contestation sur la location même. — Le débat peut porter sur la location même ou sur le prix.

Par exemple, un voyageur a seulement déposé ses effets dans un appartement garni. Il n'en a pas pris personnellement possession. Il a parcouru la ville, a trouvé un hôtel mieux situé, vient reprendre ses bagages et nie avoir loué la chambre. Le propriétaire de l'hôtel soutient que la location a été faite verbalement pour telle période de durée.

Dans ce cas, d'après l'article 1715 du Code civil, la

preuve ne peut être reçue par témoins, quelque modique que soit le prix, le serment peut seulement être déféré à celui qui nie le bail.

Contestation sur le prix. — Mais si la contestation ne s'élève que sur le prix, quand l'exécution du bail a commencé, c'est à la bonne foi du propriétaire qu'il faudra s'en rapporter, à moins que le locataire ne préfère demander une estimation par experts; auquel cas, les frais de l'expertise restent à sa charge si l'estimation excède le prix qu'il a déclaré. (Art. 1716.)

Enfin, à propos de ces locations, Masson étudie la situation, au point de vue administratif et légal, de l'hôtelier et du client, quand ce dernier reste à l'hôtel pendant plusieurs années.

Installations à l'année.— « Il y a, dit-il, nombre d'individus qui, avec la possibilité d'avoir un appartement indépendant, préfèrent résider dans un hôtel et y restent effectivement des années. La partie du local qu'ils y occupent ainsi est-elle réputée distraite de l'exploitation de l'établissement ? »

Non! a répondu la Cour de cassation, le 24 décembre 1824. L'administration y exerce toujours la même surveillance, la responsabilité de l'hôtelier reste toujours aussi sérieuse, et les principes que nous avons étudiés ne cessent point d'être applicables.

Nous supposons, bien entendu, comme le fait Masson dans le paragraphe cité par nous, que le logement en question n'a pas été séparé matériellement de l'hôtel ; qu'il communique toujours avec les autres pièces de l'établissement, et que, si le voyageur a ses domestiques à lui, il emploie également les gens de la maison, comme le font les autres clients.

Divers incidents du séjour à l'hôtel. — Mais, quelles que soient la durée et l'importance de l'installation, le voyageur est toujours un hôte ; et l'hôtelier lui doit assistance dans les différentes occasions qui peuvent se présenter pendant son séjour.

Nous avons indiqué, tout d'abord, celles qui donnent les préoccupations les plus sérieuses et les plus fréquentes, comme les maladies et les décès. Mais il en est d'autres moins funèbres, par exemple, la naissance d'un nouveau client.

Naissances. — L'article 56 du Code civil s'exprime ainsi :

« La naissance de l'enfant sera déclarée par le père, ou, à défaut du père, par les docteurs en médecine ou en chirurgie, sages-femmes, officiers de santé ou autres personnes qui auront assisté à l'accouchement, et, lorsque la mère sera accouchée hors de son domicile, par la personne chez qui elle sera accouchée. »

La distinction entre l'accouchement au domicile de la femme et hors de son domicile ne s'applique pas à la déclaration du père. En quelque lieu que la femme accouche, si le mari est présent, c'est lui qui doit faire la déclaration. (Dalloz, *Actes de l'état civil*, 210.)

Déclaration par l'hôtelier. — Mais s'il est absent, et si la mère est accouchée hors de son domicile, l'obligation de déclarer la naissance pèse, avant tout, sur la personne chez laquelle elle est accouchée ; et les docteurs en médecine, officiers de santé et sages-femmes n'en sont, dans ce cas, tenus que subsidiairement. (Demolombe, livre Ier, titre II, n° 293.)

Certains auteurs prétendent que cette obligation pèse également sur toutes les personnes dont nous venons de parler ; mais, en fait, que l'hôtelier soit obligé avec ou avant les autres, il encourt toujours une nouvelle responsabilité.

Délais. — Car l'article 55 du Code civil dit en termes exprès : « Les déclarations de naissance seront faites, *dans les trois jours* de l'accouchement, à l'officier de l'état civil du lieu. »

Et comme sanction aux prescriptions ci-dessus, l'article 346 du Code pénal punit le défaut de déclaration, dans les délais fixés, d'un emprisonnement de six jours à six mois et d'une amende de 16 francs à 300 francs.

« L'acte de naissance sera rédigé de suite, en présence de deux témoins », ajoute l'article 56.

Mais quelle doit être cette rédaction ?

Énonciations de l'acte de naissance. — « L'acte de naissance énoncera le jour, l'heure et le lieu de la naissance, le sexe de l'enfant et les prénoms qui lui seront donnés, les prénoms, noms, profession et domicile des père et mère, et ceux des témoins. » (Art. 57.)

Ici, la responsabilité de l'hôtelier devient plus grave encore, et il importe de fixer nettement ce que la loi lui commande.

Que doit prouver l'acte de naissance ? Quelle est son utilité ?

Il doit prouver, d'abord et toujours, le fait absolu de la naissance et l'individualité de l'enfant.

Ainsi, l'hôtelier indiquera le jour, l'heure et le lieu de la naissance, le sexe de l'enfant et les prénoms qui lui sont donnés.

Enfants jumeaux. — L'heure exacte sera particulièrement précisée lorsqu'il y a deux jumeaux, car celui qui vient au monde le premier est l'aîné. Or, cela présente un grand intérêt, pour le service militaire, par exemple, ou l'ordre des successions.

Les plus minutieuses précautions sont donc recommandées. D'abord, chacun d'eux aura son acte de naissance spécial ; puis, afin d'éviter toute confusion, l'officier de l'état civil constatera avec soin le moment et l'ordre dans lequel ils sont nés, et l'indication des marques qu'ils auraient sur le corps ; il se gardera aussi de les inscrire sous les mêmes prénoms. (Dalloz, *Codes annotés*, art. 57, n' 19.)

Jusque-là, il suffit à l'hôtelier de fournir ces renseignements, et sa déclaration ne donne réellement lieu à aucune difficulté.

Mais l'article 57 ajoute : « Les prénoms, noms, profession et domicile des père et mère. ».

Est-ce toujours, et dans tous les cas, que ces noms devront être énoncés ?

Il faut distinguer :

Enfants légitimes. Enfants naturels. — Pour les enfants nés d'un légitime mariage, l'hôtelier devra toujours déclarer les noms des père et mère.

Pour les enfants adultérins et pour ceux qui sont nés de personnes entre lesquelles la parenté ou l'alliance interdit le mariage, les noms des père et mère ne doivent jamais être désignés, lors même qu'ils viendraient, en personne, avouer et reconnaître l'enfant. La loi s'y oppose formellement, dans l'intérêt de la société, et par respect pour l'honnêteté publique. De pareilles énonciations seraient nulles de tous points. Bien plus, l'hôtelier s'exposerait à de graves inconvénients, ainsi que nous le verrons plus loin.

L'indication même du seul nom de la mère serait sans utilité, puisque, dans ces circonstances, l'enfant ne peut jamais être légalement reconnu.

L'hôtelier le fera donc inscrire comme étant né de père et mère non désignés.

Déclarations à faire. — Pour les enfants naturels, les père et mère seront nommés, s'ils reconnaissent eux-mêmes l'enfant.

Mais s'ils ne le reconnaissent pas?

D'abord, et d'une façon absolue, l'hôtelier gardera le silence sur le père.

Quant à la mère, il ne la désignera que si elle l'y autorise.

Il y a des cas où, sans reconnaître l'enfant, elle voudra cependant réserver l'avenir et demandera ou consentira à être nommée dans l'acte de naissance. L'hôtelier, alors, muni de cette autorisation, déclarera le nom de la mère.

Mais autrement, il ne peut se faire juge de situations aussi dangereuses; et, la loi ne l'obligeant pas à indiquer les père et mère, en dehors du mariage ou d'un mandat spécial, il n'engagera pas imprudemment sa responsabilité.

Car : 1° l'article 346 du Code pénal n'impose que la

déclaration de la naissance, et non celle des parents, en dehors du mariage. Il se reporte, en effet, aux articles 55 et 56 du Code civil, et non à l'article 57.

Dangers à éviter. — 2° L'hôtelier et l'officier de l'état civil lui-même s'exposeraient à un procès en dommages-intérêts, s'ils avaient déclaré et inséré dans l'acte une énonciation qui ne devait pas y être reçue; si, par exemple, ils avaient qualifié un individu de fils naturel d'un homme qui ne l'aurait pas lui-même reconnu par acte authentique, et à plus forte raison s'ils lui avaient attribué une paternité adultérine. Car ces énonciations, bien qu'elles ne fissent aucune preuve contre les personnes dénommées, n'en porteraient pas moins atteinte à leur réputation. (Demolombe, art. 57.)

Responsabilité pénale. — Mais surtout, l'hôtelier devra se refuser, avec la dernière énergie, à toutes combinaisons, à tous projets de déclaration qui lui paraîtraient suspects.

Ce n'est plus seulement sa responsabilité civile qu'il engagerait alors, il se rendrait coupable de faux en écriture authentique et publique, et serait puni des travaux forcés. (Code pénal, art. 147.)

D'ailleurs, en dehors même de cette déclaration, tout individu qui aura enlevé, caché ou fait disparaître un enfant (sans le tuer, bien entendu), ou qui aura substitué un enfant à un autre, ou qui aura faussement attribué un enfant à une femme non accouchée, sera puni de la reclusion. (Art. 345.)

Et la complicité dans de pareils actes entraîne le même châtiment. (Art. 59.)

Ainsi donc la moindre faiblesse aurait pour résultat la Cour d'assises et une peine infamante.

Enfant mort-né. — Tout ce que nous avons dit sur la déclaration de naissance s'applique même au cas où l'enfant est mort-né, ou bien encore au cas où il a vécu quelque temps, mais est mort avant d'avoir été présenté, dans les trois jours, à l'officier de l'état civil.

Ce dernier rédigera alors l'acte prescrit par le décret du 3 juillet 1806, sur les indications dont nous venons de nous occuper.

Présentation à l'officier de l'état civil. — L'article 55 parle de la présentation de l'enfant à l'officier de l'état civil ; mais, en vue de faciliter, dans l'intérêt des nouveau-nés, la présentation sans déplacement, les maires peuvent prendre des arrêtés pour faire opérer, sans frais, la constatation des naissances à domicile par un médecin délégué.

La personne à qui la loi prescrit de faire la déclaration doit venir ou envoyer à la mairie pour déposer une demande signée par elle, ou en faire rédiger une par l'employé de service et la signer, à l'effet d'obtenir cette constatation à domicile.

Témoins. — Mais la déclaration de naissance à la mairie reste toujours obligatoire, et elle doit être faite en présence de deux témoins.

Les témoins qui figurent dans un acte de naissance seront Français, majeurs, domiciliés dans la commune, non privés de leurs droits civils. Ils attestent la rédaction de l'acte en leur présence, la présentation et l'existence de l'enfant, l'identité du déclarant, et rien de plus.

Toutes ces formalités seront accomplies sans difficultés par l'hôtelier honnête, surtout la mère étant là pour lui fournir des renseignements et veiller sur le nouveau-né.

Décès de la mère. — Mais supposons la mère mourant en couche.

Si elle est mariée et si le mari est présent, c'est lui qui fera les déclarations, avec l'hôtelier, et qui s'occupera de l'enfant.

Devoirs de l'hôtelier. — Si le mari est absent, et si l'hôtelier connaît son domicile, celui-ci l'avertira aussitôt, fera donner à l'enfant les premiers soins, et pourra attendre l'arrivée du père, à la condition qu'elle ait lieu avant le délai fixé pour la déclaration du décès; car si, dans l'accomplissement de ces formalités, la présence du mari est une garantie pour le propriétaire de l'hôtel, c'est à ce dernier, cependant, que la loi impose cette déclaration, puisque la femme est morte chez lui.

Si le domicile du mari est trop éloigné, ou si la femme n'est pas mariée, l'hôtelier aura seul la responsabilité de ce qui devra être fait légalement. Nous le lui avons indiqué pour le décès de la femme; pour l'enfant, il agira selon les ressources et les instructions laissées.

S'il n'a reçu aucune recommandation, mais si la défunte avait quelque argent, ou si l'hôtelier connaît sa famille, il s'entendra avec le juge de paix et le commissaire de police pour faire donner à l'enfant des soins en rapport avec la situation pécuniaire et sociale de la mère ou de ses parents.

Si celle-ci, mariée ou non, est étrangère, il faudra prévenir le consulat ou l'ambassade.

Enfant complètement abandonné. — Enfin,

s'il n'y a ni instructions, ni ressources, ni renseignements sur la famille, l'hôtelier remettra l'enfant au commissaire de police, qui lui fera donner immédiatement une nourrice et commencera aussitôt une enquête.

Dans les communes qui n'ont pas de commissaires de police, l'enfant sera remis au maire. Celui-ci, alors, agit comme officier de police, et non comme officier de l'état civil, car ce n'est pas là un enfant trouvé, dans l'expression juridique de ce mot, et les dispositions de l'article 58 ne sont point applicables.

Il est bien entendu que, dans tous ces cas, l'hôtelier devra toujours déclarer la naissance; et même, en l'absence des parents, il fera baptiser l'enfant, surtout si celui-ci est en danger de mort. C'est d'abord un devoir de chrétien; puis, comme nous le disions pour les décès, l'hôtelier évitera ainsi tous reproches de la famille et répondra, sur ce point, à la question qui lui sera officiellement adressée au commissariat; car il importe au fonctionnement régulier de la société de savoir à quelle parenté et à quelle religion appartient tel ou tel citoyen. Rappelons même, à ce sujet, que la cérémonie entièrement gratuite du baptême peut précéder la déclaration de naissance. (Dalloz, *Jurisprudence générale. Actes de l'état civil,* 241.)

Autres incidents. Émeutes. Arrestations. Complots. — Il est d'autres incidents plus fréquents, surtout dans les temps d'émeutes ou de troubles politiques.

Un voyageur est arrêté. Il se réclame de son hôtelier.

Si celui-ci le connaît bien, il fournira tous les renseignements et toutes les garanties pour éviter à son hôte des ennuis sérieux.

S'il le connaît peu ou point, nous conseillons à l'hôtelier une extrême réserve. Il fournira un extrait de son livre de police, et rien de plus.

Le voyageur étranger préviendra l'ambassade ou le consulat de sa nation. L'hôtelier pourra faire ces démarches, quand il s'agira d'un véritable client, mais rien ne l'y oblige.

De même rien ne l'oblige à manifester telle ou telle opinion par des illuminations ou des drapeaux.

L'hôtelier ne donnera point asile à des individus ou à des sociétés pouvant troubler la paix publique ou porter violemment atteinte à la sûreté de l'État par pillages, guerre civile, incendies.

Il n'oubliera point que l'article 99 du Code pénal inflige les travaux forcés à temps à ceux qui, connaissant le but et le caractère de ces troupes armées, leur auront, sans y être forcés, procuré des logements, lieux de retraite ou de réunion.

Sans dramatiser les choses, l'article 294 du même Code punit d'une amende de 16 francs à 200 francs tout individu qui, sans la permission de l'autorité municipale, aura accordé ou consenti l'usage de sa maison ou de son appartement en tout ou en partie, pour la réunion d'une association même autorisée.

Mais souhaitons pour tout le monde un séjour plus tranquille et occupons-nous maintenant du départ.

CHAPITRE VI

Départ. Avis à donner. — Le voyageur doit
annoncer son départ.

Nous avons vu, dans le précédent chapitre, que s'il n'a
pas prévenu avant midi, le prix de la journée peut lui être
réclamé pour la location de la chambre.

Mais si ce prix a été convenu à tant par jour, nourriture
comprise, pourra-t-il être exigé, lors même que le voyageur n'aurait pas pris de repas le soir?

Cela semble rigoureux tout d'abord. Cependant, en
n'avertissant pas l'hôtelier que l'appartement sera libre, le
client l'a empêché, dans certains cas, de recevoir d'autres
voyageurs qui auraient dîné à table d'hôte. Il lui a ainsi
causé un préjudice.

Nous engageons toutefois le propriétaire de l'hôtel à
n'user de son droit qu'avec une grande réserve, suivant
les circonstances, et seulement s'il a souffert un réel dommage. La bonne réputation de sa maison compensera largement cette déception ou cet ennui.

Note à présenter. — Si, au contraire, la veille, le client, devant prendre le premier train du matin, demande sa note, l'hôtelier la lui fera remettre immédiatement.

Il évitera ainsi les discussions de la dernière heure, qui laissent toujours le voyageur sous une mauvaise impression et lui font supposer que cette présentation de la note, au moment même du départ, était calculée pour empêcher une vérification sérieuse.

De plus, en cas de difficultés sur le payement, l'hôtelier aura tout le temps de prévenir qu'il retient les bagages, sans que l'exercice irréfléchi ou trop brusque de ce droit l'expose à des dommages-intérêts.

Bagages descendus en attendant la voiture. — Mais la note est soldée. L'heure approche. Les domestiques descendent les bagages ; on attend la voiture.

Ici encore les plus minutieuses précautions seront prises. Car, ne l'oublions point, tant que les effets du voyageur n'ont pas quitté l'établissement, l'hôtelier en est responsable, aux termes des articles 1952 et suivants du Code civil.

Ainsi donc, toute méprise entre les objets appartenant à différents clients, toute détérioration, tout vol dans la cour ou sous la porte, au moment du chargement, entraînent cette responsabilité redoutable à laquelle nous avons consacré une étude particulière.

Transport à la gare ou au bateau. — Quant au transport des colis à la gare ou au bateau, nous ne pouvons que rappeler ce qui a été dit au chapitre IV du livre II de cet ouvrage.

Si le transport est effectué par un garçon de l'hôtel, c'est l'article 1384 seulement qui est applicable : « Les maîtres sont responsables du dommage causé par leurs domestiques et préposés dans les fonctions auxquelles ils les ont employés. » C'est le droit commun.

Comme nous l'avons indiqué, la faute commise par le domestique, le chiffre de la réclamation devront être établis et justifiés par le demandeur selon les prescriptions ordinaires de la loi.

Omnibus de l'hôtel. — Si le transport est effectué par l'omnibus de l'hôtel, c'est l'article 1782 qui est applicable, et nous avons vu qu'il entraîne la même responsabilité que l'article 1952, c'est-à-dire, preuve par témoins, serment, appréciation du tribunal sur l'existence et la valeur des effets.

Autres voitures. — Pour toutes les autres voitures, c'est celui qui encaisse le prix des places qui est responsable.

Donc, une fois les malles chargées, l'hôtelier est tranquille ; ce n'est plus à lui désormais qu'il faudra s'adresser.

A moins toutefois que des effets ne soient oubliés ou laissés volontairement chez lui ; ce qui donne lieu à des difficultés nouvelles.

Étudions-les.

Objets laissés volontairement à l'hôtel. — Lorsque des objets sont laissés volontairement à l'aubergiste, après le départ du voyageur, ce fait ne constitue pas un dépôt nécessaire, mais un dépôt volontaire. (Cassation, 10 février 1832.)

Ainsi les mêmes effets qui, pendant le séjour du client,

imposaient à l'aubergiste une surveillance si exceptionnelle, ne lui imposent plus que celle apportée par lui aux
objets qui sont sa propriété. On sera seulement plus exigeant, s'il a stipulé un salaire, ou s'il s'est offert spontané-
ment pour la garde et la conservation de ces effets.

C'est là, d'ailleurs, le texte des articles 1927 et 1928 du
Code civil.

A côté de cette règle générale, il est des dispositions
plus spéciales à notre sujet.

**Obligations de l'hôtelier dans ce cas
envers le voyageur.** — Ainsi l'hôtelier ne peut se
servir ni des effets, ni des chevaux volontairement laissés
par le voyageur, sans sa permission expresse ou présumée.
(Art. 1930.)

Il ne doit point chercher à connaître ce qui lui a été
confié dans un coffre fermé ou sous une enveloppe cache-
tée. (Art. 1931.)

Il doit rendre identiquement ce qu'il a reçu. Ainsi le dépôt
des sommes monnayées doit être rendu dans les mêmes
espèces qu'il a été fait, soit dans le cas d'augmentation,
soit dans le cas de diminution de leur valeur. (Art. 1932.)

Les détériorations qui ne sont pas survenues par le fait
du dépositaire sont à la charge du déposant. (Art. 1933.)

Si le voyageur, après avoir laissé volontairement des
effets ou marchandises, veut les faire reprendre ou expé-
dier à tel endroit, il devra donner à l'hôtelier des instructions formelles, ou lui envoyer un mandataire muni de
pouvoirs nettement précisés, car le dépositaire ne doit
restituer le dépôt qu'à celui qui le lui a confié, ou à celui
qui a été indiqué pour le recevoir. (Art. 1937.)

14.

Envers ses héritiers. — Si le voyageur vient à mourir après son départ de l'hôtel, le dépôt ne peut être rendu qu'à son héritier.

S'il y a plusieurs héritiers, il doit être rendu à chacun d'eux pour leur part et portion.

Tels sont les termes de l'article 1939 du Code civil. Mais l'hôtelier ne peut se faire juge de la question de savoir si l'individu qui se présente est bien l'héritier, ou si d'autres n'ont pas qualité, comme lui, pour réclamer les effets laissés à l'hôtel.

La Cour de cassation a résolu la difficulté en ces termes, par son arrêt du 11 juillet 1860 :

« Le dépositaire qui, de bonne foi, a des doutes sur le droit de ceux qui se présentent comme héritiers du déposant pour retirer le dépôt, peut se refuser de le leur rendre jusqu'à ce qu'il y soit autorisé par justice; et, en ce cas, le retard dans la restitution ne saurait donner lieu à des dommages-intérêts contre le dépositaire. »

De même, si le dépôt est indivisible, comme un bijou, un tableau, les héritiers doivent s'accorder entre eux pour le recevoir (art. 1939); mais l'hôtelier agira toujours prudemment en mettant sa responsabilité à l'abri d'une autorisation judiciaire, pour peu qu'il ait la moindre inquiétude sur le droit des réclamants, soit à la suite d'un décès, soit après un mariage, une nomination de tuteur, une interdiction, un conseil judiciaire (1940 et suivants). Il devra exiger des justifications légales et les soumettre, selon les cas, à son avoué ou au Tribunal, ou au juge de paix.

De son côté, la personne qui a fait le dépôt est tenue

de rembourser au dépositaire les dépenses qu'il a faites pour la conservation de ce dépôt, et de l'indemniser de tout préjudice. (Art. 1947.)

Objets laissés après un vol. — Supposons maintenant qu'un voyageur part en laissant ses effets à l'hôtelier. Celui-ci apprend que ces objets ont été volés et que son client était un malfaiteur.

Si la justice a commencé une instruction, ou si le véritable propriétaire est inconnu, l'hôtelier préviendra le commissaire de poliee, afin de dégager sa responsabilité et d'être autorisé à placer les objets litigieux ailleurs que chez lui.

Si l'hôtelier connaît le véritable propriétaire, il doit lui dénoncer le dépôt; et si le déposant, même poursuivi, s'oppose à cette restitution, si, par exemple, il nie le vol, l'hôtelier doit appeler en cause celui à qui les objets appartiennent, et faire déclarer par le juge à quelle personne ils doivent être rendus.

Autrement, il encourrait des dommages-intérêts, dans le cas où le vol ne serait pas établi.

Aussi l'hôtelier ne peut-il jamais être tenu de remettre le dépôt, en l'absence du déposant.

Si la garde des effets est onéreuse ou peut engager sa responsabilité, l'hôtelier s'adressera à la justice pour faire nommer un gardien auquel il les remettra, ou, s'il s'agit d'une somme d'argent, il la versera lui-même à la Caisse des dépôts et consignations à Paris, en province à la Recette particulière.

Tel est le résumé de la jurisprudence, que nous avons emprunté à Dalloz sur le sujet qui nous occupe.

Effets oubliés. — Mais le plus fréquemment la question portera sur les effets oubliés par le voyageur.

Quels sont alors les droits et les devoirs de l'hôtelier?

D'abord, et toujours pour éviter les difficultés, nous ne saurions trop recommander de faire l'inspection soigneuse de l'appartement, après que le voyageur l'a quitté et avant qu'il soit parti de la maison.

Supposons cependant que cette précaution n'ait pas été prise, ou que des effets soient restés dans une armoire ou dans une autre salle de l'hôtel.

Si l'hôtelier connaît le voyageur et son domicile, il doit lui adresser ces objets en laissant à sa charge les frais de cette expédition.

Propriétaire ou domicile inconnu. — Mais si l'hôtelier ne sait ni où, ni comment renvoyer les effets, il faut distinguer suivant leur espèce.

S'il s'agit d'un animal dont la garde est coûteuse, l'aubergiste s'adressera à la justice et obtiendra la nomination d'un gardien ou l'autorisation de vendre, sauf à consigner le prix, en attendant la réclamation du propriétaire, dont le droit n'est prescrit qu'après trois ans. (Art. 2279 du Code civil.)

S'il s'agit d'un objet inanimé, l'arrêté du 19 frimaire an XIII fixe encore aujourd'hui la conduite de l'hôtelier. Cet arrêté s'exprime ainsi :

« Tout effet trouvé doit être rendu de suite à son propriétaire, s'il est connu. S'il n'est pas connu, l'effet doit être porté dans les vingt-quatre heures chez l'officier de police le plus voisin, qui en reçoit la déclaration et la transmet, avec l'objet trouvé, au préfet de police. »

C'est donc, à Paris comme en province, à l'officier de police le plus voisin, commissaire ou maire, que l'effet sera remis. Telle est la loi.

Voici comment elle est pratiquée à Paris :

Dépôt à la préfecture, droits qui en résultent. — Les dépôts sont centralisés à la préfecture, dans un bureau spécial.

Combien de temps y restent-ils? Nous avons vu que l'article 2279 conserve pendant trois ans le droit du propriétaire de l'objet oublié ou perdu.

Mais, dit Brayer dans son *Dictionnaire général de police,* « si l'on avait attendu l'expiration du délai de trois ans pour restituer les dépôts non réclamés par les propriétaires, il eût été à craindre que la longueur du terme n'éloignât les déposants. Aussi la préfecture a adopté l'usage d'en opérer la remise au bout d'un an, quand toutes les recherches ont été jusque-là infructueuses, à la charge par les réclamants de les conserver pendant les deux autres années durant lesquelles la revendication est admise.

« La remise, à cette condition, n'est toutefois autorisée au bout d'un an, que si le réclamant paraît présenter des garanties de solvabilité et de moralité suffisantes. Dans le cas contraire, la remise est ajournée à l'expiration des trois années pendant lesquelles la revendication peut utilement s'exercer.

« Quant aux formalités exigées des personnes qui ont trouvé l'objet, et des propriétaires, pour la remise des effets, la préfecture ne demande aux déposants que de justifier de leur individualité, et aux autres de prouver leur propriété. »

Propriétaire incertain, série de voyageurs. — L'hôtelier devra suivre également ces prescriptions, lorsque la succession rapide de voyageurs dans le logement ne lui permet pas de savoir, d'une façon précise, à quel client appartiennent les objets oubliés.

Jamais, en aucun cas, l'hôtelier ne doit s'emparer de l'objet oublié, sans avoir rempli les formalités dont nous avons parlé.

Car la Cour de cassation, dans un arrêt du 28 octobre 1813, a déclaré que l'article 386 du Code pénal était applicable, alors même que l'objet que l'aubergiste s'est approprié aurait été oublié, dans la maison, par un voyageur.

Or l'article 386 dit formellement : « Sera puni de la peine de la reclusion tout individu coupable de vol commis dans l'un des cas ci-après : Si le vol a été commis par un aubergiste, un hôtelier, un voiturier, un batelier, ou un de leurs préposés, lorsqu'ils auront volé tout ou partie des choses qui leur étaient confiées à ce titre. »

Cette aggravation de châtiment atteint donc la personne qui a gardé les effets oubliés, maître ou domestiques.

Objets trouvés par les domestiques. — Ceux-ci, par compensation, et après dépôt au commissariat, acquièrent-ils un droit personnel à la propriété des effets ainsi trouvés, quand, dans les trois ans, ils n'ont pas été réclamés?

Ainsi, par exemple, après le départ du client, le garçon, en faisant la chambre, ou en rangeant le secrétaire ou l'armoire, trouve un bijou, un diamant, un rouleau d'or. Il en prévient le propriétaire de l'hôtel. Qui devra faire le dépôt et la déclaration au commissariat? Et à qui, par conséquent, l'objet sera-t-il remis après une année ou au bout de trois ans?

Le Code, à cet égard, ne nous donne aucune réponse décisive.

Car l'article 717 annonce bien les lois particulières qui fixeront le droit de propriété sur ces effets, mais ces lois n'ont jamais été faites.

Il nous faut donc chercher la solution dans les principes mêmes que nous avons étudiés au cours de ce volume.

Or, pour le voyageur, l'hôtelier seul est responsable.

Et, par conséquent, il nous semble juste que cette responsabilité ait, après trois ans, pour corollaire, la mise en possession des objets oubliés.

En tout cas, le domestique ne peut, directement et sans prévenir le maître, faire au commissariat le dépôt de ce qu'il a trouvé; car, au lieu d'accomplir un acte de probité, il empêcherait ainsi les recherches, puisque l'hôtelier, auquel on s'adresserait toujours, répondrait naturellement qu'il ne sait rien.

D'autre part, cependant, il faut bien compter avec la faiblesse de la nature humaine et avec les fréquents déplacements des employés. Si ces derniers n'ont plus aucun intérêt dans la découverte et le dépôt d'un bijou, d'une somme d'argent; s'ils n'ont pas l'espoir honorable d'un bénéfice au bout d'un certain temps ou d'une gratification immédiate, il est à craindre qu'ils ne gardent pour eux leur trouvaille, sans en rien dire à personne.

L'hôtelier prudent fera donc lui-même la visite de l'appartement laissé vacant. Si cela est impossible, le personnel aura été averti que tout objet trouvé doit être déposé au bureau de l'hôtel, et que ce dépôt donne lieu, selon les cas, à une gratification immédiate ou à un droit de propriété après les délais légaux.

Les quelques sacrifices que l'hôtelier fera à cet égard pourront d'abord être remboursés par le client, et seront, quoi qu'il advienne, largement compensés par la bonne réputation de l'établissement.

L'objet oublié conserve-t-il le caractère de dépôt nécessaire? — Jusqu'à ce qu'il ait été porté chez l'officier de police, ou confié à un gardien désigné par la justice, l'objet oublié conserve-t-il le caractère de dépôt nécessaire, qu'il avait au moment où son propriétaire est arrivé dans la maison?

Oui, dit Merlin, « il en est du contrat de dépôt nécessaire entre l'hôte et l'hôtelier, comme de tout autre contrat : il ne peut cesser que par des moyens légaux, et ces moyens ne peuvent être que la novation ou le retrait des effets qui ont été l'objet du dépôt nécessaire. Or, point de novation sans volonté réciproque, et il n'y a point de volonté là où il y a simplement oubli. Le contrat n'aurait pu cesser que par le retrait de tous les effets apportés. »

Ainsi la même surveillance doit être exercée que pendant le séjour du voyageur.

Des lettres peuvent arriver après le départ de celui-ci.

Lettres à faire suivre. — S'il a laissé à l'hôtelier son adresse ou des instructions pour faire suivre ses lettres, ce dernier doit exécuter ce qui lui a été prescrit, autrement il s'exposerait à des dommages-intérêts, car il a tacitement accepté un mandat.

A la rigueur, il peut éviter toute responsabilité en indiquant au client d'avoir à s'entendre directement avec la poste.

Mais si rien n'a été convenu, et qu'une ou plusieurs lettres arrivent quand le voyageur est parti, l'hôtelier devra donner au facteur l'adresse qu'il connaît, et l'administration fera parvenir le courrier. Si l'adresse est inconnue, la lettre sera refusée purement et simplement, et la poste renverra à l'expéditeur. L'hôtelier n'encourra aucun reproche; c'était à son client à lui dire ce qu'il avait à faire.

Réceptions, bals et dîners. — Le voyageur, avant de quitter la ville, ou un habitant non logé à l'hôtel, ou encore une société, veulent profiter des vastes salons de la maison pour y donner une réception, un bal, un dîner.

Rappelons, tout d'abord, que les bals publics sont assujettis à la surveillance et à l'inspection de l'autorité municipale, qui, par un arrêté, peut fixer l'heure de fermeture ou refuser l'autorisation.

Or, est considéré comme bal public le bal donné par souscription, dans une salle publique, où sont admis tous ceux qui se présentent en payant une cotisation. (Arrêt de cassation, 6 juillet 1867.)

Mais dès que le public n'est pas admis en payant ou en présentant un billet délivré moyennant une somme d'argent, les arrêtés préfectoraux et municipaux ne sont plus applicables; la réunion est une réunion privée, alors même qu'elle a lieu dans un hôtel. (Cassation, 3 août 1867.)

Or, la loi du 30 juin 1881 n'a imposé aucune formalité pour les réunions privées.

Réunions publiques. — Les réunions publiques, au contraire, doivent être précédées d'une déclaration indiquant leur but et leur caractère, et signée par deux personnes domiciliées dans la commune. Cette déclaration est remise, contre récépissé, à Paris au préfet de police; en province au préfet, au sous-préfet ou au maire.

La réunion ne peut avoir lieu que vingt-quatre heures après la délivrance de ce récépissé, ou deux heures après, pendant la période électorale.

Si cette déclaration n'a pas été faite, ceux qui ont prêté ou loué le local peuvent être punis d'une amende de 100 francs à 3,000 francs.

Enfin, n'oublions pas l'article 294 du Code pénal, cité plus haut et punissant d'une amende de 16 francs à 200 francs tout individu qui aura, sans la permission de l'autorité municipale, accordé ou consenti l'usage de sa maison pour la réunion d'une association même autorisée.

Et, comme l'hôtelier ne peut se faire juge du caractère de l'association, il demandera prudemment cette permission dès qu'il aura quelque doute.

Réunions privées. — Mais s'il ne s'agit que d'une réception essentiellement privée, réunion de famille, repas de noce, dîner ou soirée avec invitations personnelles, aucune formalité n'est requise.

Nous supposons, bien entendu, que la réception a lieu dans l'hôtel même, et que pour l'hôtel aucune heure de fermeture n'a été fixée par l'autorité.

S'il en était autrement, ou si la réunion, même privée, avait pour local le café, ou le restaurant, ou une autre salle dépendant de l'hôtel, mais qui, d'après les arrêtés de police, doit être fermée à telle heure, une autorisation serait nécessaire pour dépasser ce délai, même en fermant portes et fenêtres.

Tapage nocturne. — Dans tous les cas, d'ailleurs, l'hôtelier doit veiller au bon ordre et empêcher le tapage qui pourrait troubler la tranquillité publique.

En effet, l'article 479 du *Code pénal*, § 8, punit d'une amende de 11 à 15 francs inclusivement les auteurs ou complices de bruits ou de tapages injurieux ou nocturnes troublant la tranquillité des habitants.

Et serait considéré comme complice l'hôtelier qui laisserait les personnes ainsi reçues porter cette atteinte à l'ordre public dans l'intérieur de sa maison ou dans les dépendances de celle-ci. (Cassation, 8 novembre 1855, *Bulletin criminel*, 24 décembre 1858.)

Responsabilité quant aux effets apportés dans ces réunions. — Quand le propriétaire d'un hôtel loue ses salons pour un dîner, un bal, une soirée, il n'agit plus comme hôtelier, mais comme traiteur, restaurateur, entrepreneur de bals ou de concerts. Il en sera de même à l'égard des personnes autres que les voyageurs, si un café, un restaurant, une salle de billard dépendant de l'hôtel a ses portes ouvertes au public étranger à l'établissement.

Dans ces circonstances, quelle est la responsabilité du propriétaire de l'hôtel sur les effets apportés dans ces pièces par des clients non logés chez lui?

L'article 1952 est-il applicable?

Oui, ont répondu certains auteurs; mais nous combattons absolument cette opinion, et, nous rangeant à l'avis de Marcadé, nous déclarons avec lui qu'il nous semble impossible d'appliquer cet article, qui aggrave si sensiblement les conditions ordinaires de la responsabilité, à des cas qu'il n'a pas expressément prévus.

Il est bien entendu que le voyageur descendu à l'hôtel pourra toujours l'invoquer, alors même qu'il assisterait, comme invité, au repas ou à la soirée donnée dans ce local spécial, parce que ce local fait toujours partie de la maison, et que la surveillance et la responsabilité doivent protéger là comme ailleurs l'individu logé à l'établissement.

Mais les autres personnes ne sauraient, à aucun titre, se prévaloir d'une aussi rigoureuse exception.

Il n'y a point ici de dépôt nécessaire, et il n'y a point de motif pour y assimiler l'apport accidentel et sans nécessité, légalement parlant, de quelques pardessus ou de quelques chapeaux. Si un portefeuille ou un bijou sont égarés ou volés, le droit commun est suffisant pour sauvegarder ces intérêts.

Le voyageur est parti. Étudions maintenant le départ de l'hôtelier.

LIVRE IV

CESSATION DE COMMERCE.

CHAPITRE PREMIER

FORMALITÉS ADMINISTRATIVES. — VENTE DU FONDS DE COM-
MERCE. — OBLIGATIONS DU VENDEUR. — DÉLIVRANCE ET
GARANTIE. — LIVRES DE COMMERCE. — CORRESPONDANCE.
— DROIT AU BAIL. — DÉFAUT DE PAYEMENT. — DROIT
DE SE RÉTABLIR. — RÈGLE GÉNÉRALE.

Formalités administratives. — L'article 26
de l'ordonnance rendue par le préfet de police, le 25 octobre 1883, s'exprime en ces termes :

« Lorsque le logeur cessera d'exercer sa profession, il
devra immédiatement déposer au commissaire de police
de son quartier ou de sa circonscription le récépissé de
sa déclaration et le registre mentionné à l'article 9 ci-
dessus. »

C'est-à-dire le registre pour l'inscription des voyageurs,
et le reçu qui lui a été délivré lorsqu'il a déclaré à la préfecture son intention d'exploiter un hôtel meublé.

En effet, cette déclaration est essentiellement personnelle et doit être renouvelée toutes les fois que le garni sera tenu par un nouvel exploitant. (Article 6 de la même ordonnance.)

Car il importe également à la police de savoir quel hôtel est ouvert et qui est l'hôtelier, puisque c'est contre lui que seront poursuivis les délits, quasi-délits, contraventions, et que c'est lui qui supportera les responsabilités encourues dans l'exercice de sa profession.

La cessation de commerce peut avoir quatre causes principales :

Le retrait de l'autorisation préfectorale ;

La vente de l'établissement ;

La faillite de l'hôtelier ;

Son décès.

Retrait d'autorisation. — La première de ces causes est contenue dans l'article 25 de l'ordonnance précitée :

« Le récépissé, dont il est question à l'article 4 ci-dessus, pourra être retiré en cas de non-exécution des prescriptions de la présente ordonnance. »

Or, article 4 : « Le logeur ne pourra recevoir des locataires qu'à partir du jour où il lui aura été délivré par la préfecture de police un récépissé de sa déclaration. »

Donc, le retrait de cette pièce entraîne la cessation, au moins momentanée, de cette industrie.

Vente de l'établissement. — La deuxième cause est la vente du fonds de commerce.

Pour cette vente, nous réitérons l'avis bien formel que nous avons donné pour l'acquisition : s'adresser à un notaire. Les frais d'un acte authentique seront largement compensés par la sécurité absolue qu'il procure, et le vendeur a besoin de mettre sa responsabilité à l'abri, car la loi lui impose diverses obligations que nous allons étudier successivement.

Obligations du vendeur. — Tout d'abord, à l'appui de notre dire, nous trouvons l'article 1602 du Code civil, qui s'exprime ainsi :

« Le vendeur est tenu d'expliquer clairement ce à quoi il s'oblige », c'est-à-dire de préciser ce qu'il vend, à quel prix et à quelles conditions, et cela de façon à éviter toutes difficultés d'interprétation.

Rédaction de l'acte. — Il ne saurait donc, sans une grave imprudence, laisser la confection de ce traité à un homme d'affaires plus ou moins expérimenté ; d'autant plus que ce même article 1602 dispose que toute clause obscure ou ambiguë *s'interprète contre le vendeur*.

Ce dernier supporterait donc seul la conséquence de son mauvais choix ; car, en cas de préjudice, il se trouvera, le plus souvent, en présence d'un insolvable.

Tandis que si, par impossible, ce préjudice avait pour cause la rédaction défectueuse d'un acte notarié, la responsabilité du notaire se trouverait engagée, et sa fortune personnelle comme son cautionnement rembourserait tout dommage.

La volonté du vendeur étant clairement expliquée, il a encore deux obligations principales :

Il doit mettre le fonds de commerce en la possession de l'acheteur.

Il doit garantir ce dernier contre tous troubles et évictions.

Livraison. — Le fonds de commerce doit être livré en l'état où il se trouvait au jour de la vente, dans le lieu même où il s'exploite, et dans le délai fixé par la convention.

En cas de retard imputable au vendeur, l'acquéreur pourra, à son choix, demander la résolution de la vente, ou sa mise en possession (art. 1610), et s'il a subi un préjudice, le vendeur doit être condamné à des dommages-intérêts.

L'exactitude est donc rigoureusement exigée, à moins de circonstances tout à fait exceptionnelles.

La livraison doit comprendre tous les accessoires, tous les éléments du fonds vendu.

Nous avons étudié, au livre Ier de cet ouvrage, la transmission de l'achalandage, des marchandises, de l'enseigne, du nom; mais d'autres questions vont trouver place ici.

Livres de commerce. — Que décider, par exemple, à l'égard des livres de commerce?

Sont-ils compris dans la vente?

Non! dit un arrêt de la Cour de Paris rendu le 10 décembre 1864. Ces livres peuvent être utiles au vendeur pour opérer sa liquidation; il suffit qu'il les mette à la disposition de l'acquéreur et lui fournisse tous les renseignements nécessaires; mais il n'est pas tenu de les livrer avec le fonds, s'il n'a point pris un engagement formel à cet égard.

Nous pensons, au contraire, qu'en l'absence d'engagement ou de clause spéciale, la remise des registres doit être effectuée, car ils sont un accessoire de la vente. Et nous disons avec Dalloz : « C'est au vendeur à faire des réserves, dans le traité, s'il a besoin encore de ces registres, à charge par lui de s'engager à ne pas abuser des renseignements qu'ils renferment, au préjudice de l'acheteur qui lui paye loyalement le prix stipulé. »

Correspondance. — Autre question : A qui doit être remise la correspondance ?

En fait, le plus souvent, quel est le véritable destinataire ? C'est le fonds lui-même.

Par conséquent, l'acquéreur, autorisé à se dire seul successeur du vendeur, a seul le droit d'ouvrir les lettres portant la dénomination commerciale sous laquelle le fonds de commerce est connu de la clientèle.

Ainsi l'a décidé la Cour de Paris dans un arrêt du 20 novembre 1883.

Les tribunaux ont, d'ailleurs, en pareille matière, un pouvoir souverain d'appréciation.

Cependant la Cour suprême, le 10 avril 1866 (Sirey, 66, 1re partie, page 251), a maintenu la doctrine suivante, que nous appliquons à notre sujet :

C'est à l'acquéreur d'un hôtel, connu sous le nom du vendeur, que devront être remises les lettres dont l'adresse porte, à la fois, le nom du précédent propriétaire, l'indication de sa profession et la rue où l'hôtel est situé.

Dans le cas où des lettres ainsi adressées parviendraient par erreur à ce précédent propriétaire, celui-ci est tenu de les remettre immédiatement à son successeur sans les décacheter.

Enfin un arrêt de la Cour de Lyon, en date du 18 décembre 1867, fait cette distinction :

Les lettres adressées au vendeur, sous son ancien nom commercial, doivent être remises à l'acquéreur de la maison de commerce, et celles à lui adressées en son nom particulier doivent lui être remises à lui-même.

Il faut tenir compte également, dans ces appréciations, de l'époque à laquelle remonte la vente.

Pour les premiers temps, en effet, il est rationnel de supposer que la clientèle continue à écrire à l'ancien établissement, et que le défaut d'indication plus précise prouve simplement que le client ignore la transmission de l'ancienne maison et la fondation d'une nouvelle. (*Traité des fonds de commerce*, Lèbre, page 76.)

Mais lorsqu'il y a longtemps que l'hôtel a été vendu, il faut apprécier selon les cas énoncés plus haut.

Droit au bail. — Nous avons déjà traité la question du droit au bail, au point de vue de l'acheteur. Rappelons que la cession du droit au bail est l'accessoire obligé de la vente du fonds; que le fait d'avoir passé deux actes distincts ne saurait briser la solidarité des deux stipulations dont la réunion peut seule compléter la convention. (Cour de Limoges, 6 décembre 1868. — Sirey, 72. I. 292.)

Mais la vente du fonds ne comprend pas le droit à un renouvellement ou à une prolongation de bail.

Cependant, dit M. Lèbre, si le vendeur s'engage, comme cela se pratique assez souvent, à obtenir une prolongation de bail aux mêmes conditions, quelle est la nature de cet engagement?

Il y a là une convention spéciale, indépendante de la vente du fonds, contenant, de la part du vendeur, l'obligation personnelle d'obtenir cette prolongation ou de payer des dommages-intérêts, s'il n'arrive pas à ce résultat.

Ainsi le Tribunal de commerce de la Seine a, dans son jugement du 24 octobre 1882, déclaré que le vendeur d'un fonds de commerce qui, dans l'acte de vente, a promis à l'acquéreur que le propriétaire de la maison où s'exploite le fonds lui consentirait une prolongation de bail, aux mêmes conditions que celui qui était en cours au moment de la vente, est tenu de procurer à son acheteur une prolongation de bail, sous peine de dommages-intérêts.

Dans certains cas, cet engagement peut être considéré comme une condition sans l'accomplissement de laquelle la vente n'existera pas, par exemple lorsque la valeur du fonds dépend du local où il est installé. Alors, si le propriétaire de l'immeuble se refuse à consentir la prolongation de bail promise par le vendeur à l'acheteur, les tribunaux déclareront la convention annulée dès l'origine.

Le vendeur sera donc très prudent dans les engagements qu'il prendra de la sorte, et se rendra un compte très exact de ce qu'il est tenu de délivrer à l'acquéreur.

Défaut de payement. — Toute obligation cesse cependant, si ce dernier ne paye pas le prix, quand aucun délai ne lui a été accordé.

Le vendeur alors garde sa propriété.

Il doit en opérer livraison, au cas contraire où il aurait accordé terme et délai, et alors même qu'il aurait des craintes sur la solvabilité de l'acheteur.

La faillite ou la déconfiture de ce dernier, survenue depuis la vente, pourrait seule dispenser d'exécuter la livraison. Et encore l'acheteur aurait le droit de l'exiger en donnant caution de payer au terme indiqué. (Art. 1613 du Code civil.)

De même, la faillite de l'acquéreur ne fait point disparaître l'obligation de livrer, lorsque le payement du prix de vente est offert comptant par les syndics. (Bordeaux, 16 juillet 1840.)

Mais il faut ajouter, à la faillite ou à la déconfiture, les faits nouveaux qui auraient diminué les sûretés données par l'acheteur au moment de la convention. (Cassation, 8 août 1870, Dalloz, 71. 1. 331. — Cour de Paris, 11 juillet 1853, Dalloz, 54. 2. 33.)

A plus forte raison, la livraison pourrait être refusée, si l'acheteur ne fournit pas les sûretés promises, ou si le vendeur a été trompé dans celles qui lui ont été données.

Caution. — Enfin, continue M. Lèbre, lorsque la vente d'un fonds de commerce n'a été faite qu'à la charge par l'acheteur de fournir une caution pour le payement du prix, si la caution, offerte et acceptée, se trouve insolvable le jour où la prise de possession de l'hôtel doit avoir lieu, le vendeur est en droit de se refuser à la livraison, et la vente doit être résiliée, à défaut par l'acquéreur de fournir une caution solvable dans un délai déterminé par le jugement. (Cour de Paris, 8 mai 1869.)

Mais si c'est le vendeur lui-même qui a choisi et exigé la caution, il ne saurait demander qu'elle fût remplacée quand elle est devenue insolvable depuis la vente. (Art. 2020 du Code civil. — Tribunal de commerce de la Seine, 7 septembre 1876.)

D'après tout ce qui vient d'être dit, nous voyons qu'il

peut y avoir entre la vente et la livraison un certain espace
de temps.

Or, nous l'avons indiqué ci-dessus, l'établissement doit
être remis à l'acheteur dans le même état qu'au jour de la
vente.

De là une double obligation :

1° Jusqu'à cette remise, le vendeur doit, selon l'expression juridique, apporter tous les soins d'un bon père de
famille à la conservation du fonds de commerce vendu.
(Art. 1136 Code civil.)

2° Les produits et bénéfices de l'hôtel appartiennent à
l'acquéreur, du jour même de la vente. (Art. 1614 Code
civil.)

Garantie. — Occupons-nous maintenant de la
garantie due par le vendeur à l'acheteur.

Cette garantie est de droit, et existe en l'absence de
toute convention.

D'après l'article 1626, en effet, quoique lors de la vente
il n'ait été fait aucune stipulation sur la garantie, le vendeur est obligé de droit à garantir l'acquéreur de l'éviction
totale ou partielle, ou des charges prétendues sur l'objet
vendu et non déclarées lors de la vente.

Telle est la règle générale ; faisons-en l'application aux
questions plus spéciales qui nous occupent en ce moment.

Le vendeur doit donc, comme nous l'avons dit, défendre l'acquéreur contre tous troubles et évictions.

Ainsi la vente d'un fonds de commerce emporte, par
elle-même, l'interdiction de tout fait tendant à détourner
directement ou indirectement l'achalandage et la clientèle.

Dans de telles conditions, le vendeur a-t-il la faculté de se rétablir ailleurs ?

Droit de se rétablir. — Si le contrat s'explique à ce sujet, il faut en exécuter les clauses.

S'il est muet, il faut en revenir à la jurisprudence.

Dans un arrêt du 20 juin 1860, la Cour d'Agen a formulé ces principes :

« La garantie est de droit. Le vendeur ne peut fonder dans la même ville un établissement rival et faisant concurrence à celui qu'il a cédé, s'il ne s'en est réservé la faculté. Il est également tenu de ne rien faire qui soit nuisible à l'exploitation du fonds vendu, et de ne point en détourner la clientèle soit à son profit, soit au profit de qui que ce soit. » (Dalloz, 60. 2. 176.)

Le 25 janvier 1861, la Cour de Paris se prononçait dans un sens identique, interdisant au vendeur de se rétablir dans le même genre de commerce et de faire aucune opération pouvant constituer une concurrence ou porter préjudice à son acheteur.

En un mot, la vente doit être complète et loyale ; et l'on ne saurait garder ou reprendre indirectement ce qui a été payé.

Mais si les circonstances sont telles que l'acquéreur ne puisse subir aucun préjudice, alors, en l'absence de toutes autres conventions, la liberté commerciale reprend tous ses droits.

Ainsi, le vendeur peut fonder un nouvel établissement, si celui-ci présente avec le premier des différences notables, spécialement quant à l'organisation matérielle, au mode d'exploitation et à la nature de la clientèle. (Cassation, 10 août 1869, Sirey, 69. 1. 404.)

Ainsi encore, il faut apprécier le temps plus ou moins long qui s'est écoulé depuis la vente et la distance plus ou moins grande qui sépare les deux établissements.

En général, on doit présumer que le vendeur s'est interdit de se replacer dans un certain périmètre du fonds cédé, et avant un certain temps depuis la vente.

Il est bien évident qu'il ne saurait y avoir, sur ce point, de principe absolu, et qu'il faudra toujours décider d'après les circonstances de fait. Comme le dit très justement M. Lèbre, le périmètre différera suivant qu'il s'agit d'une grande ou d'une petite ville. En province, le rayon interdit au vendeur comprendra facilement la ville entière. A Paris, au contraire, il sera limité aux quartiers où la concurrence peut s'exercer.

Quant au délai, il sera apprécié suivant le temps jugé nécessaire pour fixer la clientèle, et sa durée dépendra de la nature du commerce.

Clauses à insérer dans l'acte. — Mais toutes ces incertitudes entraîneront souvent de graves inconvénients. Le vendeur prudent fera donc insérer, dans l'acte de vente, des clauses spéciales à cet égard et précisant nettement son droit.

Autrement, il pourrait voir ordonner par justice la fermeture, avec dommages-intérêts, du nouveau fonds qu'il aurait créé.

Mais l'interdiction *absolue* de se rétablir, sans distinction de temps ni de lieu, serait nulle et contraire à la liberté commerciale.

Tandis que « l'interdiction de se rétablir n'est point contraire aux principes d'ordre public concernant la liberté du travail et de l'industrie lorsqu'elle n'est pas absolue et ne s'applique qu'à une certaine localité et à une distance déterminée ». (Cour de Dijon, 28 novembre 1866.) Et la Cour de cassation a consacré cette doctrine dans un arrêt du 31 mars 1884.

Ainsi donc, soit aux termes de la convention, soit d'après l'usage et l'équité, le vendeur a le droit de se rétablir, pourvu, comme nous l'avons dit, qu'il ne détourne pas à son profit une portion des choses cédées à l'acquéreur ou des avantages sur lesquels celui-ci a dû compter.

Telle est la règle générale. Nous allons étudier dans le chapitre suivant les difficultés de détail qui peuvent se présenter.

CHAPITRE II

Rétablissement indirect. — Tout d'abord, le vendeur ne peut occasionner indirectement le préjudice qu'il s'est interdit de causer directement.

Ainsi, le vendeur d'un fonds de commerce qui s'est engagé à ne former aucun établissement du même genre, dans un rayon déterminé, ne peut s'intéresser dans une entreprise rivale. (Cour de Bordeaux, 4 mai 1859. — Sirey, 60. 2. 224.)

Ainsi encore, le vendeur d'un fonds de commerce qui possède, dans une localité voisine, un autre établissement du même genre, qu'il s'est réservé d'exploiter, commet un acte de mauvaise foi et doit être condamné à des dommages-intérêts envers son acquéreur, s'il envoie des circulaires aux clients de l'hôtel vendu, pour les rappeler à l'hôtel qu'il exploite.

De même, comme nous l'avons déjà dit, il ne peut ni

prendre une enseigne semblable à celle qu'il a cédée, ni conserver l'indication de son ancienne maison sur ses cartes, annonces, tableaux et prospectus. (Paris, 18 octobre 1854; 13 février 1861.)

Enfin il ne lui est permis :

Ni d'autoriser sa femme à tenir un hôtel faisant concurrence à l'établissement vendu ;

Ni de devenir lui-même gérant ou employé intéressé dans un hôtel rival ;

Ni d'avancer des fonds à un tiers, à son ancien commis, par exemple, pour porter préjudice à l'acheteur.

Vendeur propriétaire louant sa maison pour un commerce semblable. — Mais la Cour de cassation, dans un arrêt du 10 juin 1879, a déclaré que le vendeur d'un fonds de commerce qui s'est interdit le droit d'exploiter ou de faire valoir directement ou indirectement tout autre établissement semblable, dans la même localité, ne contrevient pas à cette prohibition par cela seul qu'il a loué partie d'une maison qui lui appartient, et dans laquelle il habite lui-même, à un tiers qui exerce le même commerce que son acquéreur, alors qu'en fait il ne peut en résulter pour celui-ci aucune concurrence sérieuse, et qu'il n'est établi non plus, à la charge du vendeur, ni détournement de clientèle, ni participation directe ou indirecte à ce commerce qu'il s'était interdit. (Sirey, 79. 1. 351.)

M. Pouillet, dans son *Traité des marques de fabrique,* laisse même une plus grande latitude. En effet, dit-il, il est hors de doute que l'engagement pris par le vendeur de ne former directement ou indirectement, dans un rayon déterminé, aucun établissement de même nature, ne saurait aller jusqu'à l'empêcher de louer son immeuble, dans ledit rayon, en vue d'y établir un commerce rival, alors toutefois qu'il y demeure étranger lui-même ; sa qualité de vendeur ne se confond pas avec sa qualité de propriétaire d'immeuble.

Associés. — Lorsque, dans la liquidation d'une société formée pour l'exploitation d'un fonds de commerce, tout l'actif de la société, comprenant notamment la clientèle et l'achalandage, a été attribué à l'un des associés, à la charge de payer à l'autre la somme représentant ses droits dans l'actif, rien ne s'oppose, en l'absence d'une clause spéciale, à ce que celui-ci exploite, *exclusivement sous son nom,* un fonds de commerce de même nature que celui que son ancien associé continue à exploiter, pourvu qu'il ne fasse rien de contraire à la bonne foi commerciale. (Paris, 30 juin 1854, Dalloz, 55. 5. 367.)

Veuve remariée. — « Enfin, dit M. Lèbre, lorsqu'une veuve, en vendant le fonds de commerce exploité jadis par son mari, s'est interdit le droit de se rétablir ou de s'intéresser directement ou indirectement dans une industrie similaire, elle ne contrevient pas à cette clause en se remariant avec un négociant qui fait le même commerce, et l'on ne saurait dire que celui-ci est tenu de respecter l'obligation prise par sa femme. Toutefois il n'en serait ainsi qu'autant que la femme ne s'immiscerait pas dans le commerce du mari, et qu'elle serait mariée sous le régime de la séparation de biens. Si, au contraire, la femme était intéressée personnellement, nous appliquerions les principes ordinaires. »

Résumé des exemples ci-dessus. — Tous ces exemples démontrent la nécessité impérieuse de stipulations très précises dans l'acte de vente, et cette précision doit fixer également la distance à laquelle il sera permis de se rétablir.

Rappelons-nous, en effet, que l'obscurité d'une clause s'interprète toujours contre le vendeur. (Art. 1602 du Code civil.)

Or, trop souvent, les mots *distance* ou *rayon* sont employés indistinctement dans la rédaction des contrats. Le calcul est cependant bien différent, d'après certains arrêts de la Cour de Paris et certaines décisions du Tribunal de commerce de la Seine.

Sens juridique des mots distance, rayon, périmètre. — Ainsi la clause de l'acte de vente par laquelle le vendeur s'interdit d'exploiter un commerce du même genre, à moins d'une distance de mille mètres du fonds vendu, s'entend en ce sens que la distance doit être calculée en suivant la ligne la plus courte par les rues. L'expression isolée *distance* ne saurait être considérée comme l'équivalent des mots *rayon, périmètre* ou *distance à vol d'oiseau,* qui impliquent l'idée d'une mesure géométrique en ligne droite. (Cour de Paris, 19 juillet 1883, Sirey, 83. 2. 247.)

Lorsque le vendeur d'un fonds s'est interdit de se rétablir dans un certain rayon, le mot *rayon* doit s'entendre dans son sens littéral absolu ; c'est donc à vol d'oiseau, géométriquement, et non en suivant le parcours des rues, que la distance doit être calculée. (Ruben de Couder, *Dictionnaire de droit commercial, Fonds de commerce, 5 bis.*)

Et la Cour de Paris, le 20 avril 1880, a donné cette explication juridique : « Pour déterminer si le vendeur contrevient à la clause par laquelle il s'interdit de se rétablir dans un *rayon* de mille mètres, il faut rechercher si le nouveau fonds se trouve soit en dedans, soit en dehors du périmètre d'un cercle ayant pour centre le lieu de l'établissement cédé et un rayon de mille mètres, et non pas si le chemin à parcourir entre les deux établissements dépasse cette distance ; ce parcours pouvant en effet varier, suivant la création de nouvelles voies publiques ou la modification de celles existantes. » (Sirey, 81. 2. 134.)

En somme, toutes ces décisions proclament ce principe unique, à savoir, que le vendeur, qui doit garantie à son acheteur, ne peut ni directement ni indirectement l'évincer de ce qu'il a payé.

Éviction administrative. — Quant à l'éviction provenant de l'administration, par suite de mesures ordonnées par la salubrité, nous avons déjà traité cette question, et nous prions le lecteur de vouloir bien se reporter au chapitre ii de notre premier livre.

Garantie du bail. — Nous avons vu que le droit au bail constitue un des éléments du fonds de commerce. La garantie est donc due par le vendeur sur l'existence et la durée de ce bail.

Aussi la Cour de Paris, le 29 avril 1873, a annulé la vente d'un fonds de commerce conclue par l'acheteur sur la foi de l'existence d'un bail dont le vendeur ne pouvait justifier, et celui-ci a été condamné à des dommages-intérêts.

Il est bien entendu qu'il ne serait dû aucune garantie pour le cas où le bail ne pourrait plus être exécuté, à la suite d'un cas de force majeure : guerre, expropriation, etc.

Mais si une portion de l'hôtel est incendiée, quels vont être les droits de l'acquéreur vis-à-vis du vendeur, qui est en même temps son bailleur ?

L'acquéreur obtiendra soit une réduction de loyer, soit même la résiliation du bail, mais la vente du fonds subsiste toujours.

Car le vendeur, après avoir mis l'acheteur en possession des lieux loués, ne répond point des faits qui surviennent ultérieurement et qui lui sont étrangers.

C'est ainsi qu'il a été jugé par le Tribunal de commerce de la Seine, le 2 décembre 1872, que la destruction, par force majeure, de l'immeuble dans lequel se trouvait le fonds de commerce ne peut autoriser l'acquéreur, qui en était alors possesseur, à demander la résiliation de la vente, sous le prétexte que le bail qui en était la condition essentielle ne pouvait plus être continué.

Engagement de rester quelque temps pour mettre au courant l'acquéreur. — Enfin, dans les obligations spéciales à notre sujet, nous trouvons celle par laquelle le vendeur s'engage à rester pendant un certain délai auprès de l'acheteur pour le mettre au courant du commerce et de la clientèle.

L'inexécution de cet engagement entraînerait des dommages-intérêts.

Si cependant elle avait pour cause un événement de force majeure, aucune condamnation ne serait encourue, mais le vendeur serait tenu, aussitôt que les obstacles auraient cessé, d'exécuter son obligation en complétant le laps de temps prescrit par le traité. (Cour de Paris, 12 mars 1872.)

Obligations de droit commun. — Pour le surplus, nous retombons dans les dispositions du droit commun.

Nous les rappelons rapidement :

La garantie légale peut être augmentée, diminuée, et même supprimée par des conventions particulières. (Art. 1627 du Code civil.)

Cependant, quoiqu'il soit dit que le vendeur ne sera soumis à aucune garantie, il reste toujours tenu de celle qui résulte d'un fait à lui personnel. (Art. 1628.)

Dans le même cas de stipulation de non-garantie, le vendeur, en cas d'éviction, est toujours tenu à la restitution du prix, à moins que l'acquéreur n'ait connu, lors de la vente, le danger de l'éviction, ou qu'il n'ait acheté à ses risques et périls. (Art. 1629.)

Mais c'est le vendeur, assigné en restitution du prix, qui doit prouver que l'acheteur connaissait, au moment de la vente, le danger de cette éviction. (Dalloz, *Jurisprudence générale. Vente*, 908.)

Toutefois le vendeur peut être déclaré affranchi de toute garantie, même pour des charges non exprimées en l'acte, alors qu'il est reconnu, en fait, que l'acquéreur avait, lors du traité, une parfaite connaissance de la position du vendeur, de ses obligations, de la nature et de l'étendue de sa propriété, et que, d'ailleurs, il était dans la commune intention des intéressés de substituer entièrement l'acquéreur au vendeur, soit quant aux droits, soit quant aux charges. (Cassation, 22 février 1837. *Vente*, 802.)

Restitutions à faire. — Lorsque la garantie a été promise, ou qu'il n'a rien été stipulé à ce sujet, si l'acquéreur est évincé, il a droit de demander contre le vendeur :

1° La restitution du prix ;

2° Celle des fruits ou produits, lorsqu'il est obligé de les rendre au propriétaire qui l'évince ;

3° Les frais judiciaires occasionnés par cette éviction ;

4° Enfin, les dommages-intérêts, ainsi que les frais et loyaux coûts du contrat. (Art. 1630.)

On doit comprendre, dans le prix à restituer par le vendeur, les pots-de-vin ou épingles que l'acheteur a payés en exécution de la vente, ou même par suite d'un accord ultérieur.

Les fruits ou produits du commerce que l'acquéreur peut se faire restituer par le vendeur sont, en cas de bonne foi dans l'acquisition, ceux qui sont échus depuis la demande du véritable propriétaire.

Enfin, les dommages-intérêts ne doivent pas être confondus avec le prix. Il sont dus en outre de ce prix, et ont pour cause le préjudice occasionné par l'inexécution des engagements du vendeur. Le prix sera toujours restitué ; l'allocation des dommages-intérêts dépend des circonstances. (*Jurisprudence générale. Vente*, 1012.)

Le vendeur est tenu des dommages-intérêts, alors même qu'il a ignoré que le fonds vendu appartenait à autrui, à moins qu'il ne lui fût impossible absolument de connaître la véritable situation. (*Vente*, 1011.)

Ces dommages-intérêts comprennent tout le préjudice que cette éviction a pu causer à l'acheteur, et spécialement les frais de déménagement et ceux qu'il a faits pour se procurer un logement convenable à la profession qu'il exerce. (Cour de Bourges, 5 avril 1821. Dalloz, *Code civil annoté*, art. 1630, n° 45.)

Si le fonds vendu se trouve avoir augmenté de prix à l'époque de l'éviction, indépendamment même du fait de l'acquéreur, le vendeur est tenu de lui payer cette augmentation. (Art. 1633.)

Si cependant cette plus-value dépasse toutes les prévisions, le vendeur de bonne foi n'est pas obligé de payer l'augmentation entière ; il doit seulement la somme la plus considérable à laquelle, au moment du traité, on a pu présumer que les dommages-intérêts pourraient jamais s'élever. (*Vente*, 1017.)

Mais le vendeur est tenu de rembourser, ou de faire rembourser à l'acquéreur par celui qui l'évince, toutes les réparations et améliorations utiles, et à plus forte raison les dépenses nécessaires qu'il aura faites dans l'intérêt du fonds de commerce. (Art. 1634.)

Ce qui doit être remboursé quand les travaux étaient *nécessaires*, c'est ce qui a été effectivement dépensé, sans examiner s'il en est résulté un accroissement de valeur pour le fonds.

Pour les dépenses *utiles,* elles ne sont dues à l'acheteur évincé qu'autant qu'elles ont réellement tourné à l'avantage du propriétaire et ont augmenté la valeur de l'établissement.

Quant aux dépenses de luxe, elles ne peuvent être réclamées que si le vendeur était de mauvaise foi. (Art. 1635.)

Telles sont, résumées le plus brièvement possible, les obligations du vendeur en cas d'éviction totale.

Résiliation de la vente. — En cas d'éviction

partielle dont la responsabilité remonte à ce vendeur, si le fonds de commerce reste dans un état tel que l'acquéreur ne l'eût point acheté ainsi, ce dernier peut faire résilier la vente. (Art. 1636.)

S'il préfère maintenir le traité, la valeur de la portion du fonds de commerce dont il est évincé lui est remboursée suivant l'estimation à l'époque de l'éviction, et non proportionnellement au prix total de la vente, soit que la chose vendue ait augmenté ou diminué de valeur. (Art. 1637.)

Tout ce qui précède indique suffisamment au vendeur la nécessité d'un acte notarié, ou tout au moins très soigneusement rédigé.

Il doit, dans son intérêt, faire préciser ce qu'il vend, à quelles conditions et aussi à quelles personnes.

Personnalité juridique de l'acheteur. — Ainsi la femme, même séparée de biens, ne pouvant faire le commerce sans l'autorisation de son mari, il y a lieu de déclarer nulle l'acquisition qu'elle a faite d'un hôtel, par exemple, alors même qu'elle aurait dissimulé sa véritable situation de femme mariée, en se présentant comme veuve. Et il n'y a pas lieu d'accorder des dommages-intérêts contre elle au vendeur, qui aurait pu facilement connaître la vérité. (Paris, 21 février 1862.)

Solidarité entre acheteurs. — Mais si l'individu qui se présente pour acheter l'hôtel est marié, le vendeur aura soin d'exiger la signature de la femme et de stipuler expressément la solidarité de l'engagement ainsi contracté par les deux époux.

L'article 1487 du Code civil nous dit, en effet : « La femme, même personnellement obligée pour une dette de la communauté, ne peut être poursuivie que pour la moitié de cette dette, à moins que l'obligation ne soit solidaire. »

Ainsi donc, sans solidarité, le prix est dû par le mari pour la totalité, et par la femme pour moitié seulement.

Elle est obligée au payement intégral si la solidarité a été stipulée.

Cette distinction a une très grande importance en cas de décès du mari ; car, si elle ne s'est pas engagée solidairement, et si elle renonce à la communauté, elle peut, en vertu d'une clause du contrat de mariage autorisant le survivant des époux à conserver le fonds de commerce pour son compte personnel, rester propriétaire de ce fonds sans avoir à payer plus que la moitié du prix.

Le vendeur subirait donc un préjudice contre lequel il était utile de le mettre en garde.

Nom de la femme du vendeur. — Quant à la femme du vendeur, lorsque l'hôtel est connu sous le double nom de son mari et d'elle-même, peut-elle s'opposer à ce que le sien soit compris dans la cession de l'établissement ?

Peut-elle prétendre qu'elle n'a laissé donner son nom à l'hôtel que tant qu'il serait dirigé par son mari ?

En principe, le nom commercial, composé des noms du mari et de la femme, peut être transmis à l'acquéreur. Et, comme le dit M. Lèbre, sauf preuve contraire, la femme qui a autorisé son mari à faire usage de ces deux noms doit être présumée lui avoir donné le droit de les transmettre. En effet, lorsque ce nom double a longtemps figuré sur un fonds de commerce, il serait inadmissible que la femme interdise tout à coup au mari le droit de disposer de ce nom, c'est-à-dire, en réalité, du fonds lui-même.

Nous ne nous sommes occupé, dans cet ouvrage, que des ventes volontaires, car ce sont les seules au sujet desquelles nous puissions diriger utilement le lecteur; quant aux ventes forcées, il est soumis à une procédure spéciale qu'il n'a qu'à subir, sans grande initiative personnelle.

Il nous reste à étudier la question relative au privilége du vendeur.

CHAPITRE III

Privilége du vendeur. — Dans la cession d'un
hôtel, ce que l'on appelle « privilége du vendeur » est
inséré au paragraphe 4 de l'article 2102 du Code civil.

Nous y lisons, en effet, que les créances privilégiées
sur les meubles sont, entre autres, « le prix d'effets mobiliers non payés, s'ils sont encore en la possession du
débiteur, soit qu'il ait acheté à terme ou sans terme ».

« La jurisprudence et les auteurs décident, tout d'une
voix, que le privilége établi par notre article, en faveur du
créancier, sur le prix des effets mobiliers non payés, s'applique non seulement aux meubles corporels, mais encore
aux meubles incorporels, tels que créances, droits suc-
cessifs, *achalandages* et *fonds de commerce*. Et cette
jurisprudence ne peut que se maintenir, parce qu'en définitive elle est juste et fondée en droit : juste, puisque le
vendeur de meubles incorporels n'est pas moins digne
d'intérêt et de protection que le vendeur de meubles corporels ; fondée en droit, parce que l'article 535 du Code
civil, qui place les meubles incorporels dans la catégorie

des effets mobiliers, leur rend, par cela même, applicable le texte de notre article. » (Paul Pont, *Priviléges et hypothèques*, art. 2102, n° 147.)

Caractère de ce privilége. — Ainsi donc, aucun doute possible : le privilége existe pour le vendeur d'un hôtel meublé.

Dans quelles conditions ?

Ce privilége ne donne qu'un droit de préférence sur le prix de l'objet vendu et non payé ; c'est, en réalité, sur le prix qu'il s'exerce.

Par exemple, Pierre a vendu à Paul ; Paul revend à Jacques.

Pierre aura le droit de frapper d'opposition le prix dû par Jacques et d'obtenir collocation, par préférence, sur ce prix.

Et précisons bien la situation de chacun, comme le fait M. Pont dans le traité cité plus haut :

« Pierre ne vient pas saisir entre les mains de Jacques le fonds de commerce revendu par Paul. Il dit au dernier acquéreur : « La loi protège entre vos mains la propriété « du fonds que vous avez acheté ; mais la loi ne saurait « vous dispenser de payer le prix ; payez-le donc. » Et aux autres créanciers de Paul il dit : « Ce prix dont « Jacques est débiteur, c'est le prix de mon hôtel ; c'est « moi qui avais mis cette valeur dans le patrimoine de « Paul ; il n'est pas possible qu'elle vous enrichisse à « mon détriment. »

« En quoi ce langage pourrait-il être contesté ? Jacques n'a pas à y redire, car, en tout état de cause, il faut bien qu'il paye, et quelle que soit la caisse dans laquelle tombent ses fonds, pourvu qu'il soit libéré, il n'a pas d'intérêt dans le débat.

« Quant aux créanciers de Paul, ils n'ont pas à y redire davantage. En effet, qu'opposeraient-ils à Pierre? Que le mobilier par lui vendu à Paul n'est plus en la possession de celui-ci ; qu'il est en la possession légitime de Jacques? Mais ils invoqueraient ainsi le droit de Jacques, et non leur propre droit ; et leur prétention devrait être écartée d'autant plus qu'elle ne pourrait être admise sans qu'il en résultât la négation à peu près absolue du privilége du vendeur.

« Concluons donc que si le prix de la revente est dû, s'il est libre et complètement dégagé de toute affectation spéciale, de toute délégation régulière, ce prix, à l'égard du vendeur primitif, tient évidemment lieu du fonds vendu et doit, comme lui, rester affecté au privilége. » (Pont, art. 2102, n° 149.)

Et la jurisprudence est absolument d'accord avec cette doctrine. « La revente de l'achalandage d'un fonds de commerce ne met point obstacle à l'exercice du privilége; le prix de la seconde aliénation représente le fonds de commerce lui-même. » (Cour de Paris, 8 février 1834. — Dalloz, *Jurisprudence générale. Priviléges*, n° 346.)

Ainsi, même en cas de reventes successives, le privilége subsiste, puisque subsiste le prix que le dernier acquéreur doit payer et qui sert d'aliment même au droit de préférence. Ce droit appartient toujours au vendeur primitif. Les vendeurs intermédiaires ne viennent qu'après lui, et les créanciers des divers acquéreurs ne peuvent, comme nous l'avons démontré, s'enrichir à son préjudice.

Conditions de ce privilége. — Mais, bien entendu, dans ces diverses circonstances, c'est sur le prix seulement que s'exerce le privilége ; il ne frapperait le fonds de commerce lui-même qu'à la condition qu'il fût encore entre les mains du débiteur direct, c'est-à-dire du premier acquéreur ; ou encore que le second acquéreur l'eût acheté de mauvaise foi, car il ne pourrait plus invoquer le principe de l'article 2279 : « En fait de meubles, la possession vaut titre », puisque l'article 1141 du même Code civil exige impérieusement la bonne foi.

Si celle-ci existe, le Cour de Paris, par arrêt du 28 avril 1858, a décidé que le vendeur d'un fonds de commerce, encore bien qu'il ait immédiatement demandé contre son acquéreur la résolution de la vente, n'a aucune action ni droit de revendication contre le second acquéreur qui a acheté le fonds de bonne foi.

Il ne lui resterait, comme nous venons de le dire, qu'un droit sur le prix non payé.

Règlement en billets. — Lorsque ce prix est réglé en billets ou valeurs négociables, l'acceptation de ces valeurs n'emporte-t-elle pas novation de la créance?

S'il y avait novation, le privilége disparaîtrait ; mais cette création de billets ne change pas le caractère de la dette, le privilége subsiste donc.

En conséquence, à moins de faillite, le vendeur ne vient pas au marc le franc avec les créanciers de l'acheteur, mais bien pour la totalité de sa créance personnelle.

Revente à une société. — La Cour de Riom a même décidé, le 20 mars 1879, que le vendeur d'un fonds de commerce acheté par un associé a un privilége soit contre l'associé acquéreur, soit contre les créanciers de la société qui en avait la possession. (Sirey, 80. 2. 195.)

Et la Cour de Paris statuait en ces termes le 4 décembre 1871 : « Le vendeur, non payé, d'un fonds de commerce acquis par deux personnes, solidairement, conserve son privilége, quoique les acheteurs aient, après leur acquisition, formé entre eux une société pour l'exploitation de ce fonds ; les acheteurs ne peuvent prétendre que cette société est un tiers vis-à-vis d'eux-mêmes. » (Dalloz, 74, 2, 24.)

Enfin ce privilége, étant indivisible de sa nature, n'est pas éteint partiellement par la faillite de l'un des acquéreurs ; il peut s'exercer intégralement sur la part de l'autre dans le prix de la revente du fonds.

Expropriation. — M. Lèbre prévoit ainsi, dans son *Traité des fonds de commerce*, le cas d'expropriation :

« L'expropriation de l'immeuble ne détruit pas le fonds de commerce : le matériel, les marchandises, la clientèle subsistent ; mais le fonds subit une dépréciation, et le propriétaire éprouve un préjudice. Le préjudice résulte de la perte du droit au bail, des frais nécessités par le déplacement, et de la diminution de clientèle que peut entraîner ce déplacement. »

Or, disons-nous avec l'auteur, l'indemnité allouée par le jury représente pour partie le fonds vendu, puisqu'elle comprend la perte du bail et de la clientèle. C'est donc sur cette partie de l'indemnité, dont la ventilation sera faite par le tribunal, que devra s'exercer le privilége du vendeur non encore payé.

Cette théorie a d'ailleurs été sanctionnée par un arrêt de la Cour de Paris en date du 11 juin 1872. (Sirey, 72. 2. 165.)

Le privilége dont nous venons d'étudier le caractère existe, dit l'article 2102, quand la vente a été faite à terme, aussi bien que quand aucun terme n'a été stipulé ; mais cet article continue ainsi :

Revendication. — «Si la vente a été faite sans terme, le vendeur peut même revendiquer ces effets, tant qu'ils sont en la possession de l'acheteur, et en empêcher la revente, pourvu que la revendication soit faite dans la huitaine de la livraison, et que les effets se trouvent dans le même état dans lequel cette livraison a été faite. »

Cette revendication n'est point une résolution de la vente. M. Paul Pont la définit en ces mots :

« Ce que le vendeur revendique, ce n'est pas la propriété, car il a vendu, et, par cela même, il a cessé d'être propriétaire ; c'est la possession. Ce qu'il veut, ce n'est pas supprimer la vente ou l'annihiler, car la vente a été et reste parfaite ; c'est reprendre le droit, accordé par la loi à celui qui vend sans jour ni terme, de retenir la chose vendue jusqu'au payement du prix. »

Telle est la signification juridique de ce paragraphe dans l'article qui nous occupe en ce moment.

Conditions de la revendication. — Cette revendication est soumise à trois principales conditions. Il faut :

1° Que les effets vendus soient en la possession de l'acheteur ;

2° Que le droit soit exercé dans les huit jours de la livraison ;

3° Que les effets se trouvent dans le même état dans lequel la livraison a été faite.

La première condition dérive du principe qu'en fait de meubles la possession vaut titre. Il n'y a plus de revendication possible dès que l'acheteur s'est dessaisi des effets vendus et les a transmis à un tiers qui les a reçus de bonne foi.

Comme, en définitive, le but de la revendication est de reprendre les objets que le vendeur pouvait retenir jusqu'au payement, la seconde condition impose à celui-ci un simple délai de huitaine pour qu'il ne puisse être réputé avoir abdiqué son droit en tardant à en faire usage.

La troisième condition ne doit pas être prise rigoureusement à la lettre, quand il s'agit d'un fonds de commerce. Il n'est pas nécessaire, pour l'exercice du privilége, que ce fonds se trouve entre les mains de l'acheteur dans le même état qu'au moment de la vente. (Cassation, 2 janvier 1838, Dalloz, *Codes annotés*, 2102, nº 277.)

« Toutefois il suffit que les meubles et ustensiles compris dans la vente d'un fonds de commerce (un café) aient été remplacés en partie et réparés pour que le privilége du vendeur, non payé, ne puisse plus être exercé sur ces objets. » (Cour de Paris, 26 novembre 1833, Dalloz, *Jurisprudence générale, Priviléges,* 357.)

Il est bien entendu qu'en tout état de cause la revendication serait arrêtée, si l'acquéreur ou un de ses créanciers payait au revendiquant les objets par lui vendus. C'est la conséquence du principe que la revendication n'est qu'un moyen offert au vendeur d'arriver, non à la résolution, mais à l'exécution du contrat. Or l'exécution du contrat étant précisément, pour lui, le payement du prix, il est clair que son action devient sans objet dès qu'il est payé soit par l'acquéreur, soit par un créancier de celui-ci.

Droit du bailleur. — L'article 2102, § 4, ajoute :

« Le privilége du vendeur ne s'exerce toutefois qu'après celui du propriétaire de la maison, à moins qu'il ne soit prouvé que le propriétaire avait connaissance que les meubles et autres objets garnissant sa maison n'appartenaient pas au locataire. »

Ainsi le privilége du propriétaire, sur les objets qui garnissent la maison louée, est primé par celui du vendeur de ces objets, alors que le propriétaire savait, au moment où ils ont été apportés chez lui, qu'ils n'avaient pas été payés. (Lyon, 13 mars 1840, Dalloz, 49. 2. 170.)

Ce privilége du propriétaire ne peut frapper, sans aucun doute, que le matériel et les marchandises du fonds de commerce.

Il garantit le loyer, les réparations locatives, les impôts que le bailleur a payés pour le locataire. Il garantit tous les loyers échus ou à échoir. Si le bail a date certaine, ces derniers sont dus en entier ; si le bail n'a pas date certaine, il ne serait dû qu'une année, à partir de l'expiration de l'année courante.

Nullité de la vente. — La dissimulation du prix de vente faite par le vendeur pour tromper ses créanciers donne à ceux-ci le droit de demander la nullité du payement ou la révocation de la vente consentie à vil prix.

Il est souvent facile d'établir la valeur d'un fonds de commerce et de prouver qu'il a été vendu à un prix notablement inférieur.

L'acquéreur complice de cet acte ne pourrait exercer

aucun recours en garantie contre le vendeur. (Tribunal de commerce de la Seine, 28 décembre 1860.)

Licitation. — Pour simplifier nos explications, nous avons supposé jusqu'ici un seul vendeur, un seul propriétaire de l'hôtel.

Supposons plusieurs associés. La société est dissoute ; aucune convention n'a fixé d'une manière précise l'avenir de l'établissement ; les associés ne sont pas d'accord.

Ou bien supposons plusieurs héritiers ; aucun testament n'a indiqué ce que deviendrait l'hôtel, et les héritiers ne peuvent s'entendre sur ce point.

Dans ces deux cas, le fonds de commerce doit être vendu sur licitation.

La licitation doit comprendre l'achalandage, l'enseigne, le nom commercial ou la raison sociale, le droit au bail, le matériel et les marchandises.

Associés. — Et la Cour de Paris a jugé, par arrêt du 5 juin 1867, que la vente d'un fonds de commerce, après liquidation de société, comprenant l'achalandage, emporte par là même avec elle la faculté de se servir du nom auquel la clientèle est attachée, c'est-à-dire de la raison sociale. (Sirey, 74. 2. 197.)

La même Cour avait décidé, le 28 juin 1856, que, en cas de vente d'un fonds de commerce dépendant de la liquidation d'une société dissoute, l'acquéreur a le droit d'annoncer son établissement sous la raison de commerce de cette société, en y ajoutant : un tel, successeur.

Spécialement, lorsqu'à dissolution de la société le fonds a été acquis par l'un des associés, celui-ci est seul en droit de s'intituler successeur de la société, et son ex-associé doit s'interdire toute dénomination pareille. Car la vente d'un fonds, comprenant les marchandises et l'achalandage, donne tout naturellement le droit d'empêcher tout ce qui peut détourner la clientèle de l'établissement vendu. (Tribunal de commerce de Marseille, 6 février 1878.)

M. Lèbre, à qui nous empruntons cette jurisprudence, étudie le cas de dissolution de communauté par la mort de l'un des époux, et cite ce jugement du Tribunal de commerce de Lyon, rendu le 19 septembre 1865 :

Veuve. — « La veuve qui est devenue acquéreur sur licitation du fonds de commerce créé par son mari, est en droit de maintenir le nom de celui-ci sur son enseigne et ses factures, en le faisant précéder de la désignation : « ancienne maison. »

« Et c'est à tort qu'un parent porteur du même nom et exploitant, dans la même localité, un établissement semblable, prétendrait pouvoir seul, depuis le décès du mari, se servir de son nom. » (Dalloz, 67. 3. 88.)

Nous admettons, ici, que nulle convention matrimoniale n'a prévu que l'achalandage resterait au survivant, sans indemnité, ou que le survivant garderait ce fonds de commerce moyennant un prix à rapporter à la masse de la communauté, et qui serait fixé à dire d'experts ; car il n'y aurait qu'à exécuter alors les clauses de cette convention.

Exagération du prix. — Le vendeur devra, bien entendu, se garder rigoureusement de toutes manœuvres mensongères pour arriver à exagérer le prix de son hôtel.

La Cour de Paris, dans un arrêt du 30 juillet 1874, a fait justice de pareils agissements, et a *déclaré annulée la vente* d'un fonds de commerce dont le prix avait été fixé d'après les livres, où la comptabilité présentait des exagérations de bénéfices qui n'avaient jamais été réalisés. Ces exagérations, qui avaient eu pour résultat de grossir fictivement le chiffre des recettes, constituent des actes de dol qui doivent entraîner la nullité du contrat.

A défaut de cette résiliation complète du traité, le vendeur s'exposerait au moins à une forte réduction de prix.

Le Tribunal de commerce de la Seine a rendu, le 30 août 1876, un jugement dont voici le résumé : Lorsque le prix d'un fonds de commerce a été évidemment exagéré par l'annonce de recettes qui n'existaient pas réellement, annonce qui a déterminé le consentement de l'acheteur, le tribunal n'est pas tenu de prononcer la résiliation, mais il doit, sur la demande de ce dernier, réduire le prix à sa juste valeur, encore bien que le vendeur n'ait donné dans l'acte aucun engagement de garantie à cet égard.

C'est d'ailleurs l'application du principe général énoncé dans l'article 1109 du Code civil, sur l'erreur et le dol.

Dans la pratique, dit M. Lèbre, le vendeur détermine souvent le revenu du fonds, et une clause est insérée, portant qu'au cas où ce revenu n'atteindrait pas le chiffre déclaré, le prix serait diminué proportionnellement. Cette clause, dont l'usage doit être recommandé, prévient les difficultés d'évaluation et donne une base fixe aux réductions que l'on peut avoir à opérer. Cette évaluation déterminée à l'avance lie le juge, qui ne saurait arbitrer différemment la diminution de prix résultant d'un déficit dans les bénéfices. Toutefois, le tribunal ne serait pas soumis à la clause et reprendrait sa liberté d'appréciation, si ce déficit dans les bénéfices provenait de la faute de l'acquéreur.

Un arrêt rendu par la Cour de cassation, le 9 juin 1879, sanctionne cette doctrine. (Sirey, 79. 1. 368.)

Intermédiaires. — Rappelons, en terminant, ce que nous avons dit des intermédiaires, agences de fonds de commerce, mandataires employés par le vendeur pour arriver à la cession du fonds.

Nous recommandons non seulement un choix très sérieux, mais un examen attentif du bon de commission qui sera proposé, dès le début des pourparlers, à la signature du vendeur.

Celui-ci fera préciser que la commission ne sera due qu'à cette triple condition :

1° En cas de vente ;

2' En cas de vente par l'intermédiaire et sur les indications de l'agent ;

3° Et d'après les soins donnés à la conclusion du traité.

De cette façon, le vendeur évitera toute réclamation exagérée :

Si la vente n'a pas lieu, l'agent n'aura droit à aucune rétribution ;

Il en sera de même si elle est effectuée en dehors de lui, sans son intermédiaire ;

S'il s'est borné à indiquer l'hôtel à céder, il ne pourra réclamer les mêmes honoraires que s'il avait pris une part active à la conclusion du traité ;

Enfin la rétribution convenue pourra encore être réduite

par le tribunal, si l'agent n'a pas donné tous les soins promis, et surtout s'il a commis quelque négligence.

Il est donc très important de ne signer qu'un bon de commission s'exprimant formellement sur ces différents cas.

Le rôle de cet intermédiaire, au point de vue des créanciers et des oppositions par eux faites sur le prix, devient plus délicat encore dans le cas de faillite, que nous allons étudier au chapitre suivant.

CHAPITRE IV

Rôle de l'intermédiaire en cas de faillite.
— « En cas de faillite du vendeur d'un fonds de commerce, le syndic est recevable à réclamer de nouveau à l'acquéreur le payement du prix de vente, lorsque ce prix a été versé entre les mains d'un tiers, désigné par le vendeur et l'acquéreur, et que ce tiers, sans tenir compte des oppositions pratiquées entre les mains de l'acquéreur, a intégralement réparti la somme ainsi payée entre les créanciers du vendeur, alors que ce dernier était en état de cessation de payements.

« Le tiers, ainsi désigné, a qualité de dépositaire et de séquestre, et ne peut se dessaisir de la somme déposée sans l'assentiment du vendeur et de l'acquéreur. Le syndic de la faillite du vendeur a une action solidaire en restitution de la somme versée, contre lui et l'acquéreur.

« L'acquéreur qui a versé le montant de son prix entre les mains de ce tiers a une action en garantie contre lui, dans le cas où la répartition n'aurait pas été faite régulièrement entre les créanciers du vendeur.

« Le tiers désigné n'a pas d'action en garantie contre les créanciers du vendeur qui ont valablement touché ce qui leur était dû ; il ne peut que produire à la faillite du vendeur pour les sommes qu'il justifiera avoir payées en son acquit. » (Tribunal de commerce de la Seine, 16 décembre 1882. — Lèbre, *Fonds de commerce,* page 245.)

Nous avons tenu à citer ce jugement, car il précise nettement la situation de chacun : intermédiaire, syndic, créanciers, acquéreur.

Résumons maintenant les questions de faillite qui peuvent plus particulièrement intéresser notre lecteur.

Loi portant modification à la législation des faillites. — Et, d'abord voici les principaux articles de la loi nouvelle, promulguée le 5 mars 1889 :

« ARTICLE PREMIER. — Tout commerçant qui cesse ses payements peut obtenir, en se conformant aux dispositions suivantes, le bénéfice de la liquidation judiciaire telle qu'elle est réglée par la présente loi.

« ART. 2. — La liquidation judiciaire ne peut être ordonnée que sur requête présentée par le débiteur au tribunal de commerce de son domicile, dans les quinze jours de la cessation de ses payements. Le droit de demander cette liquidation appartient au débiteur assigné en déclaration de faillite pendant cette période.

« La requête est accompagnée du bilan et d'une liste indiquant le nom et le domicile de tous les créanciers.

« Peuvent être admis au bénéfice de la liquidation judiciaire de la succession de leur auteur, les héritiers qui en font la demande dans le mois du décès de ce dernier, décédé, dans la quinzaine de la cessation de ses payements, s'ils justifient de leur acceptation pure et simple ou bénéficiaire. »

Passons à l'article 4.

Jugement admettant la liquidation judiciaire. — « Art. 4. — Le jugement qui statue sur une demande d'admission à la liquidation judiciaire est délibéré en chambre de conseil et rendu en audience publique. Le débiteur doit être entendu en personne, à moins d'excuses reconnues valables par le tribunal. Si la requête est admise, le jugement nomme un des membres du tribunal juge-commissaire et un ou plusieurs liquidateurs provisoires. Ces derniers, qui sont immédiatement prévenus par le greffier, arrêtent et signent les livres du débiteur dans les vingt-quatre heures de leur nomination, et procèdent avec celui-ci à l'inventaire. »

Et plus loin :

« Le jugement qui déclare ouverte la liquidation judiciaire est publié conformément à l'article 442 du Code de commerce. Il n'est susceptible d'aucun recours, et ne peut être attaqué par voie de tierce opposition. Cependant, si le tribunal est saisi en même temps d'une requête en admission au bénéfice de la liquidation judiciaire et d'une assignation en déclaration de faillite, il statue sur le tout par un seul et même jugement, rendu dans la forme ordinaire, exécutoire par provision et susceptible d'appel dans tous les cas. »

Effets de ce jugement. — « Art. 5. — A partir du jugement qui déclare ouverte la liquidation judiciaire,

toute action mobilière ou immobilière et toute voie d'exécution, tant sur les meubles que sur les immeubles, doivent être intentées ou suivies à la fois contre les liquidateurs et le débiteur.

« Il ne peut être pris sur les biens de ce dernier d'autres
inscriptions que celles mentionnées en l'article 4, et les
créanciers ne peuvent poursuivre l'expropriation des
immeubles sur lesquels ils n'ont pas d'hypothèque. De son
côté, le débiteur ne peut contracter aucune nouvelle dette,
ni aliéner tout ou partie de son actif, sauf dans les cas qui
sont énumérés ci-après. »

Droits laissés au débiteur. — « ART. 6. — Le
débiteur peut, avec l'assistance des liquidateurs, procéder
au recouvrement des effets et créances exigibles, faire tous
actes conservatoires, vendre les objets sujets à dépérissement
ou à dépréciation imminente ou dispendieux à conserver,
et intenter ou suivre toute action mobilière ou immobilière. Au refus du débiteur, il pourra être procédé par les
liquidateurs seuls, avec l'autorisation du juge-commissaire.
Toutefois, s'il agit d'une action à intenter, cette autorisation ne sera pas demandée, mais les liquidateurs devront
mettre le débiteur en cause.

« Le débiteur peut aussi, avec l'assistance des liquidateurs et l'autorisation du juge-commissaire, continuer
l'exploitation de son commerce ou de son industrie.

« L'ordonnance du juge-commissaire qui autorise la
continuation de l'exploitation est exécutoire par provision,
et peut être déférée, par toute partie intéressée, au tribunal de commerce.

« Les fonds provenant des recouvrements et ventes sont

remis aux liquidateurs, qui les versent à la Caisse des dépôts et consignations. . . . .

« Art. 8. — Le jugement qui déclare ouverte la liquidation judiciaire rend exigibles, à l'égard du débiteur, les dettes passives non échues ; il arrète, à l'égard de la masse seulement, le cours des intérèts de toute créance non garantie par un privilége, par un nantissement ou par une hypothèque.

« Les intérèts des créances garanties ne peuvent être réclamés que sur les sommes provenant des biens affectés au privilége, à l'hypothèque ou au nantissement. »

Convocation des créanciers. — « Art. 9. — Dans les trois jours du jugement, le greffier informe les créanciers, par lettres et par insertions dans les journaux, de l'ouverture de la liquidation judiciaire et les convoque à se réunir, dans un délai qui ne peut excéder quinze jours, dans une des salles du tribunal, pour examiner la situation du débiteur. Le jour de la réunion est fixé par le juge-commissaire. »

État de situation présenté par le débiteur. — « Au jour indiqué, le débiteur, assisté des liquidateurs provisoires, présente un état de situation qu'il signe et certifie sincère et véritable, et qui contient l'énumération et l'évaluation de tous ses biens mobiliers et immobiliers, le montant des dettes actives et passives, le tableau des profits et pertes et celui des dépenses.

« Les créanciers donnent leur avis sur la nomination des liquidateurs définitifs. Ils sont consultés par le juge-commissaire sur l'utilité d'élire immédiatement parmi eux un ou deux contrôleurs. »

Nomination des contrôleurs. — « Ces contrôleurs peuvent être élus à toute période de la liquidation,
s'ils ne l'ont été dans cette première assemblée.

« Il est dressé de cette réunion et des dires et observations des créanciers un procès-verbal portant fixation par le
juge-commissaire, dans un délai de quinzaine, de la date
de la première assemblée de vérification des créances.

« Ce procès-verbal est signé par le juge-commissaire et
par le greffier. Sur le vu de cette pièce et le rapport du
juge-commissaire, le tribunal nomme des liquidateurs
définitifs. »

Leur rôle. — « Art. 10. — Les contrôleurs sont
spécialement chargés de vérifier les livres et l'état de situation présenté par le débiteur, et de surveiller les opérations des liquidateurs; ils ont toujours le droit de demander compte de l'état de la liquidation judiciaire, des
recettes effectuées et des versements faits.

« Les liquidateurs sont tenus de prendre leur avis sur
les actions à intenter ou à suivre.

« Les fonctions de contrôleurs sont gratuites. Ils ne
peuvent être révoqués que par le tribunal de commerce,
sur l'avis conforme de la majorité des créanciers et la proposition du juge-commissaire. Ils ne peuvent être déclarés
responsables qu'en cas de faute lourde et personnelle.

« Les liquidateurs peuvent recevoir, quelle que soit leur
qualité, une indemnité qui est taxée par le juge-commissaire. »

Les articles 11, 12, 13 et 14 sont relatifs à la remise
des titres par les créanciers, à la convocation de ces derniers, à la vérification et à l'affirmation de leurs créances.

Concordat. — « Art. 15. — Le traité entre les créanciers et le débiteur ne peut s'établir que s'il est consenti par la majorité de tous les créanciers vérifiés et affirmés ou admis par provision, représentant en outre les deux tiers de la totalité des créances vérifiées et affirmées ou admises par provision. Le tout à peine de nullité.

« Si le concordat est homologué, le tribunal déclare la liquidation judiciaire terminée.

« Lorsque le concordat contient abandon d'un actif à réaliser, les créanciers sont consultés sur le maintien ou le remplacement des liquidateurs et des contrôleurs. Le tribunal statue sur le maintien ou le remplacement des liquidateurs. Les opérations de réalisation et de répartition de l'actif abandonné se suivent conformément aux dispositions de l'article 541 du Code de commerce.

« Dans la dernière assemblée, les liquidateurs donnent connaissance de l'état de leurs frais et indemnités, taxés par le juge-commissaire. Cet état est déposé au greffe. Le débiteur et les créanciers peuvent former opposition à la taxe dans la huitaine. Il est statué par le tribunal en chambre du conseil.

« Dans tous les cas où il y a lieu à reddition de comptes par les liquidateurs, la disposition du paragraphe précédent est applicable.

« Art. 16. — Sont nuls et sans effet, tant à l'égard des parties intéressées qu'à l'égard des tiers, tous traités ou concordats qui, après l'ouverture de la liquidation judiciaire, n'auraient pas été souscrits dans les formes ci-dessus prescrites. »

(Les articles 17 et 18 indiquent la procédure à suivre pour la notification à faire selon les prescriptions de l'article 450 du Code de commerce.)

Déchéance du bénéfice de la liquidation judiciaire. — « ART. 19. — La faillite d'un commerçant admis au bénéfice de la liquidation judiciaire peut être déclarée par jugement du tribunal de commerce, soit d'office, soit sur la poursuite des créanciers :

« 1° S'il est reconnu que la requête à fin de liquidation judiciaire n'a pas été présentée dans les quinze jours de la cessation des payements ;

« 2° Si le débiteur n'obtient pas de concordat. Dans ce cas, si la faillite n'est pas déclarée, la liquidation judiciaire continue jusqu'à la réalisation et la répartition de l'actif, qui se feront conformément aux dispositions du deuxième alinéa de l'article 15 de la présente loi. Si la faillite est déclarée, il est procédé conformément aux articles 529 et suivants du Code de commerce.

« Le tribunal déclare la faillite à toute période de la liquidation judiciaire :

« 1° Si, depuis la cessation de payements ou dans les dix jours précédents, le débiteur a consenti l'un des actes mentionnés dans les articles 446, 447, 448 et 449 du Code de commerce, mais dans le cas seulement où la nullité aura été prononcée par les tribunaux compétents ou reconnue par les parties ;

« 2° Si le débiteur a dissimulé ou exagéré l'actif ou le passif, omis sciemment le nom d'un ou plusieurs créanciers, ou commis une fraude quelconque, le tout sans préjudice des poursuites du ministère public;

« 3° Dans les cas d'annulation ou de résolution du concordat. »

Passons à l'article 21.

Droits électoraux. — « Art. 21. — A partir du jugement d'ouverture de la liquidation judiciaire, le débiteur ne peut être nommé à aucune fonction élective; s'il exerce une fonction de cette nature, il est réputé démissionnaire. »

Salaire des employés. — « Art. 22. — L'article 549 du Code de commerce est modifié ainsi qu'il suit :

« Art. 549. — Le salaire acquis aux ouvriers directement employés par le débiteur, pendant les trois mois qui ont précédé l'ouverture de la liquidation judiciaire ou la faillite, est admis au nombre des créances privilégiées, au même rang que le privilége établi par l'article 2101 du Code civil pour le salaire des gens de service.

« Les salaires dus aux commis pour les six mois qui précèdent le jugement déclaratif sont admis au même rang. »

Déclaration de cessation de payements. — « Art. 23. — Le premier paragraphe de l'article 438 du Code de commerce et le n° 4 de l'énumération faite par l'article 586 sont modifiés comme il suit :

« Art. 438, § 1er. — Tout failli sera tenu, dans les quinze jours de la cessation de ses payements, d'en faire la déclaration au greffe du tribunal de commerce de son domicile. Le jour de la cessation de payements sera compris dans les quinze jours. »

« Art. 586, 4° — ... Si, dans les quinze jours de la cessation de ses payements, il n'a pas fait au greffe la déclaration exigée par les articles 438 et 439, ou si cette déclaration ne contient pas les noms de tous les associés solidaires. »

« Art. 24. — Toutes les dispositions du Code de commerce qui ne sont pas modifiées par la présente loi continueront à recevoir leur application en cas de liquidation judiciaire comme en cas de faillite. »

Application de la loi nouvelle aux situations antérieures. — Enfin l'article 25 porte que le commerçant en état de cessation de payements dont la faillite n'aura pas été déclarée, ou dont le jugement déclaratif de faillite ne sera pas devenu définitif à la date de la promulgation de la présente loi, pourra obtenir le bénéfice de la liquidation judiciaire.

« Le jugement qui homologuera le concordat obtenu par le débiteur dont la faillite aura été déclarée antérieurement à la promulgation de la présente loi, ou qui déclarera celui-ci excusable, pourra décider que le failli ne sera soumis qu'aux incapacités édictées par l'article 21 contre les débiteurs admis à la liquidation judiciaire.

« Cette disposition sera applicable à tout ancien failli qui aura obtenu son concordat ou qui aura été déclaré excusable. Il devra saisir par requête le tribunal de commerce qui a déclaré sa faillite et produire son casier judiciaire. Cette requête sera affichée pendant quinze jours dans l'auditoire. Le tribunal statuera en chambre du conseil. Sa décision n'est susceptible d'aucun recours. »

Tel est l'ensemble de cette loi, dont le but principal a été d'éviter au commerçant malheureux les conséquences de la faillite dans leur rigoureuse application.

Notons également l'article 23, qui accorde quinze jours,

au lieu de trois seulement, pour faire au greffe du tribunal de commerce du domicile la déclaration de cessation de payements.

Cette disposition est fort importante, puisque, faute de cette déclaration dans les trois jours autrefois, dans les quinze jours maintenant, de la cessation de ses payements, le failli pourrait être déclaré banqueroutier simple, ce qui l'amènerait en police correctionnelle.

Dépôt de bilan. — Cette déclaration devra être accompagnée du dépôt du bilan, ou contenir l'indication des motifs qui empêcheraient le failli de le déposer.

Le bilan renfermera l'énumération et l'évaluation de tous les biens mobiliers et immobiliers du débiteur, l'état des dettes actives et passives, le tableau des profits et pertes, le tableau des dépenses; il devra être certifié véritable, daté et signé par le débiteur. (Art. 439 du Code de commerce.)

Nous n'avons pas la prétention de faire ici une étude de la faillite. Notre seul but est, comme toujours, de signaler au lecteur les danger qu'il courrait en semblable matière.

Banqueroute simple. — Ainsi donc, suivant l'appréciation laissée au tribunal, le commerçant failli pourra être déclaré banqueroutier simple, non seulement s'il n'a pas fait cette déclaration dans les délais dont nous venons de parler, mais encore :

S'il a signé des effets de complaisance pour des sommes trop élevées, eu égard à sa situation au moment de la signature ;

S'il est de nouveau déclaré en faillite sans avoir satisfait aux obligations prises envers ses premiers créanciers ;

Si, étant marié sous le régime dotal, ou sous le régime de la séparation de biens, il n'a pas, dans le délai d'un mois à partir du jour où il est devenu commerçant, remis un extrait de son contrat de mariage, indiquant ce régime, aux greffes des tribunaux de première instance et de commerce du domicile du mari et aux chambres des avoués et notaires, s'il y en a ;

Si, sans empêchement légitime, il ne s'est pas présenté en personne aux syndics, sur leur réquisition, dans les cas et dans les délais fixés, ou si, après avoir obtenu un sauf-conduit, il ne s'est pas présenté devant le tribunal ;

Enfin, s'il n'a pas tenu de livres et fait exactement inventaire ; si ses livres ou inventaires sont incomplets ou irrégulièrement tenus, ou s'ils n'offrent pas sa véritable situation active ou passive, sans néanmoins qu'il y ait fraude.

Tous ces cas, comme nous l'avons dit, sont soumis à l'appréciation du tribunal, qui peut, selon les circonstances de fait, les rejeter ou les retenir.

Mais, au contraire, la banqueroute simple sera forcément déclarée :

Si les dépenses personnelles du failli ou les dépenses de sa maison sont jugées excessives ;

S'il a englouti des sommes considérables dans des agiotages sur les fonds publics ou les marchandises, et dans des opérations de hasard ;

Si, dans l'intention de retarder sa faillite, il a fait des achats pour revendre au-dessous du cours ; si, dans la même intention, il s'est livré à des emprunts, circulation d'effets et autres moyens ruineux de se procurer des fonds ;

Si, après la cessation de ses payements, il a payé un créancier au préjudice de la masse. (Art. 585 du Code de commerce.)

Répression. — La différence entre cet article et ce que nous appelons les cas facultatifs de banqueroute simple, a d'autant plus d'importance que l'article 584 du même Code s'exprime ainsi :

« Les cas de banqueroute simple seront punis des peines portées au Code pénal, et jugés par les tribunaux correctionnels, sur la poursuite des syndics, de tout créancier ou du ministère public. »

Or, l'article 402 du Code pénal prononce contre les banqueroutiers simples un emprisonnement d'un mois au moins et de deux ans au plus, qui peut être encore très diminué par l'admission de circonstances atténuantes.

Banqueroute frauduleuse. — Quant à ce que l'on appelle la banqueroute frauduleuse, elle est déclarée contre tout commerçant failli qui aura soustrait ses livres, détourné ou dissimulé une partie de son actif, ou qui, soit dans ses écritures, soit par des actes publics ou des engagements sous signature privée, soit par son bilan, se sera frauduleusement reconnu débiteur de sommes qu'il ne devait pas.

Dans ce cas alors, c'est la Cour d'assises ; les travaux forcés à temps si le jury n'accorde pas de circonstances atténuantes, et deux ans de prison au minimum avec le bénéfice de ces circonstances.

Nous n'avons point à recommander à nos lecteurs l'honnêteté la plus scrupuleuse, mais nous devons les mettre en garde contre les billets de complaisance, les négligences dans la tenue des livres, les dépenses excessives, les spéculations hasardeuses et surtout l'entêtement à prolonger une situation désespérée. Il est infiniment plus honorable de convoquer ses créanciers en temps utile, d'obtenir d'eux un arrangement, ou de déposer loyalement son bilan. Malheur n'est pas honte ; et la loi nouvelle vient en aide à ces situations.

Vente du fonds avant la faillite. — Pour en revenir à la vente du fonds de commerce, cette vente n'entraîne pas par elle-même, pour un commerçant gêné, la mise en faillite. C'est seulement la date de la cessation des payements qui doit être prise en considération.

Ainsi, la Cour de Paris a décidé, le 20 février 1846, que la vente du fonds de commerce d'un négociant annoncée publiquement, et dont le prix a été employé au payement d'effets en souffrance, ne peut être prise pour point de départ de la faillite, alors même que précédemment il aurait éprouvé un embarras commercial et même subi des protêts, si, depuis cette époque jusqu'à la vente, les billets ont été payés et le commerce continué sans interruption. (Dalloz, 51. 2. 89 ; Lèbre, p. 246.)

Mais le tribunal a le droit d'apprécier et d'annuler la cession faite par le négociant, dans ces circonstances critiques, si elle constituait un avantage personnel au profit d'un des créanciers et portait préjudice aux droits des autres.

Vente après faillite. — Lorsque la faillite est

déclarée, le fonds de commerce est certainement le principal actif, et il y a lieu d'appliquer l'article 486 du Code de commerce :

« Le juge-commissaire pourra, le failli entendu ou dûment appelé, autoriser les syndics à procéder à la vente des effets mobiliers ou marchandises.

« Il décidera si la vente se fera, soit à l'amiable, soit aux enchères publiques, par l'entremise de courtiers ou de tous autres officiers publics préposés à cet effet.

« Les syndics choisiront, dans la classe d'officiers publics déterminée par le juge-commissaire, celui dont ils voudront employer le ministère. »

Et le Tribunal de commerce de la Seine, d'accord avec la doctrine, a décidé qu'indépendamment des marchandises, l'achalandage doit être compris dans l'actif de la faillite, ainsi que l'enseigne et les autres accessoires du fonds.

Nom du failli. — Mais il ne faut rien exagérer, et un jugement récent du 19 décembre 1888, rendu par la même juridiction, a déclaré ceci : « *La vente du fonds* de commerce, dépendant de l'actif d'une faillite, *ne peut comprendre la vente du nom du failli,* ni impliquer pour ce dernier l'interdiction de se rétablir sous son nom. Une pareille interdiction, outre qu'elle serait contraire au principe de l'inaliénabilité de la liberté d'industrie, ne tendrait à rien moins qu'à priver le failli de moyens d'existence et à lui ôter la possibilité d'exécuter ses engagements. »

Si donc l'hôtel vendu porte le nom du failli, l'acquéreur ne pourra conserver ce nom à l'établissement, à moins, dit le tribunal, que, pour éviter toute erreur, il le fasse précéder des mots : *Ancienne maison,* en toutes lettres, et avec des caractères de même grandeur, et que le nom nouveau ou la nouvelle raison sociale soit indiquée comme *successeur.*

Dans ce cas, toutes les enseignes de l'hôtel, les prospectus, affiches, annonces, et généralement tous les papiers de commerce, devront être modifiés, ainsi qu'il vient d'être dit.

Acquisition nouvelle. — Quant au droit de se rétablir, pour le failli, il est régi par les principes généraux que nous avons étudiés plus haut, quand nous avons traité de la vente volontaire.

Le failli concordataire peut valablement autoriser ses créanciers à gérer et, au besoin, à vendre l'hôtel.

Lorsque l'union a été déclarée, le failli peut encore acheter un nouveau fonds de commerce, si cette acquisition n'est pas faite au préjudice des créanciers, mais ouvertement et sans opposition de leur part. De son côté, le vendeur ne saurait soulever aucune difficulté, si le payement intégral du prix a été effectué avec garantie que l'origine des fonds est à l'abri de toute recherche du chef de la faillite.

Cette théorie, soutenue par M. Lèbre dans son *Traité des fonds de commerce,* page 254, est appuyée par de nombreuses décisions judiciaires, et notamment par un arrêt de la Cour de Paris, en date du 9 juillet 1883.

« Et les créanciers du failli ne pourraient davantage critiquer la vente qui serait faite plus tard, par celui-ci, du fonds de commerce ainsi acquis à nouveau et exploité par lui. »

Droits du propriétaire. —Il importe également, au moment d'une faillite, de bien connaître les droits du propriétaire, afin d'éviter toute imprudence et toute discussion.

L'article 550 du Code de commerce nous renseigne complètement sur ce point :

« Si le bail est résilié, le propriétaire d'immeubles affectés à l'industrie ou au commerce du failli aura privilége pour les deux dernières années de location échues avant le jugement déclaratif de faillite, pour l'année courante, pour tout ce qui concerne l'exécution du bail et pour les dommages-intérêts qui pourront lui être alloués par les tribunaux.

« Au cas de non-résiliation, le bailleur, une fois payé de tous les loyers échus, ne pourra exiger le payement des loyers en cours ou à échoir, si les sûretés qui lui ont été données lors du contrat sont maintenues, ou si celles qui lui ont été fournies depuis la faillite sont jugées suffisantes.

« Lorsqu'il y aura vente des meubles garnissant les lieux loués, le bailleur pourra exercer son privilége comme au cas de résiliation ci-dessus, et, en outre, pour une année à échoir à partir de l'expiration de l'année courante, que le bail ait ou non date certaine. »

Perte du privilége du vendeur et du droit de revendication. — Quant au vendeur du fonds de commerce, il perd, par le fait de la faillite, son privilége et son droit de revendication.

Le même article 550, en effet, se termine ainsi : « Le privilége et le droit de revendication établis par le n° 4 de l'article 2102 du Code civil, au profit du vendeur d'effets mobiliers, ne peuvent être exercés contre la faillite. »

Mais nous rentrons ici dans le droit commun, et il faudrait des volumes pour toutes ces questions.

Terminons donc par un mot sur la réhabilitation.

Réhabilitation. — Le failli qui aura intégralement acquitté, en principal, intérêts et frais, toutes les sommes par lui dues, pourra obtenir sa réhabilitation. (Art. 604 du Code de commerce.)

La réhabilitation est le rétablissement du failli dans tous les droits dont il a été privé par l'effet de la déclaration judiciaire de sa faillite.

Elle peut être demandée à toute époque, quel que soit le temps écoulé depuis la déclaration ou la clôture de la faillite, et même après la mort du failli.

La demande est adressée à la Cour d'appel avec les quittances et les pièces justificatives. (Art. 605.)

Le procureur général fait faire une enquête par le procureur de la République et le président du tribunal de commerce du domicile du demandeur, et, si celui-ci a changé de domicile depuis la faillite, au procureur de la République et au président du tribunal de commerce de l'arrondissement où elle a eu lieu, en les chargeant de recueillir tous les renseignements qu'ils pourront se procurer sur la vérité des faits de la demande ; et copie de celle-ci reste affichée pendant deux mois, tant dans les salles d'audience de chaque tribunal qu'à la Bourse et à la maison commune, et est insérée par extrait dans les journaux de la localité. (Art. 606 et 607.)

A l'expiration des deux mois, le procureur de la République et le président du tribunal de commerce transmettent, chacun séparément, au procureur général leurs renseignements et leurs avis ; le procureur général fait rendre arrêt par la Cour sur l'admission ou le rejet de la demande. (Art. 609-610.)

L'arrêt portant réhabilitation sera transmis aux procureurs de la République et aux présidents des tribunaux auxquels la demande aura été adressée. Ces tribunaux en feront faire la lecture publique et la transcription sur leurs registres. (Art. 611.)

Ainsi, le commerçant honnête ne doit jamais se décourager. Déjà la loi nouvelle avec la liquidation judiciaire atténue le mal dans une large mesure, et la réhabilitation le fait disparaître entièrement.

Le point capital est, comme nous l'avons dit, d'agir avec loyauté, de se rendre toujours un compte exact de sa situation, de prendre conseil à temps, et de ne pas hésiter à faire, dans les délais fixés, la déclaration de cessation de payements avec le dépôt d'un bilan régulier.

Nous avons dû traiter ce triste sujet dans cet ouvrage, pour qu'il ne fût pas trop incomplet ; mais nous espérons qu'aucun de nos lecteurs n'aura à consulter ce chapitre, et que l'hôtelier saura, par son travail, son intelligence et sa probité, assurer pleinement l'avenir de sa famille. C'est elle, ce sont ses intérêts qui vont faire maintenant l'objet de notre étude.

CHAPITRE V

Testament. — Le père de famille peut et doit assurer la situation des siens après sa mort. Le testament lui en fournit le moyen.

Le testament est un acte par lequel le testateur dispose, pour le temps où il n'existera plus, de tout ou partie de ses biens, et qu'il peut révoquer.

Telle est la définition donnée par l'article 895 du Code civil.

Le testament peut être fait olographe, ou devant un notaire.

Chacun a le droit de rédiger son testament comme il l'entend, à la seule condition de l'écrire en entier de sa main, de le dater et de le signer.

L'article 970 du même Code dit, en effet :

« Le testament olographe ne sera point valable s'il n'est écrit en entier, daté et signé de la main du testateur : il n'est assujetti à aucune autre forme. »

Il n'est même point nécessaire, pour sa validité, qu'il soit écrit sur papier timbré. Seulement, s'il est sur papier libre, les héritiers auront à payer une amende à l'enregistrement. Mais ce n'est là qu'une loi fiscale, la volonté exprimée doit toujours être respectée, dès que l'article 970 a été observé.

L'hôtelier qui veut faire lui-même son testament agira toujours prudemment en prenant l'avis préalable de son notaire ou de son avocat.

S'il préfère un testament par acte public, il suivra les indications de forme que lui donnera son notaire et n'aura qu'à lui dicter expressément ses dernières volontés.

L'article 971 du Code civil contient en effet ces dispositions : Le testament par acte public est celui qui est reçu par deux notaires, en présence de deux témoins, ou par un notaire, en présence de quatre témoins.

Si le testament est reçu par deux notaires, il leur est dicté par le testateur, et il doit être écrit par l'un de ces notaires, tel qu'il est dicté.

S'il n'y a qu'un notaire, le testament doit également être dicté par le testateur et écrit par ce notaire.

Dans l'un et l'autre cas, il doit en être donné lecture au testateur, en présence des témoins.

Il est fait, du tout, mention expresse. (Art. 972.)

Le testament doit être signé par le testateur; si son état de maladie l'en empêche, il le déclare, et il est fait mention de sa déclaration; les témoins signent ensuite avec les notaires.

Droits des enfants. — Il n'y aura généralement aucune difficulté sur les droits des enfants et de ceux que

l'on appelle communément les héritiers. Ces droits sont,
en effet, indiqués par la loi elle-même; en voici les principales divisions; il faut, dit Marcadé, compter quatre ordres
d'héritiers :

. 1° Les descendants; 2° les ascendants et collatéraux
privilégiés; 3° les ascendants ordinaires; 4° les collatéraux ordinaires.

Les ascendants privilégiés sont les père et mère; les
collatéraux privilégiés sont les frères et sœurs et leurs descendants.

Les articles 731 à 755 du Code civil donnent, à cet
égard, tous renseignements utiles; nous ne pouvons qu'y
renvoyer le lecteur.

Droits de l'époux survivant. — Mais les
droits de l'époux survivant, et particulièrement de la
femme, sont souvent plus difficiles à préciser et à défendre.

Ils varient d'abord suivant le régime adopté lors du
mariage.

Est-ce le régime de la communauté? Est-ce le régime
exclusif de la communauté, dans lequel rentrent le régime
de la séparation de biens et le régime dotal?

La communauté est le droit commun du mariage; de
sorte que s'il n'y a pas de contrat de mariage, c'est le droit
commun qui en régit les effets; et, lors même que cet acte
substitue une communauté conventionnelle à la communauté légale, les diverses conventions matrimoniales doivent être interprétées d'après les principes qui régissent la
communauté légale. (Massé, *Droit commercial*, n° 1268.)

Communauté légale. — Or, d'après l'article

1401, l'actif de la communauté se compose de tout le mobilier que les époux possédaient au jour de la célébration du mariage, et de tout le mobilier qui leur échoit pendant le mariage à titre de succession et même de donation, si le donateur n'en a disposé autrement. De même, la communauté comprend tous les revenus, intérêts et arrérages de quelque nature qu'ils soient, échus ou perçus pendant le mariage, et provenant des biens qui appartenaient aux époux lors de sa célébration, ou de ceux qui leur sont échus pendant le mariage, à quelque titre que ce soit.

Enfin tout mobilier acquis à titre onéreux, ou provenant tant de l'industrie que des économies faites sur les revenus des biens des deux époux, entre dans la communauté. (Dalloz, *Codes annotés*, art. 1401, n° 52.)

Meubles et immeubles. — Il en est de même d'un fonds de commerce, soit qu'il ait appartenu avant le mariage à l'un ou à l'autre des époux, soit qu'il ait été acquis pendant le mariage, soit qu'il ait été formé avec leur industrie; et il tombe dans la communauté, non seulement quant aux marchandises, mais aussi quant à l'achalandage.

Cette doctrine, enseignée par Massé dans l'ouvrage que nous venons de citer, a été acceptée par la jurisprudence et n'est plus discutable aujourd'hui.

Ainsi, dans la plupart des cas, nulle difficulté. Mais il peut arriver qu'un fonds de commerce, représenté par l'achalandage, l'enseigne et les marchandises, ait un caractère immobilier, s'il comprend l'immeuble spécialement bâti pour son exploitation et le matériel immobilisé pour cet usage.

C'est dans ce sens que la Cour de Toulouse a décidé, le 4 août 1883, que : doivent être considérés comme immeubles par destination, les meubles garnissant un hôtel meublé où ils ont été placés par le propriétaire, lorsque le bâtiment dans lequel ils se trouvent a été construit et aménagé dans le but exclusif de faire un établissement devant servir d'hôtellerie, et que son appropriation à une destination autre nécessite des transformations matérielles graves qui en modifieraient sensiblement la nature et la valeur. (Lèbre, *Fonds de commerce*, p. 11.)

Alors il faut appliquer les principes relatifs aux immeubles.

Ceux qui ont été acquis pendant le mariage tombent dans la communauté. (Art. 1401.)

En sont exclus : ceux que les époux possèdent au jour de la célébration du mariage ou qui leur échoient, pendant son cours, à titre de succession. (Art. 1404.)

C'est sur ces bases générales que la liquidation de la communauté sera établie, en l'absence de toutes conventions matrimoniales et de toutes dispositions testamentaires.

Inventaire. — Et d'abord, dans de pareilles circonstances, la femme doit, dans les trois mois du jour du décès du mari, faire faire un inventaire fidèle et exact de tous les biens de la communauté, contradictoirement avec les héritiers du mari, ou eux dûment appelés. (Art. 1456.)

A défaut d'inventaire dans le délai ci-dessus fixé, et à moins de faits tout exceptionnels, la femme se trouve, par là même, obligée au payement de la moitié des dettes de la communauté.

L'article 1456 ajoute : « Cet inventaire doit être par elle affirmé sincère et véritable devant l'officier public qui l'a reçu. »

C'est donc un notaire qui fera cet inventaire.

Dans le cas où la veuve et les héritiers du mari sont divisés sur le choix de ce notaire, à qui appartient le droit de décider? A la veuve, selon nous, sous la condition qu'elle soit commune en biens et qu'elle ait des droits à exercer contre la succession. Elle agira ainsi, le plus souvent, tant en son nom personnel que comme tutrice de ses enfants mineurs. C'est devant le notaire qu'elle prêtera serment, dans le cas où elle est restée en possession des biens, qu'elle n'en a détourné, vu détourner ni su qu'il en ait été détourné aucun. (Art. 943 du Code de procédure civile.)

La veuve qui a pris ou recélé quelques effets de la communauté est, par cela seul, déclarée commune et obligée aux dettes. (Art. 1460 Code civil.)

Elle devra donc agir avec une loyauté parfaite et suivre l'avis du notaire pour toutes ces formalités.

Nourriture et logement de la femme survivante. — Sa situation est d'ailleurs précisée, durant cette période, par l'article 1465 : « La veuve a droit, pendant les trois mois et quarante jours qui lui sont accordés pour faire inventaire et délibérer, de prendre sa nourriture et celle de ses domestiques sur les provisions existantes, et, à défaut, par emprunt au compte de la masse commune, à la charge d'en user modérément.

« Elle ne doit aucun loyer à raison de l'habitation qu'elle a pu faire, pendant ces délais, dans une maison dépendante de la communauté ou appartenant aux héritiers du mari ; et si la maison, que les époux habitaient à l'époque de la dissolution de la communauté, était tenue par eux à titre de loyer, la femme ne contribuera pas, pendant les mêmes délais, au payement dudit loyer, lequel sera pris sur la masse. »

La masse est justement établie par l'inventaire, qui contient, entre autres renseignements, la déclaration des titres de créance et des valeurs de toute sorte, la description et l'estimation des effets mobiliers. Le fonds de commerce y est nécessairement décrit et estimé.

Estimation de l'hôtel. — Le notaire peut se faire assister par des experts et gens du métier, quand il s'agit d'objets dont l'estimation exige des aptitudes spéciales. Il a donc le droit, avec l'assentiment des intéressés, de faire appeler un ou plusieurs hôteliers pour donner leur avis sur la valeur du fonds de commerce et des marchandises et matériel à son usage.

Les experts prêtent serment, entre les mains du notaire, de bien remplir leur mission. Il n'y a pas lieu de recourir au juge de paix, lorsque les scellés n'ont pas été apposés. Cependant, même en ce cas, suivant une autre opinion que nous ne partageons point, les experts doivent prêter serment devant le juge de paix. (Dalloz, *Codes annotés*, art. 943, n° 56.)

Si quelques difficultés s'élevaient sur l'expertise, le choix des experts, la prestation de serment ou tous autres objets, le notaire laisserait les intéressés se pourvoir en référé devant le président du tribunal de première instance, qui rendra son ordonnance ainsi qu'il est dit en l'article 944 du Code de procédure.

Une fois l'inventaire exact et fidèle, selon l'expression de la loi, établi par le notaire, celui-ci procède au partage de la communauté et en fixe l'actif et le passif selon les principes édictés par les articles 1482 à 1491 du Code civil. La succession est ensuite liquidée d'après ces mêmes bases.

Nous avons supposé jusqu'ici l'absence de toutes conventions matrimoniales et de toutes dispositions testamentaires.

Communauté conventionnelle. — Le plus souvent cependant, l'avenir de l'époux survivant a été assuré par les termes du contrat de mariage ; et, comme nous l'avons dit plus haut, selon les stipulations faites, le fonds de commerce lui restera sans indemnité à payer ; d'autres fois, il le gardera si bon lui semble, moyennant un prix à rapporter à la masse de la communauté et qui sera fixé, à dire d'experts ; ou bien si l'estimation ne lui convient pas, il sera libre de laisser vendre aux enchères publiques.

Le contrat de mariage est, en définitive, l'acte d'après lequel se fera le partage de la communauté, si elle a été adoptée ; ou l'attribution des droits de l'époux survivant, si un autre régime a été choisi ; et la liquidation de la succession sera modifiée selon les termes du même acte et suivant les donations qu'il renferme, ou les dispositions testamentaires prises ultérieurement.

Les questions les plus nombreuses et les plus difficiles naissent ici, à chaque pas. Mais nous faisons un traité spécial, et non pas de droit commun.

Conseil pratique. — Nous résumerons donc tous ces problèmes dans ce seul avis à l'époux survivant :

Adressez-vous immédiatement à votre notaire, exposez-lui franchement et complètement la situation, et rapportez-vous-en à lui. Il sera le meilleur gardien de vos intérêts.

Nous avons dit que les droits des enfants étaient, le plus souvent, faciles à préciser.

Il est cependant une préoccupation, celle de la tutelle, qu'il importe d'étudier en quelques mots.

Tutelle. — D'abord la tutelle des enfants mineurs et non émancipés appartient de plein droit au survivant des père et mère. (Art. 390 du Code civil.)

Voilà donc la malheureuse veuve, tutrice de ses enfants, qui, au milieu de son deuil et de ses inquiétudes, doit requérir la réunion du conseil de famille.

Ici encore nous venons lui dire : Évitez soigneusement tous les donneurs d'avis, allez directement au greffe de la justice de paix de votre arrondissement ou de votre canton; expliquez au greffier le but de votre démarche et donnez-lui les noms des plus proches parents des enfants.

Conseil de famille. — L'article 407, en effet, dispose ainsi : « Le conseil de famille sera composé, non compris le juge de paix, de six parents ou alliés, pris tant dans la commune où la tutelle sera ouverte que dans la distance de deux myriamètres, moitié du côté paternel, moitié du côté maternel, et en suivant l'ordre de proximité dans chaque ligne. Le parent sera préféré à l'allié du même degré, et, parmi les parents de même degré, le plus âgé à celui qui le sera moins. »

Et l'article 409 ajoute : « Lorsque les parents ou alliés de l'une ou l'autre ligne se trouveront en nombre insuffisant dans la distance désignée par l'article 407, le juge de paix appellera, soit des parents ou alliés domiciliés à de plus grandes distances, soit, dans la commune même, des citoyens connus pour avoir eu des relations habituelles d'amitié avec les parents du mineur. »

Dès que le greffier aura ces renseignements, il indiquera, au nom de M. le juge de paix, le jour de la réunion et convoquera les personnes qui devront y prendre part.

Les parents, amis ou alliés ainsi convoqués seront tenus de se rendre en personne ou de se faire représenter par un mandataire spécial. Le fondé de pouvoir ne peut représenter plus d'une personne. (Art. 412.)

Tout parent, allié ou ami, convoqué et qui, sans excuse légitime, ne comparaîtra point, encourra une amende qui ne pourra excéder 50 francs et sera prononcée sans appel par le juge de paix. (Art. 413.)

Subrogé tuteur. — Le premier acte sera la nomination d'un subrogé tuteur.

Ses fonctions consisteront à agir pour les intérêts du mineur, lorsqu'ils seront en opposition avec ceux du tuteur. (Art. 420.) Il devra également, lorsque la tutelle deviendra vacante, provoquer la nomination d'un nouveau tuteur; et ce, à peine des dommages-intérêts qui pourraient résulter, pour le mineur, d'une administration défectueuse. (Art. 424.)

Aussitôt la réunion du conseil de famille et la nomination du subrogé tuteur, le tuteur commence sa gestion.

Administration du tuteur. — Il doit prendre soin de la personne et des biens du mineur; représenter celui-ci dans tous les actes civils et administrer sa fortune en bon père de famille.

Tels sont ses devoirs généraux.

Comme procédure de détail, il doit, dans les dix jours qui suivront celui de sa nomination, requérir la levée des scellés s'ils ont été apposés, et faire procéder immédiatement à l'inventaire des biens du mineur, en présence du subrogé tuteur.

Les meubles doivent être vendus, à l'exception de ceux que le conseil de famille aurait autorisé à garder, et à moins que le tuteur ne soit le père ou la mère.

Dans ce cas, le tuteur est dispensé de vendre les meubles, s'il préfère les garder pour les rendre en nature. Il devra seulement en faire faire une estimation par un expert qui sera nommé par le subrogé tuteur et prêtera serment devant le juge de paix. A la fin de la gestion, le tuteur rendra la valeur estimative de ceux des meubles qu'il ne pourrait représenter en nature. (Art. 453 Code civil.)

Le tuteur, même le père ou la mère, ne peut emprunter pour le mineur, ni aliéner ou hypothéquer ses biens immeubles sans y être autorisé par le conseil de famille.

Cette autorisation ne devra être accordée que pour cause d'une nécessité absolue, ou d'un avantage évident.

Ainsi s'exprime l'article 457, qui, avec les suivants, impose, sur ce sujet, des conditions et des formalités spéciales.

Nous devons nous borner ici à garantir le tuteur contre toute imprudence et tout acte qui ne rentrerait pas dans l'administration dont il est chargé.

Ainsi, il ne peut accepter ni répudier une succession échue au mineur, sans une autorisation préalable du conseil de famille.

La même autorisation lui est encore nécessaire pour accepter une donation faite à son pupille; pour plaider sur les droits immobiliers de celui-ci ou pour acquiescer à une demande relative à ces droits; enfin pour provoquer un partage.

Dans le cas où il y aurait lieu à faire une transaction au nom du mineur, il faudra, outre l'autorisation dont nous venons de parler, l'avis de trois jurisconsultes désignés par le procureur de la République près le tribunal de première instance; et cette transaction ne sera valable qu'autant qu'elle aura été homologuée par ce tribunal, après avoir entendu le procureur de la République. (Art. 467.)

Nous signalons cet article à l'attention du tuteur, qui, souvent, sera sollicité d'arranger un différend, de transiger sur une contestation. On fera valoir l'intérêt du mineur, l'économie d'un procès, l'inutilité de ces formalités; il n'a, lui assure-t-on, qu'à se porter fort pour son pupille, et l'on traitera ainsi comme entre majeurs.

Compte de tutelle. — Le tuteur qui accepterait de tels arrangements engagerait gravement sa responsabilité vis-à-vis des tiers, avec lesquels il a fait un traité nul, et vis-à-vis du mineur lui-même.

En effet, d'après l'article 469, tout tuteur doit compte de sa gestion quand elle finit.

Si donc la transaction irrégulière dont nous venons de parler a causé un préjudice au mineur, celui-ci, devenu majeur, pourra réclamer une indemnité.

Le tuteur devra donc s'entourer toujours d'avis éclairés. C'est la recommandation qui domine tout ce chapitre, et nous ne pouvons que la répéter en finissant :

Pour le testament, pour les dispositions à prendre immédiatement après la mort de l'un des époux, pour l'inventaire, la liquidation, la vente ou la conservation du fonds de commerce, adressez-vous à votre notaire ;

Pour tout ce qui se rapporte à la tutelle et aux réunions du conseil de famille, adressez-vous à votre juge de paix.

Les questions varient trop avec les faits, les régimes matrimoniaux, le texte des testaments, pour que nous puissions préciser davantage la marche à suivre en pareilles circonstances.

Les principes généraux de procédure sont plus faciles à établir; nous allons les étudier en terminant ce quatrième livre.

CHAPITRE VI

Tout en souhaitant à notre lecteur une existence des plus paisibles, nous l'avons supposé en difficultés successives avec l'administration, avec le vendeur de l'hôtel, avec des collègues, avec les fournisseurs et enfin avec les voyageurs.

Difficultés avec les voyageurs. — Ce dernier cas étant le plus fréquent, c'est par lui que nous commencerons :

L'article 2 de la loi du 25 mai 1838 s'exprime ainsi :

« Les juges de paix prononceront sans appel jusqu'à la valeur de 100 francs, et, à charge d'appel, jusqu'à 1,500 francs,

« Sur les contestations entre les hôteliers, aubergistes et logeurs et les voyageurs ou locataires en garni, pour dépenses d'hôtellerie et perte ou avarie d'effets déposés dans l'auberge ou dans l'hôtel. »

Mais, dit Dalloz, dans ses *Codes annotés,* cette compétence du juge de paix est subordonnée à la condition que la valeur de la demande soit déterminée ; ainsi, l'action formée par un voyageur contre un hôtelier, en représentation d'effets volés, sans fixation de leur valeur, ne rentre pas dans les attributions de la justice de paix ; et, quelque minime que paraisse le prix des effets réclamés, l'action devrait être renvoyée devant le tribunal de première instance dans l'arrondissement duquel se trouve le domicile de l'hôtelier.

Celui-ci, dans l'espèce, est défendeur, et les principes du droit commun reçoivent leur application.

Or les articles 2 et 59 du Code de procédure civile sont formels sur ce point : en matière personnelle, le défendeur sera assigné devant le tribunal de son domicile.

Mais, par les mêmes motifs, c'est devant le juge de paix ou le tribunal du domicile du voyageur que devra être portée la demande de l'hôtelier pour dépenses d'hôtellerie. La discussion de la loi de 1838 à la Chambre des députés ne laisse aucun doute à cet égard.

Les difficultés peuvent donc être fort grandes, si le voyageur demeure très loin ; elles deviennent inextricables s'il est étranger. Mais l'hôtelier a un moyen de maintenir la compétence du tribunal de son domicile, à lui : c'est de retenir les effets du voyageur et de faire procéder, par un huissier, à une saisie-gagerie.

Le voyageur sera alors forcé de plaider devant le juge du domicile de l'hôtelier ; car la saisie est attributive de juridiction, et c'est devant le juge de paix que, dans ce cas, doivent être portées les saisies-gageries. (Voir Agnel et Carré.)

La disposition de l'article 2 de la loi ci-dessus ne s'entend pas des difficultés qui auraient le caractère commercial, c'est-à-dire des fournitures faites par un aubergiste ou hôtelier à un commerçant pour les besoins de son commerce. Celles-ci sont de la compétence des tribunaux de commerce.

Fournitures commerciales. — Il en est ainsi spécialement, dit Dalloz, de l'action formée par un aubergiste en payement des fournitures qu'il a faites à un marchand pour la nourriture des voituriers et des chevaux que ce marchand emploie. (Cour de Caen, 25 mars 1846, Dalloz, 46. 4. 81. — Cour de Lyon, 21 août 1858, Dalloz, 59. 2. 81.)

Pareillement, la demande intentée par un aubergiste contre un entrepreneur de travaux, en payement de dépenses faites dans son auberge par les ouvriers de celui-ci pour leur nourriture, et que l'entrepreneur s'est engagé à payer, est de la compétence du tribunal de commerce. (Caen, 2 février 1858, Sirey, 59. 2. 160.)

« Toute la difficulté, en pareil cas, consiste, dit Agnel, à savoir si le fait des fournitures est un acte de commerce entre deux commerçants.

« Or, il n'est pas douteux qu'un aubergiste est commerçant et qu'il fait acte de commerce, soit en achetant, soit en vendant au public les fournitures de son auberge. Seulement, quant à la vente de ces fournitures et pour le règlement de la compétence, il y a à distinguer si elle a été faite à un commerçant ou à un non-commerçant.

« Si les fournitures ont été faites à un non-commerçant, il est certain que l'aubergiste ne pourra le traduire devant la juridiction commerciale. Si elles ont été faites à un commerçant, alors une seconde distinction devient nécessaire : il faut examiner si ces fournitures lui ont été faites pour son usage particulier ou pour son commerce.

« Dans le premier cas, il ne pourra pas plus que tout autre particulier être traduit devant la juridiction commerciale. Si, au contraire, elles lui ont été faites pour son commerce, alors il y a évidemment, de la part de ce commerçant, acte de commerce, et cet acte de commerce étant réciproque de part et d'autre, on ne saurait mettre en doute la compétence de la juridiction commerciale. Telle est, au reste, la jurisprudence généralement admise en cette matière. »

Il est impossible d'exposer plus nettement la thèse qui nous occupe. Rappelons à ce sujet les dispositions de l'article 420 du Code de procédure en matière commerciale :

Le demandeur pourra assigner à son choix :

Devant le tribunal du domicile du défendeur ;

Devant celui dans l'arrondissement duquel la promesse a été faite et la marchandise livrée ;

Devant celui dans l'arrondissement duquel le payement devait être effectué.

Mais en dehors des cas que nous venons d'étudier, si, par exemple, les difficultés entre hôteliers et voyageurs ont d'autres causes que les fournitures faites ou les avaries causées aux effets déposés, le droit commun doit être simplement appliqué.

Difficultés entre hôteliers, — C'est par le même principe que les procès entre hôteliers seront portés devant le tribunal de commerce.

En effet, les hôteliers sont certainement commerçants,

car ils achètent des denrées pour les revendre à leur clientèle.

La Cour de Paris a même jugé, le 27 février 1846, que le propriétaire d'un hôtel garni, qui lui-même n'était pas commerçant, faisait acte de commerce en y établissant un gérant patenté.

On a cependant discuté le point de savoir si le maître d'un hôtel garni, qui ne fait que louer des chambres, sans donner à manger, était commerçant.

Il n'achète point, dit-on, de denrées pour les revendre, il ne fait donc point acte de commerce.

Mais il est absolument rare que le voyageur ne prenne point, dans l'hôtel, au moins un léger repas et quelques rafraîchissements ; qu'il ne s'y fournisse point de lumière, de bois, de quelques denrées. Le principe général ne saurait donc être atteint par une telle exception.

La compétence du tribunal de commerce est également affirmée pour les discussions relatives aux ventes de fonds, lorsque vendeur et acheteur sont tous deux commerçants. Si l'un des deux est un simple particulier, il peut assigner l'autre valablement soit devant le tribunal de commerce, soit devant le tribunal civil. Mais, en général, la vente et l'achat ont le caractère commercial.

Difficultés avec les agences de fonds de commerce. — La conséquence est que les difficultés avec les agences ou autres intermédiaires doivent être soumises au même tribunal de commerce. Il ne s'agit point, en effet, de salaire dû par un mandant à son mandataire, mais de commission réclamée par un intermédiaire à raison des soins qu'il a pris pour une vente commerciale.

Il y a cependant quelques décisions opposées, qui veulent rendre ces procès à la juridiction civile.

Celle-ci, il faut le reconnaître, est la juridiction générale ; si bien que, même dans une opération commerciale, les intéressés peuvent valablement déclarer qu'en cas de désaccord on en référera au tribunal civil.

Toutefois, dans la pratique, c'est le tribunal de commerce qui jugera la plupart des questions, garantie, revendication, payement, nullité de la vente, réduction du prix.

Difficultés avec les fournisseurs. — Quant aux difficultés entre l'hôtelier et ses fournisseurs, aucun doute n'est possible. Ils sont tous commerçants comme lui, et, d'après l'article 631, les tribunaux de commerce statuent sur toutes contestations relatives aux engagements et transactions entre négociants, marchands et banquiers.

Arrivons maintenant aux différends qui peuvent exister avec l'administration.

Difficultés avec l'administration. — Supposons d'abord que l'hôtelier soit assigné devant le tribunal de simple police et condamné pour une contravention.

L'article 172 du Code d'instruction criminelle déclare que les jugements rendus en matière de police pourront être attaqués par la voie de l'appel, lorsqu'ils prononceront un emprisonnement, ou lorsque les amendes, restitutions et autres réparations civiles excéderont la somme de cinq francs, outre les dépens.

Cet appel, dit l'article 174 du même Code, sera porté au tribunal correctionnel ; il sera interjeté dans les dix jours de la signification de la sentence à personne ou domicile.

Enfin l'hôtelier peut se pourvoir en cassation.

S'il est assigné, pour un délit ou pour un fait assimilé à un délit, devant le tribunal correctionnel, il peut appeler, du jugement qui le frappe, à la Cour d'appel, dans les dix jours depuis celui où ce jugement a été prononcé.

Il peut également se pourvoir ensuite devant la Cour de cassation.

Mais il ne devra parcourir ces divers degrés de juridiction qu'après avoir pris l'avis sérieux de son avoué ou de son avocat. Sans quoi il s'exposerait à de nombreux ennuis et à des frais inutiles.

D'autre part, l'hôtelier, ayant des réclamations à faire au sujet de ses impôts directs, les adressera au Conseil de préfecture, qui statuera sur les demandes de remise ou de réduction. C'est encore la même juridiction qui tranchera les difficultés qui pourraient s'élever en matière de grande voirie et fixera les indemnités dues aux particuliers à raison de terrains pris pour les chemins, canaux et autres ouvrages publics.

La loi du 12 juillet 1865 a fixé la procédure à suivre.

Le réclamant présente sa requête avec un mémoire et les pièces à l'appui. Il dépose le tout au greffe du Conseil de préfecture.

Le préfet désigne un rapporteur à qui le dossier est remis dans les vingt-quatre heures.

Le rapporteur fait l'instruction, vérifie si toutes les pièces utiles sont jointes à ce dossier, recueille les pièces en réponse à celles-ci, en donne communication aux intéressés et leur accorde un délai pour fournir leur défense.

Dans les cas où ils sont autorisés à présenter des observations orales, ils sont invités par lettre à se trouver à l'audience. Ils s'expliquent alors personnellement ou se font assister d'un avocat, ou sont représentés par un mandataire.

L'appel, s'il y a lieu, doit être porté devant le Conseil d'État par requête signée d'un avocat au Conseil d'État et à la Cour de cassation.

Difficultés avec les héritiers. — Mais il est d'autres difficultés, malheureusement moins exceptionnelles ; nous voulons parler de celles qu'amène trop souvent l'ouverture d'une succession.

Quel sera, dans ces circonstances, le tribunal auquel il faudra s'adresser ?

Le tribunal civil, cette fois, sans aucun doute.

De quel lieu ?

Du lieu où la succession est ouverte :

Pour les demandes entre héritiers, jusqu'au partage inclusivement ;

Pour les demandes qui seraient intentées par des créanciers du défunt, avant le partage ;

Pour les demandes relatives à l'exécution des dispositions à cause de mort, jusqu'au jugement définitif, c'est-à-dire jusqu'au règlement définitif des droits respectifs des héritiers et des légataires.

Passé ces délais, nous retrouvons les principes généraux applicables en tout procès civil ordinaire.

Le défendeur sera assigné devant le tribunal de son domicile, s'il s'agit d'un droit personnel.

S'il y a plusieurs défendeurs, le tribunal de l'un d'eux sera choisi par le demandeur.

S'il s'agit d'un droit de propriété, l'assignation sera donnée devant le tribunal de la situation de l'objet litigieux.

S'il s'agit d'un droit personnel et d'un droit de propriété, le demandeur pourra adresser sa réclamation, à son choix, soit au juge de la situation de l'objet litigieux, soit au juge du domicile du défendeur.

Et maintenant, un conseil en finissant : Plaidez le moins possible. N'oubliez jamais le bon vieux proverbe : Mauvais accommodement vaut mieux que bon procès.

FORMULAIRE

FORMULAIRE

Déclaration préalable a l'exercice de la profession. — Bons de commission. — Engagements avec les intermédiaires pour la vente de l'hôtel. — Acte de vente. — Cession de bail. — Location en garni. — Location a l'année. — Location au mois ou a la semaine. — Congé. — Remise des clefs. — Clause réservant le fonds de commerce a l'époux survivant.

Il nous a paru nécessaire de compléter cet ouvrage par l'indication de certaines formules pratiques qui pourront être employées au cours de la profession.

Déclaration préalable.

Et d'abord, Brayer, dans son *Dictionnaire de police,* page 314, nous indique comment doit être faite la déclaration préalable à l'exercice de l'industrie :

« Le soussigné (*nom, prénoms, profession*) a l'honneur d'informer M. le (*préfet* ou *maire*) qu'il a l'intention d'ouvrir, à partir du (*date*), une maison à usage d'hôtel située rue ..., nº ..., à l'enseigne de ..., priant M. le (*maire* ou *préfet*) de vouloir bien lui donner acte de sa déclaration.

« A ..., le ... 18.. (*date*). »

Il est donné acte de sa déclaration au signataire dans les termes suivants :

« Le (Maire ou Préfet) de … donne acte au sieur (*nom, prénoms, profession*) de la déclaration faite le … (*date*), par laquelle il annonce l'intention d'ouvrir, à partir du … (*date*), etc. (*comme ci-dessus, jusqu'au mot :* priant).

« Le déclarant devra observer tous les règlements et lois de police qui régissent sa profession.

« A …, le … 18… »

Bon de commission. Engagements envers l'intermédiaire.

Nous avons, à plusieurs reprises, appelé l'attention de nos lecteurs sur les bons de commission ou engagements qu'ils prennent avec les intermédiaires pour la vente de l'hôtel.

Le *Traité des fonds de commerce,* par M. Lèbre, nous donne, page 321, la formule de ces engagements :

« Je soussigné (*nom, prénoms, profession, domicile*), tenant fonds d'hôtel meublé rue …, à …

« Promets payer à M. … ou à son successeur, pour le cas *seul* où mon hôtel serait vendu par son intermédiaire ou sur son indication, une commission de … francs à forfait (ou de tant pour cent) sur le prix de la vente.

« Si mon hôtel est vendu sans son concours, je n'aurai rien à lui payer. »

Il est souvent d'usage de donner à l'intermédiaire, pour le rémunérer de ses démarches et frais, lors même que le fonds de commerce n'aurait pas été vendu par ses soins, une indemnité débattue. Dans ce cas, il y a lieu de remplacer la dernière phrase de la formule ci-dessus par la suivante :

« Si l'opération se réalise en dehors de M. ..., je lui payerai seulement pour correspondance, renseignements, insertions, honoraires et frais quelconques, la somme de ... francs à forfait (ou tant pour cent) sur le prix qu'aura atteint la vente de mon hôtel.

« Fait en deux originaux à ..., le ... »

(Signature.)

Si, comme nous l'avons toujours conseillé, la vente ou l'achat de l'hôtel se fait par acte notarié, il n'y aura qu'à s'en rapporter à l'expérience de l'officier public après que les intentions des intéressés lui auront été nettement précisées.

A titre d'indication cependant, voici la formule donnée par Édouard Clerc, dans son *Manuel théorique et pratique du notariat,* page 142, *Vente à l'amiable d'un fonds de commerce :*

Vente de l'hôtel.

« Devant les notaires fut présent, etc.

« M. Jean (*nom, prénoms, profession, domicile*),

« Lequel a, par ces présentes, vendu et s'est obligé à garantir de tous troubles, saisies, revendications et autres empêchements quelconques,

« A M. Paul (*nom, prénoms, profession, domicile*),

« A ce présent et ce acceptant :

20

« Le fonds de commerce d'hôtel meublé que M. Jean fait valoir dans une maison sise à (*adresse*) et portant pour enseigne (*désignation de l'enseigne*).

« Ce fonds consiste dans la clientèle et l'achalandage qui y sont attachés, et dans les différents effets mobiliers et ustensiles servant à son exploitation, tels qu'ils sont détaillés en un état estimatif, demeuré ci-annexé, après avoir été certifié véritable, signé et parafé par le vendeur et l'acquéreur, en présence des notaires soussignés.

« Ainsi que le tout se poursuit et comporte, sans aucune exception ni réserve, et dont il n'a pas été fait une plus ample désignation, à la réquisition de l'acquéreur qui a déclaré le parfaitement connaître.

« L'acquéreur prendra possession du fonds présentement vendu et en aura la jouissance le (*date*). Il aura dès lors le droit de prendre le titre de successeur de M. Jean.

« La présente vente est faite à la charge, par l'acquéreur, qui s'y oblige :

« 1° De prendre ledit fonds et les effets mobiliers et ustensiles en dépendant dans l'état où le tout se trouve actuellement (ou se trouvera le ...), sans pouvoir exiger aucune indemnité pour cause de vétusté ou dégradation d'aucun de ces objets mobiliers ;

« 2° D'acquitter à compter du ... les contributions de patente mobilière, personnelle et autres, auxquelles l'exploitation de ce fonds peut donner lieu, quoique portées au nom de M. Jean, et de satisfaire à toutes les charges de ville et de police dont cette exploitation peut être tenue, de manière que M. Jean ne soit aucunement inquiété ni recherché à ce sujet ;

« 3° Et de payer tous les frais et honoraires des présentes ;

« Et, en outre, la présente vente est faite moyennant la somme de ... francs, pour les pratiques et achalandage du fonds ;

« Et celle de ... francs pour le prix des effets mobiliers et ustensiles, d'après l'estimation portée en l'état ci-annexé,

« Ensemble la somme de ...

« Sur cette somme, M. Paul a, à l'instant, payé en espèces ayant cours de monnaie, comptées à la vue des notaires soussignés, à M. Jean, qui le reconnaît, celle de ... francs, dont quittance.

« A l'égard des ... francs de surplus, M. Paul s'oblige à les payer à M. Jean, en sa demeure, à ..., en portions égales de ... francs chacune, et d'année en année (ou de ... mois en ... mois), à partir du ... prochain ; en sorte que le premier payement devra avoir lieu le ... ; le second le ... ; et ainsi de suite jusqu'au payement intégral des ... francs.

« Cette somme de ... francs ne produira pas d'intérêts (ou produira des intérêts à ... pour cent payables le ...).

« Pour faciliter à M. Jean la disposition du prix de la présente vente, M. Paul lui a souscrit ... billets à ordre de ... francs chacun, causés valeur en un fonds d'hôtel meublé, et payables aux diverses époques ci-dessus stipulées.

« Ces billets ne feront qu'une seule et même chose avec ces présentes, et leur acquit opérera la libération du prix de la présente vente.

« Comme condition des présentes, M. Jean s'interdit expressément la faculté de former ou faire valoir directe-

20.

ment ou indirectement aucun autre établissement d'hôtel meublé, dans la ville de ... (ou dans l'étendue de tel quartier, ou dans un rayon de ... mètres de l'hôtel vendu), pendant toute la durée du bail ci-après énoncé (ou pendant tant d'années), à peine de payer à M. Paul la somme de ... francs, à titre de dommages-intérêts, et sans préjudice du droit qu'aurait celui-ci de faire fermer le nouvel établissement.

« Dans le cas où, quel qu'en soit le motif, le vendeur ne recevrait pas la totalité du prix de la présente vente, l'interdiction, qui vient d'être stipulée, cesserait de plein droit, et le vendeur deviendrait libre de s'établir où bon lui semblerait.

« A la sûreté et garantie du payement de la somme de ... francs, restant due, le fonds de commerce vendu présentement demeurera affecté, par privilége spécial, expressément réservé au vendeur.

« Et il est convenu, comme une condition de la vente, qu'à défaut de payement d'un seul terme du prix, à son échéance, et quinze jours après un commandement de payer demeuré infructueux, tout ce qui serait encore dû alors deviendra de plein droit exigible, si bon semble au vendeur.

« M. Paul s'oblige à prendre toutes les marchandises qui se trouveront dans le fonds de commerce, lorsqu'il y entrera, mais jusqu'à concurrence de la somme de ... seulement et à son choix.

« Le prix de ces marchandises sera fixé à l'amiable ou par deux experts respectivement choisis, avec faculté de s'en adjoindre un troisième, en cas de désaccord.

« La somme à laquelle s'élevera l'estimation de ces marchandises sera payée par M. Paul, qui s'y oblige, en ...
payements égaux de ... mois en ... mois, à partir du ...
et sans intérêts. Il sera, à cet effet, souscrit par M. Paul ...
billets à l'ordre de M. Jean, causés valeur reçue en marchandises et dont le montant et les échéances concorderont
avec l'estimation qui aura lieu et ce qui vient d'être fixé
pour le payement.

« M. Jean prend l'engagement de rester avec l'acquéreur
pendant ... mois, à partir du jour de l'entrée en possession,
pour lui fournir tous les renseignements nécessaires à l'exploitation dudit fonds de commerce, et le mettre en rela-
tion avec les clients et fournisseurs.

« Pendant ce temps, M. Jean conservera le logement qu'il
occupe actuellement, sans avoir aucun loyer à payer, et il
sera nourri aux frais de M. Paul, mais il n'aura droit à
aucune indemnité.

« Par ces mêmes présentes, M. Jean a transporté à
M. Paul, qui l'accepte, tous ses droits, pour le temps qui
en reste à courir, à compter du ... prochain, au bail qui
lui a été fait par M. ... des lieux dans lesquels s'exploite le
fonds de commerce ci-dessus vendu, et qui consistent en
(*désignation*).

« Ce bail a été fait suivant acte, le ..., pour ... années qui
ont commencé le ..., moyennant un loyer annuel de ...,
payable en quatre termes égaux, aux époques ordinaires
de l'année et aux diverses charges et conditions exprimées
audit acte, mais dont aucune ne forme une augmentation
de loyer.

« Ce transport de bail est ainsi fait, à la charge de M. Paul, qui s'y oblige : 1° d'acquitter exactement les loyers à leur échéance ; 2° et de satisfaire à toutes les charges et clauses du bail dont il déclare avoir parfaite connaissance par la lecture qui lui en a été faite, le tout de manière que M. Jean ne soit jamais inquiété ni recherché à ce sujet.

« M. Paul a présentement remboursé à M. Jean, qui le reconnait, la somme de ... francs, que ce dernier avait payée pour six mois de loyer d'avance, aux termes du bail qui vient d'être énoncé.

« M. Paul reconnaît que M. Jean lui a remis une expédition de ce bail et un état des lieux, dont il a fait la vérification, et conformément auquel il s'oblige à rendre les lieux loués à la fin du bail.

« M. Paul s'oblige expressément, comme une condition des présentes, pour le cas où il viendrait à se marier, à rapporter l'engagement solidaire de sa femme, tant pour le payement du prix de la vente que pour l'exécution du bail. Cet engagement devra être fourni dans le mois de la célébration du mariage de M. Paul, ou, si sa femme est encore mineure, dans le mois qui suivra sa majorité, à défaut de quoi, et huit jours après un commandement resté sans effet, tout ce qui sera encore dû, à cette époque, sur le prix de la présente vente, deviendra immédiatement et de plein droit exigible, si bon semble à M. Jean.

« Il est stipulé, comme une condition essentielle des présentes, que M. Paul n'aura pas le droit de vendre ledit fonds de commerce, ni de transporter le bail qui vient de lui être cédé, avant l'entier acquittement du prix de la présente vente ; et, dans le cas où ces vente et cession auraient lieu malgré cette interdiction, ce qui resterait alors dû par M. Paul deviendrait immédiatement exigible, sans préjudice du droit qu'aurait M. Jean de faire prononcer la nullité de toutes ventes et cessions faites au mépris de la présente stipulation.

« Pour la garantie de l'acquéreur, les sommes de ... et de ..., par lui ci-dessus payées, ont été déposées par M. Jean entre les mains de M⁰ ..., l'un des notaires soussignés, qui le reconnaît, pour n'être remises à M. Jean que dix jours après l'insertion d'un extrait des présentes dans le *Journal général d'affiches, annonces et avis divers* (ou en province, dans un journal similaire), et pourvu qu'à cette époque il ne soit survenu dans la position de M. Jean aucun changement de nature à compromettre la validité de la présente vente.

« Cette remise aura lieu en présence de M. Paul.

« Élection de domicile. »

(Signatures.)

Nous avons tenu à donner entièrement cette formule qui nous semble renfermer tous les cas qui peuvent se présenter en matière de vente ou achat de fonds de commerce. Elle pourra être utilement étudiée par tous les intéressés, et épargnera ainsi bien des ennuis.

Nous appelons de nouveau et spécialement l'attention de l'acheteur sur la désignation qui devra détailler avec soin le nombre de chambres, de lits, les numéros des pièces, etc.

Location à l'année d'appartement meublé.

Agnel, dans son *Code-Manuel des propriétaires et locataires*, page 663, nous donne ainsi qu'il suit le modèle d'un bail pour appartement meublé :

« Entre les soussignés,

M. ... (*prénoms, nom du propriétaire*), d'une part ;

Et M. ... (*prénoms, nom du locataire*), d'autre part ;

Ont été faites les conventions suivantes :

M. ... donne à loyer pour (*durée*), qui commenceront à courir du ..., pour finir le ..., à M. ..., qui accepte, un appartement garni de meubles dont l'état est ci-annexé, lequel appartement situé au ... étage dépendant d'une maison sise à ..., rue ..., n° ..., et composé de (*désignation*).

Ainsi que ledit appartement se poursuit et comporte, sans exception ni réserve, et sans qu'il soit fait une plus ample désignation, le preneur déclarant le bien connaître pour l'avoir vu et visité.

Ce bail est fait aux charges et conditions suivantes, que le preneur s'oblige d'exécuter fidèlement, savoir :

1° D'entretenir ledit appartement et ses dépendances en bon état de réparations locatives, et de les rendre à la fin du bail conformes à l'état qui en sera dressé par les soussignés sans frais (ou à frais communs), avant la prise de possession par le locataire ;

2° De tenir en bon état les meubles et effets mobiliers compris dans la location et de les rendre à la fin du bail sans autres détériorations que celles qui résultent de l'usage ordinaire, à peine de les remplacer par des objets neufs ;

3° De ne pouvoir céder à qui que ce soit son droit au présent bail ni sous-louer ledit appartement en tout ou en partie ;

4° De laisser, pendant les ... mois qui précéderont l'expiration du présent bail, voir et visiter ledit appartement par les personnes qui se présenteraient pour le louer.

En outre, le présent bail est fait moyennant un loyer (*annuel*) que le preneur s'oblige à payer au bailleur en la demeure de ce dernier, ou, pour lui, au porteur de ses pouvoirs, en quatre payements égaux, les ...

A défaut de payement d'un seul terme du loyer, et huit jours après un simple commandement demeuré sans effet, le présent bail sera résilié de plein droit, si bon semble au bailleur, sans préjudice de tous dépens, dommages et intérêts.

De son côté, le bailleur s'oblige à tenir l'appartement clos et couvert selon les lois et usages.

(Quittance des loyers d'avance, s'il en a été versé, à compte sur les derniers mois du bail.)

Fait double à ..., le ... »

Approuvé l'écriture ci-dessus :

(*Signatures.*)

(Si l'acte est écrit en entier de la main du bailleur, il n'a qu'à signer, et le preneur seul devra faire précéder sa signature des mots : « Approuvé l'écriture ci-dessus... » Cette mention devra précéder les deux signatures si c'est un tiers qui a rédigé l'acte.)

Location sans durée fixée à l'avance.

Le même auteur nous donne un autre modèle qui peut être employé lorsque la location en garni est faite sans déterminer le temps de sa durée.

« Entre les soussignés,

M. ... (*prénoms, nom du propriétaire*), d'une part ;

Et M. ... (*prénoms, nom du locataire*), d'autre part ;

Ont été faites les conventions suivantes :

M. ... donne à loyer à M. ..., ce acceptant, un appartement garni de meubles, dont l'état est ci-annexé, lequel appartement est situé au ... étage d'une maison sise à Paris, rue ..., n° ..., et composé de ... (*désigner complètement l'appartement*).

M. ... (*locataire*) s'oblige : (*Voir modèle précédent pour les obligations du preneur et du bailleur.*)

La présente location est faite au mois (*ou à la quinzaine ou à la huitaine*), pour commencer le ... et moyennant le prix de ... francs par mois (*ou par quinzaine ou par huitaine*), payable d'avance.

Il est expressément convenu que les soussignés auront réciproquement le droit de rompre le présent engagement au moyen d'un congé donné, au plus tard, quinze jours avant la fin du mois (ou huit jours avant la fin de la quinzaine, ou quatre jours avant la fin de la semaine) en cours d'exécution.

Pendant cedit délai de quinze jours, ou de huit jours, ou de quatre jours, le preneur s'oblige à laisser visiter son appartement par ceux qui se présenteraient pour le louer.

M. ... (*le bailleur*) reconnaît, par le présent, que M. ... (*le preneur*) lui a payé comptant la somme de ... francs pour prix d'un mois ou de ... jours de location, acquitté d'avance.

Fait double à ..., le ... »

Congé.

Enfin le même *Code-Manuel des propriétaires et locataires* nous fournit la formule suivante :

« Entre les soussignés :

M. ..., propriétaire d'une maison (ou principal locataire d'une maison) sise à ..., rue ..., n° ..., d'une part ;

Et M. ..., locataire d'un appartement à tel étage, d'autre part ;

A été convenu ce qui suit :

M. ... (*propriétaire*) donne, par ce présent, congé à M. ... (*locataire*) de l'appartement qu'il occupe dans ladite maison, pour sortir de cet appartement le ..., à ... heure de midi.

De son côté, M. ... (*locataire*) accepte ledit congé, promet et s'oblige de sortir de l'appartement à ladite époque, d'acquitter les loyers qui seront alors échus, de faire les réparations locatives, de remettre les clefs.

Fait double à ..., le ... »

Fonds de commerce réservé à l'époux survivant.

Nous avons, à plusieurs reprises, signalé l'importance

de la clause relative à la conservation du fonds de commerce par l'époux survivant.

Tout contrat de mariage entre commerçant doit renfermer ces dispositions.

Voici une des formules indiquées par Clerc, dans son *Manuel du notariat*. Elle fera comprendre au lecteur l'intérêt de la question :

« Le survivant des futurs époux aura expressément la faculté de conserver, pour son compte et à son profit, le fonds de commerce qu'ils pourront faire valoir, lors du décès du premier mourant d'eux, ensemble les marchandises en dépendant et tous les effets mobiliers servant à son exploitation, sous la condition de prendre le tout, d'après la prisée de l'inventaire, quant aux marchandises et effets mobiliers, et d'après l'estimation qui sera faite dudit fonds par deux experts choisis par les intéressés, avec faculté de s'en adjoindre un troisième, en cas de désaccord.

« Le survivant imputera la valeur dudit fonds, marchandises et effets mobiliers sur les sommes qui lui reviendront en propriété ou en usufruit dans la communauté et dans la succession du prémourant, et, pour s'acquitter, envers les héritiers de celui-ci, des sommes qu'il pourrait encore leur devoir, il aura terme et délai de deux années, depuis le décès du prémourant (avec ou sans intérêts).

« Le survivant, exerçant la faculté dont il s'agit, aura seul droit au bail des lieux dans lesquels s'exploitera ledit fonds de commerce et où les époux auront leur habitation, à la charge d'en payer seul les loyers et d'en exécuter les conditions à compter du premier jour du terme qui suivra le décès, et de manière que les héritiers du prédécédé ne soient point inquiétés ni recherchés à ce sujet.

« Et si le commerce est exercé dans une maison dépendant de la communauté ou de la succession du prédécédé, les héritiers de celui-ci seront tenus, si le survivant l'exige, de lui passer bail des lieux nécessaires à l'exploitation de ce commerce, pour neuf années, aux prix, charges et conditions qui en seront fixés par experts, et en lui laissant, par une clause expresse, la faculté de transporter ce bail, en demeurant seulement garant de son exécution. »

Le notaire modifiera ces formules selon les circonstances de fait et l'intérêt des époux. Car il ne faut pas oublier que ces diverses conventions matrimoniales doivent être notariées. La loi l'exige.

Elles entraîneront quelques frais de plus, mais elles assureront les droits de l'époux survivant et la sécurité de la famille.

DICTIONNAIRE

OU

TABLE ALPHABÉTIQUE

Nous avons donné les plus grands soins à ce Dictionnaire, que nous avons voulu rendre essentiellement pratique.

Aussi les indications sur un même sujet ont été multipliées, afin que l'hôtelier puisse trouver la solution cherchée plus facilement, sans être renvoyé d'un mot à un autre.

Si, par exemple, un voyageur a disparu, l'hôtelier saura ce qu'il doit faire, en prenant, à son choix, les mots : *disparition, bagages, paiements,* etc.

Si un décès survient, les mots : *décès, mort, famille, héritiers,* lui indiqueront chacun la page du volume où la question a été étudiée.

Nous avons, en effet, désiré épargner cet embarras si fréquent : étant donné tel événement, à quel mot faut-il chercher?

Eh bien, pour être renseigné promptement, il suffira de chercher à l'une des expressions que cet événement fait naître dans l'esprit.

Puissions-nous, comme nous le disions au début de ce volume, avoir été un peu utile !

DICTIONNAIRE

ou

TABLE ALPHABÉTIQUE

———

A

de l'hôtelier quand il soupçonne la vie du voyageur en danger, 168.

ASSOCIATIONS pouvant troubler la paix publique. Ne doivent point trouver accueil dans l'hôtel, 207, 221.

ASSURANCES contre l'incendie, 25. Caractères de l'assurance, 29. Capacité légale pour signer une assurance, 29. Précautions à prendre à l'égard des intermédiaires, 33. Quelles choses peuvent être assurées, 32. Bagages assurés, 32. Déclaration à faire, 32, 34. Droits de l'assuré, 32; ses obligations, 34; au moment de l'assurance, 34; au cours de l'assurance, 35; en cas de sinistre, 35. Droits de l'acquéreur de l'hôtel sur l'assurance en cours, 26, 27, 28. Droits du locataire, 30. Modification dans les risques, 36. Renonciation au recours contre les voyageurs ou le personnel. Difficultés à éviter, 37. Ce que devient l'assurance, au cas de décès de l'hôtelier, vente de l'hôtel ou cessation de commerce, 35. Résiliation, 36.

AUBERGISTE. Sens juridique de ce mot, 1.

AUTORISATION nécessaire pour exercer la profession d'hôtelier, 2. Caractère personnel de cette autorisation, 7.

AVANCE de fonds à un voyageur, 187; à un mineur, 178. Chambres retenues à l'avance, 96, 97. Bagages envoyés d'avance par le voyageur, 135. Loyers d'avance, 23.

AVIS affiché dans les chambres au sujet de l'argent, des valeurs et objets précieux. Effet légal de cet avis, 141. Avis à la famille en cas de décès, 153.

B

BAGAGES perdus, volés ou détériorés dans le trajet de la gare à l'hôtel ou réciproquement, 127, 209; dans l'omnibus de l'hôtel, 128, 129, 210; dans un omnibus non spécial à l'hôtel, 129, 210; dans une voiture de place, 131; dans le vestibule ou à la porte de l'hôtel, 131. Les bagages ne doivent pas être sortis ou descendus de la voiture avant l'arrivée de l'hôtelier ou de ses préposés, 131. Ils ne doivent être remis qu'à eux, 132. Le voyageur doit avertir l'hôtelier des valeurs que renferment ses bagages, 132. Bagages perdus, volés ou détériorés

C

CAUTION en cas de vente de l'hôtel, 230.

CERTIFICAT. Est toujours dû au domestique qui s'en va, 55.

CESSATION de commerce, 223. Assurances contre l'incendie, ce qu'elles deviennent, 35. Formalités à remplir vis-à-vis de l'administration, 223. Dépôt au commissariat du récépissé et du registre, 223. Différentes causes de cessation de commerce, 224.

CESSION de bail, 20. Obligations du cessionnaire, 22.

CHAMBRES supprimées par mesure de salubrité, 10. Situation légale faite dans ces cas à l'acquéreur de l'hôtel, 11. Installation des chambres : nombre des locataires, 43. Séparation des voyageurs de sexes différents, 43. Aération, 43. Propreté, 43. Éclairage, 43-44. Numéros, 46. Portes de communication, 47. Portes d'entrée, 50. Sécurité et convenances, 49. Chambres retenues d'avance, 96-97; louées chez des particuliers quand l'hôtel est rempli, 6-137. Sous-sols, 44.

CHEMINÉES. Conditions d'installation, 44.

CHEVAUX de l'hôtel. Accidents. Responsabilité, 80. Précautions à prendre, 80-81. Chevaux confiés à un tiers, 80-81; à un employé, 81; au maréchal ferrant, 81. Chevaux laissés sans surveillance, 82; se battant entre eux, 82. Chevaux du voyageur. Accidents. Responsabilité, 133. Chevaux laissés à l'hôtel volontairement après le départ du voyageur, 211.

CLEFS. Chaque pièce doit avoir une clef spéciale, 50. Chaque clef doit porter son numéro, 50. Doubles clefs, 50. Obligation pour le voyageur de remettre, en sortant, sa clef à l'hôtelier ou au bureau, 50. Conséquences de cet oubli, 51. Clefs laissées sur la porte, 51-139; sur un meuble, 51; dans un corridor, 52. Tableau ou cases des clefs, 51. Comment elles doivent être placées et surveillées, 52. Droit pour l'hôtelier de retenir la clef en cas de difficultés, 51, 194.

CLIENTÈLE. Sollicitation de clientèle est interdite dans les gares par les règlements, 83. Clientèle suspecte doit être refusée, 87-88. Dangers pour l'hôtelier de recevoir cette clientèle, 89.

CLOISONS. Conditions d'installation, 49.

COCHERS de l'hôtel. Accident. Responsabilité, 80. Cochers se disant attachés à l'hôtel, 55-56.

D

DANGER de mort du voyageur en cas de maladie, 151 ; en cas de querelles et menaces, 168. Devoirs de l'hôtelier, 151, 168.

DÉCÈS du voyageur, 152. Mesures immédiates, 152. Déclaration à faire, 153. Acte de décès, 153. Avis à envoyer à la famille, 153. Scellés, 155. Inventaire, 155. Lettres et papiers du défunt, 157. Décès d'un fonctionnaire ou d'un officier général, 156. Décès d'un voyageur sans famille connue, 158, 159 ; sans ressource, 159 ; sans identité établie sérieusement, 159. Décès d'un étranger, 154 ; d'une femme au moment de l'accouchement, 205. Service funèbre, 158. Inhumation, 159. Décès de l'hôtelier, 279 et suivantes.

DÉCLARATION à faire à la préfecture de police pour être autorisé à ouvrir un hôtel, 2 ; formule de cette déclaration, 303 ; en province et dans les colonies, 7. Déclaration au commissaire de police, en cas de maladie épidémique ou contagieuse ayant atteint un voyageur, 146. Déclaration des valeurs et argent apportés par le voyageur, 140. Déclarations pour une assurance, 33, 34. Décès, 153 ; naissance, 199. Devoirs et responsabilités de l'hôtelier, 202, 204.

DÉGRADATIONS au mobilier ou à la chambre, provenant du voyageur, 145.

DÉPART du voyageur. Note à présenter, 209. Difficultés, 209. Départ avant le temps convenu, 208 ; sans avoir averti avant midi que l'appartement serait libre, 208. Nécessité de l'avertissement préalable, 208. Bagages descendus avant le départ, 209. Erreurs, disparitions, responsabilités, 209. Effets ou bagages laissés volontairement, 210 ; oubliés, 131, 214 ; trouvés par les domestiques, 216 ; propriétaire inconnu ou incertain, 214, 216. Lettres à faire suivre, 218. Départ d'un domestique, 54 ; huit jours, 54 ; certificat, 55.

DÉPENDANCES de l'hôtel. Appartements loués chez des particuliers, 6. Cour, 117. Voie publique, 117, 134. Responsabilité, 117, 134.

DÉPENSES d'hôtellerie. A quoi elles s'appliquent, 179, 186. Dépenses nécessaires, 173. Dépenses de luxe, 173. Dépenses

DOL. Manœuvres employées pour tromper l'acheteur d'un fonds de commerce, 16. Dol principal, 17. Dol incident, 18.

DOMESTIQUES. Choix du personnel, 53. Responsabilité, 53. Renvoi, 54. Délai de huit jours, 54. Renvoi immédiat, 54. Règlement des gages, 54. Certificat, 55. Objets trouvés par les domestiques, 216. Domestiques du voyageur, 142.

DOMMAGE causé aux effets du voyageur, 114. Dans l'hôtel, 114; en dehors, 117, 127. Dommage causé par un accident, 56. 57, 80.

DOMMAGES-INTÉRÊTS. Éviction provenant du vendeur, 242.

DOUBLES CLEFS. Conditions de leur emploi, 50. Précautions à prendre, 50.

DRAPEAUX et illuminations, 207.

DROITS ÉLECTORAUX, 268.

E

EAU. Quantité d'eau imposée par les règlements aux maisons louées en garni, 45.

ÉCLAIRAGE. Règlements de police, 43, 65. Éclairage à l'intérieur, 44, 65; à l'extérieur, 65.

EFFETS apportés par le voyageur. Ce qu'il faut entendre par *effets*, 110; par *apport*, 110, 127. Dépôt nécessaire, 111, 119; volontaire, 210; judiciaire, 155. Effets perdus, volés ou endommagés de la gare à l'hôtel ou réciproquement, 127; à l'entrée ou dans le vestibule, 131, 133; dans une voiture du voyageur laissée sur la voie publique, 117, 134; dans une voiture de place, 131; dans l'hôtel même, 114, 115. Effets envoyés à l'avance, 135; apportés pendant le séjour du voyageur, 136; laissés volontairement à son départ, 210; descendus dans la cour au moment de ce départ, 209; oubliés, 131, 214. Propriétaire inconnu ou incertain, 214, 216. Trouvés par les domestiques, 216. Effets provenant de vol, 213. Laissés après le décès du voyageur, 166, ou sa disparition, 165. Créance privilégiée de l'hôtelier sur les effets du voyageur, 180, 184; sur quels effets porte le privilége, 180, 188; droit de se faire payer sur ces effets, 180. Formalités pour la réalisation du gage, 167, 190. Effets apparte-

F

Caractère mobilier du fonds de commerce, 14; réservé à l'époux survivant, 315.

FORCE MAJEURE ou force armée, fait disparaître la responsabilité de l'hôtelier en cas de vol, 118.

FOU. Voyageur devenant fou, 149; mesures à prendre immédiatement, 149. Fou dangereux, 150.

FOURNITURES d'hôtellerie, 179, 186; nécessaires, 173; de luxe, 173. Garanties de payement, 180. Moyens de se faire payer, 190; prescription, 192.

FRAIS d'acquisition de l'hôtel, à la charge de l'acheteur, 9.

FUNÉRAILLES du voyageur, 158; agences de funérailles, 158.

G

GAGE. Droit de gage sur les effets du voyageur, 180; argent comptant, papiers d'affaires, 188. Objets n'appartenant pas au voyageur, mais apportés par lui, 180, 189. Réalisation du gage, 190.

GAGES des domestiques; règlement en cas de renvoi d'un domestique, 54.

GARANTIE due par le vendeur à l'acheteur, 11, 231, 241. Garantie de la créance des hôteliers, 180 à 190.

GARES. Stationnement des omnibus et voitures d'hôtels dans les gares de chemins de fer, 79.

GARNIS. Sens administratif de ce mot, 2. Service des garnis, 2. Déclaration préalable à l'ouverture d'un garni, 2. Garnis clandestins, 4; préjudice qu'ils causent, 4; moyens de lutter contre cet abus, 5. Salubrité des garnis, 40, 42, 45.

GÉNÉRAL. Décès, à l'hôtel, d'un officier général, 156.

GENS SANS AVEU. Interdiction de les recevoir, 85, 86. Ce qu'il faut entendre par gens sans aveu, 86.

GUIDES dans les hôtels, 55.

H

HÉRITIERS doivent être prévenus en cas de décès, 153; de disparition, 164. Droit des héritiers, 280.

HEURES de fermeture, 66.

I

INHUMATION d'un voyageur défunt, 158. Agences de funérailles, 154.

INSCRIPTION du voyageur, 98. Ce qu'elle doit indiquer, 99. A quel moment elle doit être faite, 99. Inscription des militaires, 99. Refus du voyageur de donner les renseignements demandés, 101. Inscription du départ ou du décès, 100. Vérification du registre, 102. Défaut d'inscription, 102. Conséquences pénales, 102. Civiles, 103. Inscriptions fausses, 103. Inscriptions de complaisance, 103.

INSPECTEURS de la salubrité, 45 ; de police, 102.

INTERMÉDIAIRES. Acquisition du fonds de commerce, 24. Honoraires, 258, 259. Rôle de l'intermédiaire en cas de faillite, 260. Courtiers d'assurances, 33.

INTERPRÈTES. Guides ou interprètes, 55.

INVENTAIRE. Inventaire sommaire après le décès du voyageur, 155. Serment à prêter par l'hôtelier, 158. Inventaire après le décès de l'hôtelier, 283.

J

JOURNÉE. Location à la journée, 196. La journée entière est due par le voyageur qui n'a pas prévenu de son départ avant midi, 195, 196. Mode de calculer les 24 heures, 195.

JOURS. Délai de huit jours pour le renvoi d'un domestique, 54. Règlement du gage et de la nourriture, 54.

L

LETTRES. Journaux et prospectus doivent être remis par l'hôtelier au voyageur avec les lettres, 105. Lettres et papiers du voyageur défunt, 157. Lettres à faire suivre, 218. Lettres adressées à l'hôtelier en cas de vente de l'hôtel, 227.

LIEU PUBLIC. Un hôtel est-il un lieu public? 70. Distinctions à faire, 70, 71.

LIQUIDATION. Ce que devient l'assurance en cas de liquidation, 35.

LIQUIDATION judiciaire. Loi nouvelle, 261. Jugement, 262.

M

N

P

Q

R

Avis affiché dans les chambres, 141. Incendie, 25, 38. Clefs ouvrant plusieurs chambres, 50. Guides, cochers, interprètes, 55, 56. Effets apportés par des invités, 221; par des clients du café ou restaurant attenant à l'hôtel, 221. Loi nouvelle, 122. Atténuation, 138. Prescription de l'action en responsabilité, 142. Voyageurs suspects, 87, 88; non inscrits, 102. Accidents causés par le cocher ou les chevaux de l'hôtel, 80; par les animaux domestiques, 80. Accident arrivé aux chevaux du voyageur, 133. Maladie du voyageur, 56, 57, 147.

RESSEMBLANCE entre deux enseignes, 62.

RESTAURANT attenant à l'hôtel. Heures de fermeture, 66. Effets des clients non voyageurs, 221.

RESTITUTIONS. Éviction de droit commun, 241.

RÉTABLIR. Droit de se rétablir après la vente de l'hôtel, 232. Rétablissement indirect, 235. Vendeur louant une maison lui appartenant, pour y établir un hôtel, 236. Associés, 237. Veuve remariée, 237. Distance pour se rétablir, 238.

RETENIR. Droit de retenir les bagages en payement, 180. Chambres retenues à l'avance, 96, 97. Situation légale du voyageur et de l'hôtelier, 96, 97.

RÉUNIONS privées, 220; publiques, 220; tumultueuses, 221.

REVENDICATION. En cas de vente de l'hôtel, 252; en cas de faillite, 276.

RISQUES. En cas de vente, 18; en cas d'assurance, 30 à 32. Risques locatifs, 32. Risques de voisinage, 32. Modification des risques, 36.

S

SAISIE. Saisie-arrêt par les créanciers du vendeur, 19. Saisie-exécution empêchant l'acquéreur d'être mis en possession de l'hôtel, 19.

SALUBRITÉ. Chambres supprimées par mesure de salubrité, 10. Situation légale de l'acquéreur, 11. Principes généraux, 40. Loi sur les logements insalubres, 40. Ordonnance du 25 octobre 1883, 42. Sanction des loi et ordonnance, 45. Maladie du voyageur, 147. Responsabilité, 147.

T

V

VAGABONDS. Interdiction de les recevoir, 85. Ce qu'il faut entendre par vagabonds, 85.

VEILLEUR de nuit, 52.

VENTE de l'hôtel, 15, 224. Capacité civile du vendeur, 15. Publication de la vente, 20. Précautions à prendre, 224. Rédaction de l'acte, 225. Obligations du vendeur, 225. Livraison, 226. Livres de commerce : sont-ils compris dans la vente? 226. A qui doit être remise la correspondance, 227. Droit au bail, 228. Défaut de payement, 229. Caution, 230. Garantie, 231. Droit de se rétablir, 232. Mettre l'acquéreur au courant, 240. Obligations du vendeur, 241. Restitutions, 241. Résiliation, 243. Privilége du vendeur, 247. Revendication, 252. Nullité de la vente, 254. Licitation, 255. Associés, 255. Veuve, 256. Exagération du prix, 256. Vente de l'hôtel avant la faillite, 273; après la faillite, 273. Formule de l'acte de vente, 305.

VÉRIFICATION du registre de police, 102. Personnes qui ont le droit de faire cette vérification, 102.

VEUVE. Droit de la veuve sur le nom du mari, 256. Sur les communauté et succession, 281. Inventaire, 283. Nourriture et logement, 284. Estimation de l'hôtel, 285. Tutelle, 287. Conseil de famille, 287.

VISA. (Voyez *Vérification*.)

VISITES suspectes. Interdiction et dangers de laisser recevoir dans l'hôtel des visites suspectes, 87, 88. Droit de l'hôtelier, 88.

VOIE PUBLIQUE. Marchandises dans une voiture sur la voie publique, à défaut de place dans l'hôtel. Responsabilité, 117, 134.

VOITURES de place, 131. L'hôtelier n'est pas responsable des effets oubliés dans les voitures de place, 131. Précautions à prendre, 131. Voitures de l'hôtel, omnibus, 127, 130. Voitures du voyageur laissées, faute de place, sur la voie publique, 117, 134. Voitures pour le transport des malades, 148. Moyens d'avoir ces voitures, 148.

TABLE DES MATIÈRES

CHAPITRE V

LIVRE DEUXIÈME

ARRIVÉE DU VOYAGEUR

CHAPITRE PREMIER

CHAPITRE II

CHAPITRE III

CHAPITRE IV

LIVRE TROISIÈME

SÉJOUR ET DÉPART DU CLIENT

CHAPITRE PREMIER

CHAPITRE II

CHAPITRE III

CHAPITRE IV

CHAPITRE V

CHAPITRE VI

LIVRE QUATRIÈME

CESSATION DE COMMERCE

CHAPITRE PREMIER

CHAPITRE II

CHAPITRE III

CHAPITRE IV

CHAPITRE V

CHAPITRE VI

FORMULAIRE

PARIS

TYPOGRAPHIE DE E. PLON, NOURRIT ET Cie

Rue Garancière, 8

SUPPLÉMENT

AU

CODE DE L'HOTELIER

PAR

J. FERRÉ

AVOCAT A LA COUR D'APPEL DE PARIS

Le *Code de l'hôtelier* ne peut conserver le caractère essentiellement pratique qui est sa véritable raison d'être, qu'à la condition de tenir constamment le lecteur au courant des questions nouvelles et de la jurisprudence la plus récente.

Or, depuis la publication de cet ouvrage, des problèmes, auxquels l'exercice de la profession a donné naissance, nous ont été soumis ; des difficultés, simplement indiquées, ont dû faire l'objet d'une étude plus complète ; des décisions nombreuses, et intéressantes pour les hôteliers, ont été rendues par les Cours et Tribunaux ; et l'utilité de ce cahier se trouve ainsi tout naturellement démontrée.

Comme il ne s'agit plus, ici, d'un travail d'ensemble, mais de détails complémentaires, nous avons cru devoir adopter l'ordre alphabétique, dans les sujets étudiés. Les recherches seront ainsi plus faciles.

Ce Supplément contient, d'ailleurs, comme le volume principal, une table-dictionnaire qui permet de trouver immédiatement la solution cherchée.

SUPPLÉMENT

AU

CODE DE L'HOTELIER

Administrateurs de sociétés. — L'extension prise, chaque jour, par l'industrie qui nous occupe, a pour résultats que nombre d'hôtels sont maintenant acquis et exploités par des sociétés.

La loi du 24 juillet 1867, qui régit ces sociétés, impose à leurs administrateurs des responsabilités indiquées ainsi, en termes généraux, par l'article 44 de cette loi :

« Les administrateurs sont responsables, conformément aux règles du droit commun, individuellement ou solidairement, suivant le cas, envers la société ou envers les tiers, soit des infractions aux dispositions de la présente loi, soit des fautes qu'ils auraient commises dans leur gestion... »

Ces fautes sont spécifiées par la jurisprudence, suivant les causes qui lui sont soumises. Par exemple, le tribunal civil de la Seine, dans un jugement de la 3ᵉ chambre, rendu le 21 juillet 1891, a décidé ceci :

« Les administrateurs d'une société anonyme, qui a pour but l'acquisition et l'exploitation d'un hôtel meublé, commettent une faute lourde, engageant leur responsabilité, en n'assurant pas contre l'incendie l'immeuble, objet du contrat.

« Et ils ne peuvent échapper à cette responsabilité sous prétexte qu'un administrateur délégué aurait été choisi parmi les membres du conseil d'administration et devrait seul supporter les conséquences de son acte personnel. »

En effet, dit la sentence, « il résulte de la discussion de la loi du 24 juillet 1867 que le législateur a voulu, au cas où les membres du conseil, administrateurs délégués, se substitueraient un des leurs, qu'ils restassent responsables de son administration aussi bien que lorsqu'ils choisiront un étranger.

« Aux termes de l'article 44 de ladite loi, les membres du conseil d'administration sont responsables individuellement et solidairement, envers la société et les tiers, des fautes commises dans leur gestion, conformément aux articles 1382 et 1992 du Code civil, et particulièrement d'un défaut de surveillance.

« Dans ces conditions, X... et les autres membres du conseil, qui se l'étaient substitué et devaient surveiller son administration, sont solidairement responsables de la faute commise, du défaut de vigilance imputable à eux, comme à X... » (*Gazette des Tribunaux*, 31 décembre 1891.)

Nous ne saurions donc trop recommander aux administrateurs de ces sociétés la plus grande prudence pour eux-mêmes, la plus active vigilance pour les autres.

Affiches. — Par ce temps de réclame à outrance, nous croyons devoir signaler aux intéressés la décision rendue le 24 juillet 1891 par le Tribunal de commerce de la Seine. Elle se résume ainsi :

« La loi du 26 décembre 1890, qui a édicté un droit de un franc cinquante centimes par mètre sur toute affiche apposée dans un lieu public, à Paris, a entendu mettre ce droit à la charge, non pas de l'entrepreneur d'affichage, mais bien de celui auquel l'annonce doit profiter. » (*Gazette des Tribunaux*, 17-18 août 1891.)

Nous avons indiqué, dans notre *Code de l'hôtelier*, à la page 71, ce qu'il fallait entendre ici par lieu public, et ce qui distinguait l'affiche de l'enseigne. Nous ne pouvons que prier le lecteur de se reporter à cette indication.

Chevaux. — Maladies. — Écuries conta-minées. — Voici une question qui intéresse plus particulièrement les aubergistes, ou les hôteliers de province.

Un voyageur arrive avec sa voiture. Le cheval est dételé, placé dans l'écurie, pendant que le maître s'installe dans sa chambre. Quelques jours après, la santé du cheval donne des inquiétudes, on reconnaît bientôt qu'il est atteint d'une affection farcino-morveuse, il faut l'abattre. Mais l'écurie reste contaminée, soumise à une surveillance exceptionnelle, et à des travaux tout spéciaux, prescrits par les lois et règlements sur la salubrité. L'aubergiste subit donc un préjudice très réel.

Pourra-t-il réclamer une indemnité au propriétaire de l'animal ?

Oui ! mais à la condition de prouver : 1° que le cheval était déjà atteint de la maladie infectieuse quand il est entré à l'auberge ; 2° que son propriétaire connaissait ou soupçonnait cet état, qu'il a dissimulé, ou dont il n'a point parlé ; 3° qu'aussitôt la découverte du mal, toutes les précautions nécessaires ont été sérieusement prises.

Autrement, la demande de l'hôtelier doit être repoussée, et les dommages-intérêts refusés. Ainsi l'a décidé la Cour de Paris, dans un arrêt rendu par la 3e chambre le 11 décembre 1890. (Journal *le Droit*, 4 janvier 1891.)

Ainsi donc l'aubergiste ou son garçon d'écurie examinera soigneusement tout cheval à son arrivée. Au premier symptôme suspect, le propriétaire de l'animal sera interpellé et le vétérinaire mandé d'urgence. De cette façon seulement, la responsabilité du voyageur pourra être établie avec précision.

Clientèle. — Les sollicitations de clientèle, les offres faites dans les gares pour le transport des bagages, sont interdites par de nombreux arrêtés préfectoraux, ainsi que nous l'avons indiqué à la page 88 du *Code de l'hôtelier*.

Mais ce qu'il importe de remarquer, c'est que l'infraction à ces arrêtés ne constitue pas une simple contravention. C'est un délit contraventionnel, amenant en police correctionnelle l'auteur direct du délit et son patron comme civilement responsable.

Le Tribunal de Narbonne l'a jugé ainsi, le 16 novembre 1891, en condamnant à l'amende et aux dépens le garçon qui obsédait les voyageurs de ses offres de service pour le transport des bagages, et en déclarant le maître civilement responsable des condamnations pécuniaires prononcées contre son employé. C'est là, en effet, dit le jugement, le délit contraventionnel, prévu par l'article 21 de la loi du 15 juillet 1845. Et cette opinion est basée sur un arrêt de la Cour de cassation, relaté dans le *Recueil* de Sirey, 1867, première partie, page 48.

En conséquence, dans l'intérêt de leur dignité et de leur tranquillité même, nous renouvelons aux hôteliers les recommandations déjà écrites sur ce sujet.

Décès du voyageur. — Dommages-intérêts. — L'étude de cette question, si importante en pratique, va être faite, ici, avec quelques détails.

Il faut d'abord bien préciser les différents cas qui peuvent se présenter. En effet, il est impossible de répondre d'une manière absolue à la demande si souvent adressée : Le décès du voyageur donne-t-il à l'hôtelier le droit de réclamer des dommages-intérêts ?

Il importe de remonter au principe même de l'indemnité. Ce principe est écrit dans l'article 1382 du Code civil : « Tout fait quelconque de l'homme qui cause à autrui un dommage, oblige celui par la *faute* duquel il est arrivé, à le réparer. »

L'idée de faute est donc liée juridiquement à l'idée de dommages-intérêts. Or, en thèse générale, ce n'est point par sa faute que le client meurt à l'hôtel.

Le seul fait du décès, considéré en lui-même, ne peut donc servir de base à une indemnité ; et l'hôtelier n'a pas plus le droit de réclamer une somme supplémentaire pour le trouble momentané ainsi apporté dans sa clientèle, qu'il n'aurait le devoir de diminuer la note d'un voyageur célèbre, dont le séjour constitue cependant une réclame pour sa maison. Ces événements, au point de vue professionnel, passent en profits et pertes.

Dans l'espèce que nous étudions, s'il y a eu préjudice, il est dû à une cause étrangère au décédé, et bien indépendante de sa volonté. Nous sommes en présence d'un cas de force majeure, et l'article 1382 ne saurait être invoqué contre les héritiers.

Mais il en serait autrement, selon nous, si la mort était due à un suicide, à un duel, à une rixe provoquée par le voyageur, à tout acte, en un mot, révélant la volonté et par conséquent la faute du défunt. En semblables circonstances, le fait seul, mais volontaire, de la mort donne droit pour l'hôtelier à une indemnité particulière, spéciale à cet événement, et qui sera évaluée, selon le droit commun, d'après l'importance de l'hôtel, le scandale causé, le départ des clients, l'abaissement des recettes, ce que l'on appelle, en style judiciaire, les éléments du procès.

Tel est notre avis sur cette question des dommages-intérêts qu'il faut bien distinguer des dépenses d'hôtellerie.

Quelle que soit, en effet, la cause de la mort, toutes les dépenses entraînées par les épurations de literie, le blanchissage du linge, le nettoyage ou remplacement des tapis, tentures et rideaux, les raccords ou lessivages de peintures, l'exécution des règlements de police sur la salubrité, les mesures prescrites en cas d'épidémie ou de maladies contagieuses, tous ces frais, disons-nous, rentrent incontestablement dans les dépenses d'hôtellerie. Ils doivent être portés sur la note et payés par les héritiers.

Mais comprendrons-nous dans la même catégorie : 1° le défaut de location, pour la chambre, pendant la durée des réparations nécessaires ; 2° le temps perdu dans les démarches occasionnées par la mort du voyageur ?

Oui, en principe. Toutefois, en pratique, nous ferons quelques réserves.

Si, par exemple, les démarches n'ont eu rien d'exceptionnel ni de particulièrement coûteux, nous estimons qu'elles font partie des attentions et soins généraux dus par l'hôtelier à ses clients.

Elles peuvent être l'objet d'une gratification aux gens de service, d'un souvenir au maître, ou d'un règlement un peu plus large des dépenses ; mais nous ne conseillerons pas, dans les cas ordinaires, une réclamation judiciaire sur ce point. On nous dit : L'hôtelier a agi, en quelque sorte, comme le mandataire de la famille. Soit : mais « le mandat est gratuit, s'il n'y a convention contraire ». (Article 1986 du Code civil.)

Il est bien entendu, en effet, que si la famille, même par simples lettres, a contracté un engagement de payer tous les frais et démarches, l'exécution de cet engagement sera légalement et utilement demandée devant les tribunaux, en cas de difficultés.

Également, l'hôtelier qui, par ses démarches, a réellement agi dans l'intérêt des héritiers ou représentants du défunt, comme ils l'auraient fait eux-mêmes, peut invoquer à leur égard les dispositions de l'article 1375 du Code civil. Cet article décide qu'en ce cas, ils doivent remplir les obligations que l'hôtelier a contractées en leur nom, l'indemniser de toutes celles qu'il a personnellement prises, et lui rembourser toutes les dépenses utiles ou nécessaires qu'il a faites.

Quant à la chambre, non louée pendant la durée des travaux auxquels le décès a directement donné lieu, cette question nous paraît devoir être résolue suivant les circonstances de fait.

Si la mort est survenue dans un moment où le nombre des voyageurs était tel que l'indisponibilité de ce local causait un préjudice sérieux ; ou si cette chambre, par sa situation même, était une de celles le plus souvent retenues ou demandées par les clients ; dans tous les cas, en un mot, où cette privation momentanée amènera un déficit réel dans les recettes de la maison, l'hôtelier aura incontestablement le droit de réclamer en justice des dommages-intérêts équivalents à la perte éprouvée.

Mais si les autres appartements ont suffi au service des voyageurs, si les bénéfices n'ont pas été dépréciés, nous terminerons par le conseil, déjà tant de fois donné, de traiter toutes ces questions pénibles, à l'amiable, avec la discrétion et la dignité qui sauront acquérir à l'hôtel une clientèle honorable et solide, compensant largement ces ennuis de la profession.

Dépôt volontaire. — Nous nous sommes efforcé de bien préciser, dans les pages 210 et suivantes de notre Code, les différences légales entre le *dépôt nécessaire* des effets apportés par le voyageur, et le *dépôt volontaire* concernant les effets que le voyageur, en quittant l'hôtel, laisse à la garde de l'hôtelier.

Au point de vue de la responsabilité, une des conséquences les plus intéressantes de cette distinction ressort d'un jugement rendu, le 23 avril 1891, par la sixième chambre du Tribunal civil de la Seine. En voici les termes :

« Attendu que M... (voyageur) réclame à P... (hôtelier) le payement : 1° d'une somme de 1,233 fr. 55 représentant la valeur d'objets mobiliers par lui confiés à la garde du défendeur ; 2° d'une somme de 260 fr. 45 à titre de dommages-intérêts ;

« Attendu qu'il résulte des renseignements versés aux débats que, dans le courant de mai 1887, M..., en quittant l'hôtel meublé tenu par P..., laissa à la garde de ce dernier une malle et quatre caisses en bois, fermées et cadenassées, renfermant divers objets mobiliers et effets d'habillement et de lingerie ;

« Attendu que P... reconnaît qu'il a accepté ce dépôt, ainsi qu'il l'avait fait les années précédentes, et qu'en présence et du consentement du demandeur les colis furent placés dans un petit cabinet, non fermé à clef, dépendant d'une chambre de voyageurs, située au troisième étage et portant le numéro 17 ;

« Attendu que, lors de son retour à Paris, le 24 août 1887, M... constata que, pendant son absence, les colis avaient été fracturés et qu'une partie des objets qu'ils renfermaient avaient été soustraits ;

« Que P... ne dénie pas le vol ; qu'il explique que ce vol a dû être pratiqué, trois semaines environ avant le retour de M..., par un voyageur de passage ayant occupé la chambre 17 ; que s'il n'en a pas avisé immédiatement soit le plaignant, soit le commissaire de police, c'est parce que, à la même époque, sa femme, décédée depuis, était tombée gravement malade, et que, dans le trouble d'esprit où il se trouvait, il n'avait pas songé à porter le fait dont il s'agit à la connaissance de l'intéressé et de l'autorité judiciaire ; que d'ailleurs, ajoute-t-il, M... ne lui avait pas fait connaître le contenu des caisses au moment de leur remise, ni indiqué quelle en était la valeur ;

« Attendu que, bien que le dépôt ait été accepté sans réserve, il y a lieu, d'après les conditions et les circonstances dans lesquelles il a été effectué et l'aveu de P..., de le ranger dans la catégorie des *dépôts volontaires* et d'appliquer à l'espèce les règles posées par les articles 1923 et suivants du Code civil; qu'il en suit que si le défendeur est responsable de la perte ou du vol des objets confiés à sa garde, c'est à lui que la loi réserve le droit de fixer la valeur desdits objets;

« Par ces motifs : Déclare M... mal fondé en sa demande, l'en déboute; moyennant quoi P... fera, dans la quinzaine de la signification du présent jugement, la déclaration de la valeur des objets volés et en effectuera le payement;

« Condamne M... aux dépens. »

Nous avons cru nécessaire de rappeler en entier cette décision, parce qu'elle nous indique, d'une façon très nette, comment la même cause, le vol, peut produire les effets les plus différents selon qu'il a été commis sur des bagages apportés par le client, et pendant son séjour à l'hôtel, ou sur des colis laissés par lui, après son départ.

Dans le premier cas, c'est le droit, si rigoureux pour l'hôtelier, qui s'applique; dans le second cas, c'est le droit commun. Dans le premier cas, c'est l'article 1952 du Code civil qui soumet la déclaration du voyageur à l'appréciation souveraine du juge, suivant la qualité des personnes et les circonstances du procès; dans le second cas, c'est l'article 1924 qui est invoqué.

Or, en voici les termes : « Lorsque le dépôt, étant au-dessus de cent cinquante francs, n'est point prouvé par écrit, celui qui est attaqué comme dépositaire, *en est cru sur sa déclaration*, soit pour le fait même du dépôt, soit pour la chose qui en faisait l'objet, soit pour le fait de sa restitution. »

Ainsi, d'après le jugement qui vient d'être cité, la responsabilité de l'hôtelier existe toujours, mais déterminée par sa probité même, et dans des conditions tout autres que celles imposées par les articles 1952 et suivants.

Domestiques. — Voici un cas que nous n'avions pas prévu : Un propriétaire d'hôtel, vers le 15 janvier par exemple, engage un domestique pour le 1ᵉʳ février. L'affaire est entendue ; mais le maître reçoit de nouveaux renseignements ; il ne veut plus de ce serviteur ; comment rompra-t-il l'engagement ?

Nous trouvons la réponse dans une décision rendue par M. le juge de paix du VIIᵉ arrondissement, le 9 octobre 1891 :

« D'après les usages de Paris, le maître qui, après avoir engagé un domestique, ne veut plus qu'il entre chez lui, est tenu de le prévenir huit jours à l'avance.

« A défaut de l'avoir prévenu en observant ce délai, le maître est tenu de payer au domestique une indemnité représentant huit jours de ses gages.

« Si le délai n'a pas été complètement observé, l'indemnité n'est due qu'à raison du nombre de jours qui manquent pour compléter les huit jours. » (Journal *le Droit*, 16 décembre 1891.)

Quant au renvoi des domestiques ou de l'employé déjà en service, cette question toujours renaissante a donné lieu à deux décisions récentes.

La Cour de Rennes, par arrêt du 7 mars 1892, s'exprime ainsi :

« En principe, si le maître ou patron peut congédier quand bon lui semble l'ouvrier ou l'employé vis-à-vis duquel il n'est lié par aucune stipulation relative à la durée des services, il n'en est ainsi qu'autant qu'il ne résulte, ni d'une clause expresse ou tacite de la convention, ni des circonstances particulières, qu'une indemnité soit entrée dans la pensée commune des intéressés dans l'hypothèse d'un renvoi brusque et non motivé.

« En cas d'indemnité due, celle-ci doit être déterminée d'après les usages locaux. »

Le Tribunal de commerce de la Seine, dans un jugement du 9 septembre 1892, vise spécialement le point relatif au quantum de l'indemnité et résume son opinion dans les termes suivants :

« La loi du 27 décembre 1890 frappe de nullité l'engagement par lequel un employé renoncerait d'avance à tout droit éventuel de demander des dommages-intérêts ; mais elle ne fait pas obstacle à ce que l'employé détermine à l'avance l'importance du préjudice que lui causerait un brusque renvoi éventuel.

« La convention fixant le chiffre de l'indemnité qui lui sera due est valable en ce cas et devra être respectée. » (*Gazette des Tribunaux,* 29 septembre 1892.)

Nos lecteurs, nous en sommes convaincu, ne nous sauront pas mauvais gré d'insister sur ces petits détails qui sont souvent cause de si grands ennuis, lorsque l'on n'a pas pris toutes ses garanties ou que l'on n'est pas bien fixé sur ses droits.

Enseigne. — En cette matière, avons-nous dit, il faut éviter toute confusion qui pourrait constituer une concurrence déloyale. (*Code de l'hôtelier*, pages 58 et suivantes.) Un récent arrêt de la Cour de Paris vient encore à l'appui de notre recommandation. Voici, en effet, le résumé de cette décision rendue par la seconde chambre, le 9 mars 1891 :

« Si l'acquéreur d'un fonds de commerce a le droit de conserver sur son enseigne le nom de son prédécesseur, c'est à la condition que ce nom ne puisse causer aucune confusion entre la maison de commerce par lui acquise et une autre maison portant le même nom et exerçant la même industrie.

« Par suite, le commerçant qui, exerçant le même négoce, porte le même nom, est en droit d'exiger que l'acquéreur de l'autre fonds ajoute son propre nom, comme successeur, à l'enseigne antérieurement existante. » (*Gazette des Tribunaux*, 27 juin 1891.)

Fermeture des portes. — La fréquence, toujours plus grande, des vols commis dans les hôtels ne permet de négliger aucun détail de cette question. Aussi, nombre de soustractions d'argent, bijoux ou valeurs ayant lieu pendant le sommeil du voyageur qui a négligé de fermer sa porte à double tour ou au verrou, nous croyons devoir signaler l'excellente idée d'un de nos lecteurs qui a fait mettre aux portes des chambres louées à ses clients un verrou avec cette inscription : Verrou de nuit.

Cette précaution a un double avantage : 1° elle attire l'attention du voyageur sur la nécessité de s'enfermer chez lui, et diminue ainsi les risques de vol; 2° elle atténue sérieusement la responsabilité de l'hôtelier ; car, en cas de soustraction, le voyageur est en faute de n'avoir point profité de l'avis qui lui était donné ; et cette négligence réduit d'autant le chiffre des dommages-intérêts qui pourraient lui être accordés.

Filouterie. — Un hôtel a organisé son rez-de-chaussée en café-restaurant. Un consommateur entre dans ce café, demande un bock de 30 centimes, le boit et déclare qu'il ne peut le payer.

L'hôtelier a le droit absolu de faire arrêter ce client insolvable.

Un voyageur arrive, non plus dans le café, mais dans le vestibule de l'hôtel, demande une chambre, en prend possession ; puis, l'heure du dîner venue, il descend au restaurant, se fait servir un bon repas, remonte dans son appartement, déjeune solidement le lendemain, continue ainsi pendant deux ou trois jours, et, finalement, déclare qu'il ne peut rien payer.

L'hôtelier n'a d'autre droit que de retenir, pour une dépense de 30 à 50 francs, un sac de nuit qui vaut bien 25 sols, et qui contient quelques vieux numéros de la *Revue des Deux Mondes*, plus... une brosse à dents et un peigne cassé.

Est-ce possible ? — Absolument !

Pourquoi ? — Parce que c'est la loi !

Mais pourquoi est-ce la loi ? — Cherchons :

En 1873, les députés Voisin, Humbert, Bertauld et Dauphinot avaient proposé d'ajouter à l'article 405 du Code pénal le paragraphe su vant : « Quiconque, sachant qu'il n'a pas le moyen de payer, se sera fait servir des boissons ou des aliments dans un restaurant, un café, une auberge, *ou se sera fait donner un logement dans un hôtel,* sera puni d'un emprisonnement de deux mois au moins et de deux ans au plus, et d'une amende de 16 francs au moins et de 500 francs au plus ! »

Cette proposition, disait la Commission législative, a un véritable intérêt : « Elle permet d'arriver à protéger toute une classe de personnes, restaurateurs, *hôteliers, aubergistes,* cafetiers, cabaretiers, journellement victimes d'actes de véritable improbité, d'actes dont le caractère délictueux est depuis longtemps reconnu par de nombreux documents de jurisprudence, d'actes dont la répression est d'autant plus nécessaire que les délinquants, dans la plupart des cas, sont des repris de justice. »

Tout allait donc bien, lorsque, après la première lecture, en séance publique, le projet fut renvoyé dans les bureaux ; et, quand la commission se présenta, pour la seconde fois, à la Chambre, elle annonça ainsi ses modifications : « Il n'est d'abord plus question du logement qu'un individu, dénué de toutes ressources, se serait fait donner dans un hôtel. L'assimilation de cet acte à l'acte de se faire servir des boissons ou des aliments dans un restaurant, pouvait présenter certains dangers et n'était pas entièrement exacte. Le fait retenu est d'ailleurs celui qui se commet le plus grand nombre de fois et qui constitue véritablement ainsi un danger social. »

Nous avouons humblement ne pas saisir toute la portée de cette théorie juridique, qui laisse un délit impuni parce qu'il se commet moins souvent qu'un autre ; car c'est bien là un des motifs allégués.

Quoi qu'il en soit, la loi fut votée dans ces termes, le 26 juillet 1873 :

« Quiconque, sachant qu'il est dans l'impossibilité absolue de payer, se sera fait servir des boissons ou des aliments qu'il aura consommés en tout ou en partie, dans les établissements à ce destinés, sera puni d'un emprisonnement de six jours au moins et de six mois au plus et d'une amende de 16 francs au moins et de 200 francs au plus. »

Et la jurisprudence s'empresse de proclamer que « le délit nouveau n'existe que de la part de l'individu qui se fait servir des boissons ou aliments ». — (Dalloz, *Code pénal annoté*, art. 401, n° 89.)

Donc, comme nous le disions, si, au lieu de se faire servir une boisson quelconque, un individu se fait donner une chambre, il ne commet aucun délit. Mais si, avec cette chambre, il prend un ou plusieurs repas, le délit existera-t-il, au moins, quant à ces boissons et aliments? Non ! pourvu que le voyageur ait eu soin de s'installer d'abord dans son appartement.

Le tribunal de Chambéry, dans un jugement du 11 janvier 1889, a prononcé : « Que les prévisions de la loi ci-dessus ne s'appliquaient pas au fait par un individu de se faire servir des boissons ou des aliments *dans l'auberge où il loge*, alors même qu'il se savait dans l'impossibilité de payer ; et qu'à défaut par le ministère public de rapporter la preuve des éléments constitutifs de l'escroquerie, l'acte de se faire donner un logement dans un hôtel où l'on aura consommé des boissons ou des aliments ne constitue aucune infraction tombant sous le coup de la loi pénale. » (Journal *la Loi*, 6 février 1889.)

Par quel raisonnement arrive-t-on à ce résultat? Nous trouvons la réponse dans un jugement rendu par le tribunal de Narbonne, le 2 février 1891, et confirmé par arrêt de la Cour de Montpellier, le 28 du même mois. La Cour ayant pleinement adopté les motifs du tribunal, voici le texte même du jugement :

« Attendu que la loi du 26 juillet 1873 a pour but de réprimer *limitativement* un genre de fraude contre lequel les intéressés peuvent difficilement se prémunir; que le consommateur d'aliments ou de boissons peut seul tomber sous le coup de cette disposition pénale ;

« *Qu'il n'en est pas de même de celui qui demande et obtient d'abord une chambre dans un hôtel ou une auberge et se fait ensuite servir un repas,* puisque, dans ce cas, l'hôtelier peut exiger facilement une garantie soit en bagages, soit en argent; que, du reste, la discussion du projet de loi indique clairement que telle a été la volonté du législateur, puisque l'assimilation, qui existait dans le projet de loi, a été rejetée, au moment du vote de la loi ;

« Que dès lors, quelque blâmables que soient les actes reprochés, ils ne sont pas punissables. » (Journal *le Droit*, 22 février 1891.)

Voilà qui est net, et les conséquences, que nous critiquons respectueusement, apparaissent ici dans la clarté et la solennité d'un arrêt de Cour d'appel. Pourquoi donc ces conséquences ?

Parce que l'hôtelier peut exiger facilement une garantie!

La Commission législative, alors que le projet de loi comprenait les hôteliers et aubergistes, avait déjà répondu à cet argument : « Les chefs d'établissements, disait-elle, ne pourraient utilement se défendre qu'en exigeant des consommateurs, avant de leur rien servir, ou de l'argent, ou *une garantie* quelconque. Mais n'est-il pas évident qu'en agissant ainsi, non seulement ils nuiraient à leurs affaires, mais rendraient même impossible, dans la plupart des cas, l'exercice de leur industrie? Ils ne sont donc pas libres de prendre des mesures de précaution, et comme les contrats ne peuvent se former que par le libre accord de deux volontés, nous arrivons ainsi facilement à reconnaître, avec la réalité même des faits, que l'existence d'un contrat n'est nullement démontrée, et que l'idée d'un pur dol civil doit être écartée; la vérité est que les chefs d'établissements subissent les conséquences d'une situation qui s'impose à eux, et qu'ils n'ont aucune faute, aucun manque de prévoyance à se reprocher. C'est donc à juste titre que la loi pénale doit intervenir pour les protéger à l'avenir. »

Est-ce que ces argument qui, nous le répétons, s'appliquaient dans le principe aux aubergistes et hôteliers, est-ce que ces arguments ont perdu de leur valeur dans notre cause? Et ne voit-on pas, d'ici, le succès d'un hôtel dans lequel le voyageur, à son arrivée, recevrait, comme souhait de bienvenue, une demande de garantie en argent?

Soit! nous dit-on, mais les bagages!

Eh bien, parlons un peu de la garantie en bagages! Étudions-la pratiquement.

Avant de donner une chambre au voyageur, l'hôtelier va-t-il faire ouvrir les malles et évaluer ce qu'elles contiennent? Évidemment non! Il n'en a ni le droit, ni la possibilité.

Alors, comment apprécier cette garantie légale? A l'œil, ou au poids? Y aura-t-il un nombre de colis exigé pour un appartement au premier, ou un poids déterminé pour un cabinet au troisième? Alors quoi?

Le client, absolument sans bagages, sera refusé. C'est entendu ; mais refusera-t-on celui qui n'en a que peu ; et à quelle limite en aura-t-il assez?

Dans tous les pays d'excursions, Pyrénées, Savoie, Dauphiné, Vosges, il existe d'excellents hôtels auxquels on n'arrive qu'à pied ou à mulet. Là, pas de bagages possibles. Le havresac du touriste sera-t-il une garantie sérieuse? Non, certes! L'hôtelier reste donc absolument désarmé.

Dans les grandes villes, le danger est plus sérieux encore. Le vrai filou sait bien qu'une certaine mise en scène est indispensable à l'exercice de son industrie. Aussi, très correctement vêtu, il descend de l'omnibus de l'hôtel, ou saute d'une voiture de place, qu'il paye largement, tout en tendant au garçon une valise, petite, mais assez lourde. Puis il demande, avec assurance, une bonne chambre et l'heure de la table d'hôte. Chacun s'empresse. Si, par impossible, son unique colis attire une timide observation, notre filou répond que ses malles sont à la gare, puisqu'il est obligé de repartir le lendemain dans la journée. On s'excuse. On l'installe. Dès lors, le tour est joué.

Et pas le moindre délit à poursuivre contre ce client! — Mais il a parlé de ses autres bagages? — Soit, c'est un mensonge, ce n'est pas une manœuvre constitutive de l'escroquerie. Il ne peut être ni arrêté, ni condamné pour ces faits. — Mais il a laissé sa valise avec deux gros bouquins? — Que voulez-vous, il aime la lecture ; cela n'est pas défendu. — Mais il a fait une dépense de 50 francs? — Tant pis pour l'hôtelier, la loi, dans ce cas, n'a point à le protéger.

Qui protège-t-elle alors? La réponse s'impose ; et voilà les conséquences immédiates, tangibles, auxquelles mène la rigueur doctrinaire d'un raisonnement juridique.

Enfin, nous dit-on, c'est la loi, vous n'y pouvez rien !

Pardon, c'était aussi la loi, cet ancien article 1953 qui faisait peser sur l'hôtelier, en cas de vol dans sa maison, une responsabilité illimitée. Comment donc, aujourd'hui, cette responsabilité est-elle réduite à mille francs pour l'argent et les valeurs mobilières ?

C'est que la chambre syndicale des propriétaires d'hôtels et maisons meublées de Paris a usé de son droit et rempli son devoir en signalant aux Pouvoirs publics les lacunes ou les défectuosités de nos Codes. Ce qu'elle a déjà fait, elle peut le faire encore. Le danger est très grave. Les exemples pourraient être cités en grand nombre, car la filouterie prend les formes les plus multiples et les plus ingénieuses.

Contre ce péril social, le projet primitif donnait de suffisantes garanties. On les a diminuées, pour des motifs dont nous espérons avoir démontré le peu de fondement. Revenons donc à l'idée première ; elle était bonne.

Garnis. — Propriétaires louant en garni. — Nous avons signalé, dès les premières pages de notre ouvrage, la concurrence déloyale à laquelle se livraient certains propriétaires d'immeubles, en louant en garni à des voyageurs des appartements dans leurs maisons, sans vouloir se soumettre aux obligations de l'hôtelier.

Une récente décision de Cour de cassation, rapportée dans le *Bulletin* du 5 décembre 1891, vient à l'appui de nos protestations en déclarant que :

« Le *propriétaire* qui occupe une partie de sa maison et loue le surplus en garni, peut être considéré comme un *logeur en garni*, tenu d'inscrire sur un registre les noms de ses locataires, s'il loue à des passagers et non à des locataires permanents. » (*Gazette des Tribunaux*, 9 décembre 1891.)

Il va sans dire que l'inscription du voyageur, dont il était plus spécialement question dans l'espèce, entraîne avec elle les autres charges de la profession. (Voir dans le même sens, jugement du tribunal d'Orthez, journal *la Loi*, 4 octobre 1892.)

Guides. — Renseignements sur les hôtels.

— Dans l'intérêt même des hôtels bien tenus, le public a besoin de renseignements exacts sur ces divers établissements. Ne pouvant s'en rapporter aux annonces, il cherche surtout un ouvrage, un guide indépendant qui lui fasse connaître les avantages des uns, les inconvénients des autres. Mais dans quelle mesure cette critique pourra-t-elle s'exercer, sans que l'auteur du *Guide* abuse de cette indépendance, sans que l'hôtelier puisse se plaindre avec juste raison ?

D'abord, et d'une façon générale, il faut que cette critique ait nui réellement à celui qui s'en plaint. En effet, la Cour de Paris, dans un arrêt du 14 décembre 1862, a rejeté la demande en responsabilité portée devant elle par l'hôtelier qui prétendait avoir à se plaindre des apprécia-

.tions formulées par un *Guide* sur son hôtel, par le motif que le demandeur ne justifiait pas de l'existence d'un préjudice. (Sirey, 90, 2e partie, page 21.)

Mais un jugement rendu par le tribunal de Nancy, le 7 août 1889, et rapporté dans le même recueil à la même page, examine la question plus en détail, et fixe les principes suivants ;

« L'auteur d'un *Guide*, spécialement destiné à renseigner les voyageurs, peut, sans commettre aucune faute engageant sa responsabilité, publier la liste des hôtels de chaque localité, classés d'après son appréciation personnelle, et même attirer l'attention des lecteurs du *Guide* sur quelques-uns de ces hôtels, dont la bonne ou la mauvaise tenue seraient indiquées par un signe convenu ou par une mention jointe à leur désignation.

« Mais la mention : « *On s'en plaint* », placée à la suite de la désignation d'un hôtel, dépasse sensiblement le droit de critique et d'appréciation qu'il est permis à l'auteur d'un *Guide* d'exercer, une pareille mention n'ayant pas le caractère d'une appréciation personnelle à l'auteur, mais tendant, par le caractère général de sa formule, à faire croire que les plaintes dont l'hôtel a été l'objet émanent de la généralité des voyageurs, et portent sur l'ensemble des services de l'hôtel.

« En pareil cas, l'hôtelier est en droit de demander à l'auteur et à l'éditeur du *Guide* la réparation du préjudice qui lui a été causé par cette mention.

« Mais aucune faute de nature à engager sa responsabilité n'est imputable au libraire qui s'est borné à mettre en vente, sans vérification préalable, le *Guide*, dont le

-caractère sérieux et la notoriété ne pouvaient lui inspirer aucune crainte sur les conséquences de cette mise en vente. »

Ainsi la critique personnelle doit être admise : « Attendu, dit le même jugement, que tout commerçant qui, par son enseigne et ses annonces, provoque l'attention commune, et fait ainsi plus ou moins appel à la publicité, se soumet, par là même, dans une certaine mesure, au jugement et à l'appréciation de tous; qu'il donne ainsi prise à la critique sur l'objet de son commerce, les qualités et les défauts de son établissement, et qu'il doit, dans cette mesure, subir toute appréciation faite avec probité, modération, et sans intention de nuire. »

Oubli par le voyageur d'un portefeuille contenant des valeurs. — On a bien voulu nous consulter sur la question suivante : Un voyageur oublie, en partant, un portefeuille ou un carnet pouvant contenir des papiers intimes, des valeurs ou des billets de banque ; l'hôtelier doit-il faire un inventaire sommaire de ces objets, avant de les mettre en lieu sûr?

Nous répondons : Non! et pour plusieurs motifs.

Nous avons expliqué, page 218 de notre ouvrage, comment l'objet ainsi oublié conservait le caractère de dépôt nécessaire ; il ne peut donc pas plus être examiné, dans le cas proposé, qu'une malle ou une valise ne peut être ouverte, pendant le séjour du client.

Cet inventaire constituerait, parfois, une indiscrétion blâmable; enfin il établirait, à la charge de l'hôtelier, une responsabilité spéciale, puisqu'il serait, de sa part, un acte personnel et volontaire, susceptible d'être incriminé.

Pourquoi, dira-t-on, avoir agi ainsi? N'est-ce pas, justement, pendant cet inventaire, que telle valeur ou tel billet a été perdu ou soustrait?

Car il faut, hélas! toujours compter avec la mauvaise foi possible de l'adversaire.

D'ailleurs, quel serait, pour l'hôtelier, l'intérêt pratique de cet inventaire? Il ne saurait le faire devant des témoins ainsi mis au courant de secrets ne lui appartenant pas. Il le ferait donc seul. Et comme nous sommes en présence d'un dépôt nécessaire, ses affirmations n'auront pas plus de poids que celles du voyageur devant le juge qui, suivant la loi, se déterminera selon la qualité des personnes et les circonstances du fait.

Comment donc l'hôtelier devra-t-il procéder?

Il mettra d'abord en lieu sûr le portefeuille, tel qu'il l'aura trouvé dans la chambre.

Puis, s'il connaît le client, il le préviendra immédiatement de ce qui s'est passé, en lui demandant comment lui renvoyer ce carnet, quelles valeurs il contient, quelles déclarations il faudra faire à la poste ou aux messageries.

La réponse diminuera d'autant la responsabilité.

Si l'oubli a été fait par un voyageur inconnu, parti sans laisser d'adresse, l'hôtelier remettra aussitôt le portefeuille au commissaire de police. Ce magistrat donnera acte du dépôt, fera inventaire officiel du contenu, et prescrira les mesures nécessaires à la sauvegarde des intérêts communs.

La responsabilité du déposant sera, dès lors, absolument garantie.

Payement de la note. — Une autre question nous a été adressée, et voici dans quelles circonstances :

Un hôtelier, inquiet du payement de la note qu'il avait présentée sans résultat, imagine, pour plus de sûreté, de faire inscrire, au dos, par le voyageur la mention ci-après : « Je reconnais devoir à M. (le propriétaire de l'établissement) la note ci-contre montant à 738 francs pour logement et nourriture dans son hôtel. » Et cette reconnaissance était régulièrement signée par le voyageur.

Faut-il voir là une double garantie, c'est-à-dire, l'hôtelier peut-il, à la fois, poursuivre en justice le recouvrement de cette dette ainsi reconnue, et retenir, jusqu'à libération, les bagages de son client? ou bien, au contraire, cette reconnaissance a-t-elle opéré novation de la créance, c'est-à-dire, a-t-elle replacé l'hôtelier dans la situation d'un créancier ordinaire, en lui enlevant son droit particulier sur les effets du voyageur?

Nous répondons qu'il y a eu novation, et que, pour obtenir deux sûretés, le malheureux hôtelier a perdu la seule qui fût efficace et sérieuse.

Voici comment nous prouvons notre dire :

Le contrat d'hôtellerie, qui se forme sans écrit et par le seul fait de l'arrivée du voyageur, assure à l'hôtelier, en payement de ses fournitures, un droit de gage spécial sur tous les effets apportés par le client. Leur valeur approximative fixera donc le plus ou moins de crédit à accorder, et leur retenue sera la garantie des dépenses.

Mais la signature d'une reconnaissance de dette substitue au contrat d'hôtellerie, et à ses avantages particuliers, un contrat ordinaire, une pure obligation dénuée de toute sanction spéciale.

Le voyageur, devenu simple débiteur, emportera donc

ses bagages, et l'hôtelier, simple créancier, devra poursuivre ce recouvrement par les moyens ordinaires, et obtenir un jugement qui, après de longs délais et des frais relativement considérables, lui permette de former des saisies, de prendre hypothèque, ou bien de se trouver tristement devant une insolvabilité réelle ou factice, mais absolue.

Donc, s'en tenir strictement au contrat d'hôtellerie, tel est l'avis pratique que nous n'hésitons pas à donner.

Réparations. — Lorsque des travaux de réparations sont faits dans un hôtel, à la charge de qui doivent-ils rester? L'hôtelier, dans certains cas, a-t-il droit à des dommages-intérêts?

Nous avons déjà étudié ces problèmes; mais, le 9 janvier 1891, un arrêt, rendu par la troisième chambre de la Cour de Paris, a résumé ainsi la question :

« Doivent rester à la charge du locataire les travaux de *salubrité*, rendus nécessaires, par suite d'injonctions administratives, dans un immeuble loué à usage d'hôtel meublé et consistant notamment dans une distribution nouvelle des chambres, pour leur donner le cube d'air exigé par les règlements déjà en vigueur à l'époque où le bail a été consenti.

« Mais les travaux de grosses réparations, nécessités non par la nature de l'industrie du locataire, mais par l'état de l'immeuble, tels que le remplacement de planchers hors d'usage, doivent être supportés par le bailleur.

« Le preneur n'a droit ni à des dommages-intérêts, ni à une réduction de loyer à raison de l'exécution de ces travaux, s'ils ont eu pour conséquence, en raison de la plus-value donnée à l'immeuble loué, de lui procurer un accroissement des recettes qu'il réalisait dans son indus-trie. » (Journal *la Loi*, 31 décembre 1891.)

Responsabilité. — Nous avons traité, pages 128 et suivantes de notre livre, la responsabilité du voiturier, et par conséquent celle de l'hôtelier comme propriétaire de voitures ou d'omnibus envoyés à la gare ou loués aux clients.

Le 11 juin 1891, la cinquième chambre du tribunal civil de la Seine a rendu un jugement confirmant ainsi les principes que nous avons fait connaître :

« Lorsqu'un voyageur, descendant d'un train, a fait porter son bagage dans une voiture de place, avant d'y monter lui-même, et que le bagage est volé, le propriétaire de la voiture doit être condamné à lui en rembourser la valeur, s'il ne peut pas prouver, conformément à l'ar-ticle 1782 du Code civil, que la perte a eu lieu par cas fortuit ou force majeure.

« Toutefois, en négligeant d'appeler spécialement l'at-tention du cocher sur son bagage, le voyageur doit être considéré comme ayant commis une imprudence dont il doit être tenu compte dans l'évaluation du préjudice. » (Journal *le Droit*, 28 juin 1891.)

Tabacs. — De récentes décisions judiciaires ont encore aggravé les dangers que nous avions signalés, pages 72-73 du *Code de l'hôtelier*.

Plusieurs établissements achetaient des tabacs à la Régie même, en fabriquaient des cigarettes dites « à la main » et les vendaient à leurs clients.

Le fait a été soumis aux tribunaux, et voici leur réponse.

Le tribunal correctionnel de la Seine, dans un jugement rendu par la huitième chambre, le 13 juin 1891, a déclaré ceci :

« Le simple particulier qui se livre à la vente du tabac, même provenant de la Régie, sous quelque forme que ce soit, commet une contravention.

« Le fait avoué de vente habituelle de tabac, sous forme de cigarettes, dans un établissement ouvert au public, engage nécessairement la responsabilité pénale du patron de l'établissement, alors même que cette vente serait faite par les garçons seuls, et que le patron n'a ni interdit cette vente, ni exercé aucune surveillance pour la rendre impossible. » (*Gazette des Tribunaux*, 27 juin 1891.)

Les mêmes principes avaient été proclamés par la Cour de Lyon, le 4 juin de la même année, et par la Cour de Paris, le 10 du même mois. (*Gazette des Tribunaux*, 23 juillet et 3 août 1891.)

Plus récemment encore, le 29 janvier 1892, la Cour de Toulouse a déclaré : « Que l'article 172 de la loi du 28 avril 1816, aux termes duquel l'achat, la fabrication et la vente des tabacs ont lieu par la Régie exclusivement au profit de l'État, devait être entendu en ce sens qu'il est interdit à toute personne, autre que la Régie, de se livrer à un trafic de tabac. » (*Gazette des Tribunaux*, 25 mars 1892.)

Vente d'un fonds de commerce. — Garantie. — Voici une nouvelle cause de garantie à la charge du vendeur. Elle nous est indiquée en ces termes, par un arrêt de la Cour de Paris, 6ᵉ chambre, du 6 novembre 1892 :

« L'état de vétusté de coffrets de cheminées constitue un vice caché de la chose vendue lorsque cet état n'est pas apparent et que l'observateur le plus vigilant ne peut découvrir le vice inhérent à la chose vendue.

« En conséquence, *le vendeur d'un fonds d'hôtel meublé* est tenu de la garantie à raison des défauts de la chose vendue, lorsque, quelques jours après sa prise de possession, il a fallu, par suite de l'état de vétusté et de dégradation des coffres de cheminées, procéder d'urgence, non pas à des réparations ordinaires, mais à une réfection totale des cheminées, laquelle a eu pour conséquence d'entraver temporairement l'exploitation de son fonds de commerce ;

« Ce dernier, subissant une éviction partielle, est fondé à réclamer une réduction sur le prix de vente » (Journal le Droit, 30 janvier 1893.)

PARIS. TYPOGRAPHIE DE E. PLON, NOURRIT ET Cⁱᵉ, RUE GARANCIÈRE, 8.

PARIS

TYPOGRAPHIE DE E. PLON, NOURRIT ET Cie

8, RUE GARANCIÈRE

BULLETIN BIBLIOGRAPHIQUE

DE LA

LIBRAIRIE E. PLON, NOURRIT & Cie

10, rue Garancière, PARIS

JUILLET 1889

DERNIÈRES PUBLICATIONS HISTORIQUES

PALLAIN (G.). — La Mission de Talleyrand à Londres en 1792.
Un volume in-8°. Prix. . . . . 8 fr.

Talleyrand est mal connu encore; comme le disait M. Mignet, « il n'a
été jugé que par des libellistes ou par des flatteurs; on n'a jamais appro-
fondi son œuvre diplomatique, qui est la partie capitale et vraiment
nationale de son existence ».

Grâce à M. Pallain, qui a eu la bonne fortune de retrouver et de
réunir la correspondance diplomatique un peu éparse de Talleyrand et
de l'éclairer d'excellentes notes, on pourra apprécier la profondeur, la
pénétration, l'étendue d'esprit de cet homme d'État qui défendit toujours
avec tant de force et souvent avec tant de succès les intérêts de la
France.

ROUSSET (Camille), de l'Académie française. — **La Conquête de
l'Algérie (1841-1857).** 2 volumes in-8° accompagnés d'un atlas.
Prix. . . . . 20 fr.

L'éminent écrivain qui a déjà fait paraître : *la Conquête d'Alger* et
l'Algérie de 1830 *à* 1840, complète aujourd'hui cette histoire de notre
colonie algérienne par un récit de *la Conquête de l'Algérie* qui embrasse
la période de 1841 à 1857 et comprend par conséquent les expéditions,
guerres, insurrections et campagnes dans le Sud, à la suite desquelles
la possession complète du sol algérien nous a été assurée depuis la
Tunisie jusqu'au Maroc. M. Camille Rousset a fait là un tableau magistral
des exploits de notre vaillante armée d'Afrique; il a tracé des portraits
inoubliables des généraux qui la commandaient. C'est une œuvre définitive sur une des plus belles entreprises coloniales de la France.

THUREAU-DANGIN. — Histoire de la Monarchie de Juillet, tome V.
Un volume in-8°. Prix. . . . . 8 fr.

Ce 5° volume, l'avant-dernier de l'ouvrage complet, va du milieu de
1841 à la fin de 1845. Les questions diplomatiques si délicates, et par
moment si périlleuses, alors posées entre la France et l'Angleterre, la

mort du duc d'Orléans, les attaques de l'opposition, qui croyait toujours avoir trouvé l'occasion de renverser M. Guizot et qui n'y réussissait jamais, les affaires économiques, entre autres la création des chemins de fer, les glorieuses et dramatiques campagnes du général Bugeaud en Afrique, les luttes pour la liberté d'enseignement, tels sont les sujets variés traités dans ce volume. L'auteur, cette fois encore, a su mettre en œuvre tous les documents publiés en France, en Angleterre, en Allemagne, et il a eu de plus à sa disposition beaucoup de documents inédits qui lui ont permis d'éclairer plus d'un point obscur de l'histoire.

VILLENEUVE (marquis de). — Charles X et Louis XIX en exil.
Un joli volume in-8°. Prix. . . . . 7 fr. 50

Ces Mémoires constituent ce qu'on a écrit de plus curieux et de plus intéressant sur la politique légitimiste après 1830. Mieux que personne, le marquis de Villeneuve était, par sa situation, à portée de savoir ce qui se passait dans les conseils des Bourbons, de juger l'état d'esprit du Roi et de ses ministres. Accueilli chaleureusement par Charles X exilé, M. de Villeneuve vécut quelque temps dans la presque intimité de Louis XIX (le duc d'Angoulême) et fut en faveur près de Henri V. Il nous a tracé un tableau très piquant et très vif de la Cour en exil, et l'on peut citer des portraits d'hommes d'État, par exemple celui du duc de Blacas, qui sont des modèles de trait et de langue.
De nombreux documents, des lettres, des analyses de conversations échangées entre l'auteur et le Roi, jettent le jour le plus curieux sur la politique des Bourbons proscrits et sur les intrigues nouées au sujet de l'éducation du duc de Bordeaux.

ROCHECHOUART (G^{al} Cte de). — Souvenirs sur la Révolution,
l'Empire et la Restauration, par le général comte DE ROCHECHOUART, aide de camp du duc de Richelieu, aide de camp de l'empereur Alexandre Ier, commandant la place de Paris sous Louis XVIII. Un volume in-8° avec deux portraits. Prix, ... 7 fr. 50

C'est une physionomie très originale que celle du comte de Rochechouart, qui fut acteur dans les événements les plus importants du siècle. Ami intime et collaborateur dévoué du duc de Richelieu à Odessa et à Paris, aide de camp et favori du tzar Alexandre Ier, légitimiste ardent, il remplit les plus délicates missions politiques et militaires. Ces souvenirs expliquent clairement les relations du tzar et de Napoléon, les campagnes de 1813 et 1814, le retour des Bourbons, et toute cette période si vivante de la Restauration.

PINGAUD (Léonce). — Correspondance intime du comte de Vau-
dreuil et du comte d'Artois pendant l'émigration (1789-1815),
publiée par M. Léonce PINGAUD. Deux volumes in-8° accompagnés de 4 portraits en héliogravure. Prix. . . . . 15 fr.

Décidément l'histoire de la Révolution est à refaire; cela est évident pour qui remonte aux sources, et le critique doit procéder désormais comme dans un procès en cours d'instruction. Il faut rechercher avec ardeur les témoignages essentiels. En est-il de plus important que cette correspondance du comte d'Artois avec le comte de Vaudreuil? On pénètre en vérité au sein des conseils de la monarchie. Toute la politique royale s'éclaire, et, pour la première fois, on a l'explication décisive des fautes. On comprend, par exemple, que l'émigration, cette incalcu-

lable erreur, a été la cause de la ruine de toute idée de gouvernement,
qu'elle a entraîné l'échec des réformes nécessaires, qu'elle a enfin scindé
la France en deux partis irréconciliables, acharnés.

Oui, à un certain moment, une transaction fut possible entre la
Révolution et l'ancien régime. Le cardinal de Bernis eût peut-être été
le grand modérateur, le suprême arbitre. La politique de violence pré-
valut malheureusement dans les conseils des deux partis en présence,
et la Révolution ne fut plus qu'un acte de sang.

**HYDE DE NEUVILLE. — Mémoires et Souvenirs du baron Hyde
de Neuville.** *La Révolution, le Consulat, l'Empire.* Un vol. in-8°.
Prix. . . . . 7 fr. 50

Le baron Hyde de Neuville, l'ardent royaliste mêlé à tant de conspi-
rations pendant la Révolution et le Consulat, l'âme chevaleresque que
Bonaparte ne put faire plier et qu'il poursuivit dès lors avec acharnement,
l'homme de gouvernement qui, entrant aux affaires à la Restauration,
exerça comme ministre et comme ambassadeur une action si importante
sur la politique de notre pays, a laissé des mémoires de la plus haute
valeur et du plus vif attrait. Leur saveur originale, les piquantes révéla-
tions qu'ils apportent, le caractère romanesque des aventures qu'on y
rencontre, la vie et la conviction qui les animent, mettent ces souvenirs
au premier rang parmi les publications les plus curieuses de notre
époque.

**DURAS (Mme la duchesse de). — Journal des prisons de mon père,
de ma mère et des miennes.** Un vol. in-18. Prix. . 3 fr. 50

Ces souvenirs, dramatiques et entraînants comme un véritable roman,
sont d'autant plus saisissants qu'ils ne retracent que des aventures trop
réelles, et constituent un ensemble de notes historiques de la plus
grande importance. Voilà une nouvelle pièce, et non des moins sédui-
santes, qui s'ajoute à une série très heureusement commencée.

MONTAGU (marquise de). — Anne-Paule-Dominique de Noailles.
Un vol. in-8°, accompagné d'un portrait en héliogravure.
Prix. . . , , ... , , ... , . . . 7 fr. 50

Quelle fortune pour un livre d'être à la fois un document humain et
la meilleure leçon d'histoire! C'est le cas pour ces récits de madame de
Montagu, que nous recommandons aujourd'hui au public sentimental et
lettré.

Madame de Montagu nous fait pénétrer, on peut dire, dans l'intimité même de la Révolution française. En femme intelligente, délicate et
fine, elle ramène tout à sa juste proportion. Tribuns, généraux, princes,
dépouillent leur figure légendaire pour redevenir ce qu'ils étaient : des
hommes de foi ou de passion. Elle ne les regarde ni par le petit bout ni
par le gros bout de la lorgnette; elle les considère tels qu'ils sont. La
Fayette, par exemple, comme elle le peint! Et tant d'autres!

Ce qu'on peut emporter de la lecture de ce livre, c'est que pour connaître la Révolution française, il faut remonter aux sources, et que de
toutes les sources, la meilleure certainement, c'est un livre comme celui-ci,
précisément parce qu'il ne fut pas écrit pour être un pamphlet ou une
satire, mais bien comme un témoignage au cours du procès le plus tragique qui se vit jamais.

SICOTIÈRE (L. de La), sénateur de l'Orne. — **Louis de Frotté et les Insurrections normandes (1793-1832).** Trois vol. in-8°. 20 fr.

L'histoire de l'insurrection vendéenne est aujourd'hui bien connue; il n'en est pas de même pour la chouannerie. Aussi devons-nous signaler aux personnes curieuses d'études historiques cette importante publication. Frotté est l'incarnation la plus éclatante de la chouannerie normande. Celle-ci est née et morte avec lui. L'auteur a profondément fouillé la figure, remarquable entre toutes, de cet officier doublé d'un politique et de ses principaux partisans, ainsi que tous les épisodes si dramatiques de l'insurrection, grâce à un grand nombre de documents inédits. L'œuvre est à la fois savante, pittoresque et pleine de vie.

VYRÉ (F. de). — **Marie-Antoinette, sa vie, sa mort (1755-1793).** Un volume in-8°. Prix. . . . . 7 fr. 50

En cette année du centenaire de 89, tous les souvenirs se reportent aux merveilles et aux crimes de la Révolution française. Parmi toutes les figures que notre mémoire évoque, en est-il une plus séduisante, plus touchante, plus héroïque, plus sainte que celle de *Marie-Antoinette?* Malheureusement elle n'était connue jusqu'ici que par des études partielles, ou trop superficielles, ou trop savantes. M. F. de Vyré a eu l'excellente idée de raconter dans un livre clair, simple, émouvant par sa vérité même, la vie et la mort de la reine martyre (1765-1793). Ce bel ouvrage nous fait faire, pour ainsi dire, intime connaissance avec Marie-Antoinette, que nous suivons pas à pas, à travers ses joies et ses douleurs, depuis sa glorieuse aurore jusqu'à l'échafaud.

WELSCHINGER (Henri). — **Le Divorce de Napoléon.** Un volume in-18. Prix. . . . . 3 fr. 50

Le nouvel ouvrage de M. Henri Welschinger est consacré à l'une des plus graves questions historiques de notre époque. Ce qui augmente l'intérêt de cette étude consciencieuse, ce sont les pièces capitales qui jusqu'ici avaient échappé aux historiens. M. Henri Welschinger a pu consulter et mettre à profit les minutes mêmes des procès-verbaux qui avaient préparé les décisions du cabinet des Tuileries et du Sénat, l'enquête de l'officialité relative à l'annulation du mariage religieux de Napoléon et de Joséphine, les dépositions de Talleyrand, de Duroc, de Berthier et du cardinal Fesch, en un mot tous les actes du procès civil et du procès canonique.

GEOFFROY DE GRANDMAISON. — **La Congrégation (1801-1830).** Un volume in-8°. Prix. . . . . 7 fr. 50

L'auteur rétablit la vérité sur la fameuse congrégation dont le retentissement fut si grand en France, de 1815 à 1830. Muni de documents authentiques, irréfutables, que personne ne connaissait jusqu'à ce jour, il expose, avec une sûreté parfaite et une impartialité remarquable, la composition, le but, l'esprit, la propagande, les résultats de la célèbre société, et met à néant les erreurs et les calomnies qui si longtemps ont eu cours sur l'action de la célèbre association.

Une magistrale préface de M. de Mun précède cette étude, qui vient bien à son heure et obtiendra un succès mérité.

PARIS. TYPOGRAPHIE DE E. PLON, NOURRIT ET Cⁱᵉ, RUE GARANCIÈRE, 8.

www.ingramcontent.com/pod-product-compliance
Lightning Source LLC
LaVergne TN
LVHW050247060726
842525LV00002B/229